JN254105

プラトンとミーメーシス

Plato et Mimesis

田中一孝

若い知性が拓く未来

今西錦司が『生物の世界』を著して，すべての生物に社会があると宣言したのは，39歳のことでした。以来，ヒト以外の生物に社会などあるはずがないという欧米の古い世界観に見られた批判を乗り越えて，今西の生物観は，動物の行動や生態，特に霊長類の研究において，日本が世界をリードする礎になりました。

若手研究者のポスト問題等，様々な課題を抱えつつも，大学院重点化によって多くの優秀な人材を学界に迎えたことで，学術研究は新しい活況を呈しています。これまで資料として注目されなかった非言語の事柄を扱うことで斬新な歴史的視点を拓く研究，あるいは語学的才能を駆使し多言語の資料を比較することで既存の社会観を覆そうとするものなど，これまでの研究には見られなかった溌剌とした視点や方法が，若い人々によってもたらされています。

京都大学では，常にフロンティアに挑戦してきた百有余年の歴史の上に立ち，こうした若手研究者の優れた業績を世に出すための支援制度を設けています。プリミエ・コレクションの各巻は，いずれもこの制度のもとに刊行されるモノグラフです。「プリミエ」とは，初演を意味するフランス語「première」に由来した「初めて主役を演じる」を意味する英語ですが，本コレクションのタイトルには，初々しい若い知性のデビュー作という意味が込められています。

地球規模の大きさ，あるいは生命史・人類史の長さを考慮して解決すべき問題に私たちが直面する今日，若き日の今西錦司が，それまでの自然科学と人文科学の強固な垣根を越えたように，本コレクションでデビューした研究が，我が国のみならず，国際的な学界において新しい学問の形を拓くことを願ってやみません。

第26代　京都大学総長　山極壽一

目　次

はじめに

本書の目的はプラトンにおけるミーメーシス概念を調査し、それが彼の思想の中でどのような役割を果たしているかを明らかにすることである。

ギリシア語の「ミーメーシス（μίμησις）」は、しばしば模倣や物真似、倣うこと、再現、表現、あるいはときに軽蔑的な含意をともなって模造やコピーとも訳され、一般には馴染みが薄いものの、現代でも西洋古典学の分野はもちろん、文学、宗教学、人類学、教育学など様々な分野で、それぞれの文脈に即した専門用語として扱われている。なかでもとりわけミーメーシスが取り上げられるのは美学・芸術学の分野でおり、西洋の芸術思想史において最も重要な概念の一つとなっている。そしてミーメーシスがそうした特別な位置を占める一つの原因を生み出したのがプラトンであり、とりわけ彼が『国家』篇にて展開したいわゆる「詩人追放論」である。「詩人追放論」においてプラトンは、詩作がミーメーシスであるという前提に立ち、その営みを徹底的に批判している。すなわち、ミーメーシスとは感覚対象などの「像・現れ」を作る営みなのであり、詩人たちはそれが真実であると人々を騙して、倫理的に堕落させているのだと断じる。プラトンの議論の主なターゲットはホメロスや悲劇作家たちであったが、その一方で、彼の主張は詩作という一つの活動にのみならず、より広い芸術的活動にも適用されうるものである。なぜなら、彼が詩作を批判的に論じる際に立脚している概念、すなわちミーメーシスは、詩作のみならず、演劇、絵画製作、造形、ダンス、楽器の演奏など、現代のわれわれが「芸術」と呼ぶ諸活動の基本を成す概念だからだ。ゆえにプラトンの議論は、詩論や文芸論としてだけでなく、「芸術論」としても扱われ、西洋の芸術思想史が語られる際には必ずと言ってよいほど言及される[1)]。

ではなぜ、今、プラトンのミーメーシスを論じなければならないのか。本書の議論は、二つの問題意識に端を発している。すなわち、一つはプラトンの芸術的思想をどのように理解すべきか、もう一つはプラトンのミーメーシス概念の特徴は何か、である。これらはそれぞれ別個の問題ではなく、互いに重なり合うものであり、そしてミーメーシス概念の歴史の調査という20世紀後半からの解釈者たちの動向に関連して、再び光が当てられているトピックでもある。議論をはじめる前に、どうしてこれらの問題に取り組む必要があるのか、そして本書の構成について簡単に述べたいと思う。

「芸術」の最大の敵？

プラトンは『国家』篇において、ホメロスやヘシオドス以来の詩人たちが築き上げた知的伝統に対して、彼らの詩が倫理的に悪しき内容を含んでいることを指摘し、彼らが知者として扱われることに対して異議を唱えている。

古代ギリシアの世界において、詩は最大の娯楽であると同時に、最重要の教育メディアであった。詩は、現代のわれわれからすると、テクストとして読まれるものであるが、プラトンの時代のギリシアの人々はとって、詩とは朗唱されるもの、あるいは劇場で演じられるものであり、基本的にパフォーマンスを前提とした文芸作品である[2)]。人々は劇場にこぞって出かけ、社交の仕方を覚え、詩劇に演じられる内容を通しては、神々や人間

＊1　古代ギリシアにおいて「芸術」という概念が存在しなかった以上、厳密な意味では、「芸術論」をプラトンに見出すのはアナクロニズムである。ただし、本書第３章注３を参照。

＊2　ただし、詩は当時の人々にとって読み書きを学ぶための「教科書」としても用いられていた。どのような層の人々がこうした読み書きができたか、言い換えれば当時における識字教育の浸透具合については意見が分かれている。本書第２章注９を参照。

に関わる諸事を知った。彼らは詩に、生活に関わる知恵から政治家としての理想的な振る舞いまでをも見出し、どのような人間が立派でどのような人間が劣っているのか、文字通り人生の字引として詩劇を鑑賞していたのである[3)]。前405年に上演されたアリストパネスの喜劇『蛙』は、詩人たちがギリシア人にとって知的権威であったことを顕著に示す作品である。登場人物たちは当時の政治的・倫理的な堕落から国家を救済するために、悲劇詩人エウリピデスをハデス（冥界）から連れ戻そうとする。そしてそこで彼らが目にするのは、エウリピデスとアイスキュロスという「二人の知者」(896) による「知の競争」(882) である。そしてこの競争に勝利した詩人には、愚かな政治家を教育して内政を正し、また戦争を止めることが期待されている。プラトンが『国家』篇において詩作に対して加えた分析と批判は、こうした知的権威に対する挑戦を意味した。プラトンは自らの議論を、哲学と詩作術の間にある「昔からの争い[4)]」の中に位置づけようとしている (607b–c)。

国家からの詩人の追放という過激な主張は、プラトンの哲学にもとづいて建設された言論上の理想国家で行われたものであり、どれだけ当時の人々によって真剣に受け取られたかはわからない。だがその際に彼が展開

＊3　こうした詩の百科全書的な役割については Havelock (1963, chap.4)。

＊4　この表現は、当時のギリシアの人々にとって、哲学が詩と対等な知的権威として扱われていたということを意味しない。Nightingale (1999, pp.60–61) によれば、前4世紀ギリシアの大部分の人々にとって、「哲学と詩の争い」という構図は「馬鹿げたもの」に映った。なぜなら口誦文化の伝統にある当時のギリシアにおいて、詩劇の影響力は圧倒的であり、哲学は「同じ野球場に立つことすらできない」のであるから。

また周知のように、クセノパネスやヘラクレイトスのように、ソクラテス以前の「哲学者」とわれわれが呼ぶ人々の中にも、ホメロスやヘシオドスの知に対して疑いを投げかけていた者たちがいた。とりわけクセノパネスについては、不道徳的な擬人的神観念を具体例に、ホメロスとヘシオドスを批判的に論じた記述が残っている (断片11, 12, cf. 14, 15 16DK)。ただし Nussbaum (2001, p. 123, n.6) の強調するように、クセノパネスもまた詩人である。人間の様々な倫理的な問題について、哲学者側と詩人側の見解に線引きを行うような意識は、プラトン以前にはなかったと考えられる。

した、詩作とはミーメーシスであり、ミーメーシスは事物の単なる「像・現れ」を描き出すだけの活動であるという議論に対しては、後の哲学者から反響が起こっている。たとえば、プラトンの弟子であるアリストテレスは、詩人や画家などミーメーシスを仕事とする人たちは、一種の理想的なことがらを対象として描くことができると述べている[5]。また、新プラトン主義のプロティノスによれば、彫刻などの技術は単に見えるものについてミーメーシスを行うわけではなく、そこから自然が生じるところの、諸原理まで立ち返っている[6]。プロティノスは、感覚対象、あるいは物質的世界の背景に横たわる原理とミーメーシスを結びつけ、形而上学的思想にもとづいた形で、ミーメーシスの技術の擁護を行っているのである。こうした後代の見解に比べてしまうと、プラトンはミーメーシスに冷淡であるというイメージが付きまとう。「芸術」概念が成立した後では、芸術の「最大の敵対者」という称号までプラトンは獲得している[7]。

ミーメーシスの批判者プラトン、あるいは「芸術の敵対者」プラトンという見方に対して、近年の解釈者たちは文献学的な検討にもとづいて修正を迫っている。彼らが着目したのは、プラトンの著作には、必ずしもミーメーシスに対して否定的ではないような記述が見つかることである。たとえば『ソピステス』篇においては、ミーメーシスの技術は似像製作術と現れ製作術に分割され、後者は批判的に論じられる一方で、前者は「美しい原物の持っている真正な均整」を塑像に作りこめると言われ（235d-236a)、後者と比較して好意的に描かれているようにも見える。また直接ミーメーシス系の語は用いられていないが、『国家』篇では、理想国家を議論において建設することが、優れた画家が最も美しい人間を描くことにたとえられている（472c-e)。塑像制作や絵画制作というミーメーシスに属する活動が、単なる感覚物を超えた事物を対象としうることをプラトンは認めているとすれば、同じミーメーシスである詩作もまた、そうした対象を描くこ

＊5　『詩学』25章1460b8-11.

＊6　『エンネアデス』5.8［38］. 1.

＊7　ニーチェ『道徳の系譜学』3.25

とができると彼が考えていたとしても不思議ではない。実際『国家』篇の第２-３巻では、理想国の教育が詩によって行われており、また第10巻ではある特定の詩が例外的に追放されず、理想国に残されることが明言されている（607a）。こうした点を考慮すれば、プラトンは詩作や絵画制作などのミーメーシスを無分別に批判したのではなく、彼独自の理想的な詩や絵画と、それらを生み出す職人の活動を構想していたかもしれないのである。

本書では、こうしたプラトンの「芸術」思想を再評価しようという解釈動向を批判的に検討していく。詩人追放論において、プラトンが詩作などのミーメーシスを徹底的に非難したことは動かない。そこで解釈者たちは、プラトンの詩人批判の前提として働いているところのミーメーシス理解、つまり、写しやコピーの製作という像製作のミーメーシスは、この概念のもともとの意味から派生した一つの側面に過ぎないと論じた。そして彼らは、ミーメーシスはむしろより多様で複雑な概念であり、単一的に理解することはできないと考えた。こうしたミーメーシス概念の複雑性に対応する形で、実はプラトンのミーメーシス概念、さらには文芸論や「芸術」思想もまた多様な側面を持つことを強調したのである。

多様なミーメーシス

古代ギリシアにおいて、ミーメーシスは一般的に用いられる言葉であり、決して哲学的な文脈でのみ使われた用語ではない。プラトン以前にも、この語は絵画や像などの制作、扮装、真似、音楽演奏などの文脈において用いられてきたし、プラトンにおいても様々な文脈で用いられている。

解釈者たちは、こうした様々な文脈において用いられたミーメーシスを、プラトンの詩論・文芸論に還元した。そうすることで、従来「詩人追放論」に偏重して理解されてきた、プラトンのミーメーシスのスコープを復元し直したのである。たとえば、『ティマイオス』篇においては、神的な制作者デーミウールゴスに作られたこの宇宙が、永遠的な実在・模範（パラデイグマ）のミーメーマ（ミーメーシスの産物）と呼ばれている（48e6）。

これは、ミーメーシスが感覚できるような事物のみならず、形而上学的な真実在を対象としうることを示しているように見える。言わば、この世界は神的なミーメーシスによって生み出された作品なのだ。また、『国家』篇においては、哲学者がいわゆるイデアのミーメーシスを行い、そこに類同化していくと言われる（500c）。言い換えれば、詩人や画家のみならず、哲学者もまたミーメーシスに携わるのだ。形而上学的な実在の認識に立脚したミーメーシスを見出し、しかも哲学者がその担い手になりうると考えるならば、そこから哲学詩人、あるいは哲学的芸術家のような存在が認められてもよいかもしれない。そしてそのような哲学と合致したミーメーシスは、単なる写しやコピーの製作とは言えないだろうし、ミーメーシスに批判的なプラトンという伝統的な理解とは相容れないものである。したがって、プラトンのミーメーシスは従来考えられてきたよりも、複雑な概念であり、この概念にもとづく文芸論も複雑な様相を呈することになる。すなわち、「詩人追放論」における文芸論も、そこで行われていたミーメーシス概念の分析も、プラトンの最終見解をあらわすものではなく、何らかの仕方で差し引いて受け止めなければならないのである[8)]。

こうした研究動向を視野に入れたとき次のような疑問が浮かぶ。すなわち、解釈者たちが述べるように、ミーメーシスは多様で単一的な理解を拒む複雑な概念だったのだろうか。現代のわれわれにとってミーメーシスが多様な文脈で用いられる概念だとしても、古代ギリシアの人々もまたそれらを統合的に理解することができなかったのだろうか。本書が取り組む課題の一つは、可能なかぎりミーメーシス概念を解きほぐし、そのコアとなるような意味・用法を見定めることである。

プラトンのミーメーシス概念とその概念に基づく思想を明らかにするためには、プラトンの対話篇のみを考察の対象とするのではなく、この概念の歴史をたどる必要がある。そこでわれわれはまず、古代ギリシアの人々

＊8　Halliwell (2011) は、プラトンが実は詩と哲学の折衷を望んでおり、「詩人追放論」ではそのための議論を読者に促しているのだという解釈を提示している。

にとって、ミーメーシスとはどのような概念であったかを確認した上で、プラトンがどのように継承し、また変容させていったのかを考察していこう。そうした考察にもとづき、プラトンのミーメーシス概念を再考することによって、はじめてわれわれはプラトンの文芸論の本質を理解することができるだろう。

プラトンの文芸論を支えるミーメーシス概念とはどのようなものかという問題は、文芸論以外の文脈でのミーメーシス概念に新たに光を当てる。私の見るかぎり、従来プラトン文芸論や「芸術」論に還元されてきたミーメーシスの用例の中には、実際はそういった議論とは無関係なものもある。本書では、そうしたミーメーシスの用例を文芸論や「芸術」論から切り離した上で、それが持つ哲学的・哲学史的な重要性を新たに論じたい。

本書の構成

本書は全６章から構成されており、各章の内容は以下の通りである。

第１章では、主要な解釈者たちの議論を紹介しながら、プラトンとプラトン以前のミーメーシス関連語群を再調査する。プラトンにおいてミーメーシスは物真似、演技、音楽演奏、踊り、詩作、像製作など多様な文脈において用いられているが、これはプラトン以前においても同様である。そして解釈者たちは、こうした多様な文脈における用例に依拠して、ミーメーシス概念の多義性を強調している。このような文脈に依存してミーメーシスの多義的な意味・用法を同定しようというアプローチに対して、本書ではミーメーシスの構造を分析することで、ミーメーシス概念の基本的な特徴を取り出すことを試みる。そうして取り出されたミーメーシスの基本的な特徴は、従来ミーメーシス概念の一貫的な理解を拒んできた多様な用例の中にも通底していることを明らかにする。この調査を通じて、従来矛盾として捉えられてきたプラトン『国家』篇におけるミーメーシスの二つの規定、すなわち、演技・物真似活動にもとづいたミーメーシスの規定と、像製作活動にもとづいた規定を齟齬無く理解できることを論証する。

第２章では、プラトン『国家』篇におけるムーシケー論を扱う。プラトンは『国家』篇第10巻において、ホメロス以来の詩人たちを追放する一方で、第2巻や第3巻の文芸論においては、詩を理想国家における重要な教育手段として利用している。こうした詩についての一見矛盾するようなプラトンの態度を理解するためには、文芸論を包含した形で展開されているムーシケーによる教育論を確認する必要がある。そこでこの章では、ムーシケー概念の歴史的展開を確認した上で、それが『国家』篇においてどのような意味で用いられているのか、とりわけ「音楽」教育としてのムーシケーが論じられるテクストを吟味し、そこでの議論が理想国家における「教養教育」の議論とどのような関係にあるのかを明らかにする。そしてこうした考察を通じて、プラトンの文芸論がムーシケーの教育論、さらには理想国家の建設において占める位置を明らかにする。

第3章では、「詩人追放論」の中で絵画制作を説明するためにプラトンが提出した、有名な「鏡の比喩」を論じる。プラトンの模倣術（ミーメーシスの技術）や詩作術についての議論は、絵画制作についての理解に依拠している。そしてこの絵画制作を説明するためプラトンが持ちだしたのが、「鏡の比喩」である。絵画を鏡に映った像にたとえたこの比喩は、後の芸術的思想に多大な影響を与えると同時に、プラトンの芸術観が偏狭であると見なされる原因ともなっている。というのも、絵画は鏡のように実物を表現するのみならず、自由な想像力によってより抽象的な事象を表すことができるからである。この章では鏡の比喩を再考することによって、絵画とはどのようなものか、そして絵画を制作する際に画家が描こうとする対象はどのようなものであるかを明らかにする。そして、模倣術や詩作術は、どのように絵画制作と類比的に語られているのかを丹念に追っていきたい。

第4章では、ミーメーシスという営みにおいて、詩劇を演じる詩人・役者の心理と観劇する観衆の心理はどのような関係にあるのかを論じる。プラトンは「詩人追放論」おいて、ミーメーシスが成立するためには、ミーメーシスを行う「主体」、モデルとしての「対象」、ミーメーシスの「産物・結果」に加えて、観察者が必須の要素であると考えている。これは、画家や詩人たちが生み出す模倣産物としての「像」が、観察者と独立に存在するものではなく、「これこれの人に現れる」ものとしての「現れ」であるとプラトンが理解していたことに起因している。このように観察者に現れる像は、模倣家に現れる心的像に由来しているという点で、観察者の知覚的・心理的経験ともリンクするものとしてプラトンは描いている。こうしたリンク構造において、詩人と観衆はミーメーシスを成立させるための一種の「共犯関係」を結んでいることをこの章では論じていく。

第5章ではプラトンの中期対話篇の『国家』篇における模倣術と後期対話篇である『ソピステス』篇における模倣術を比較する。『ソピステス』篇において、模倣術の種である似像製作術は、「真正の均整」を塑像などのうちに作りこむことができるとされている。もしこの「真正の均整」が哲学的な探求の成果であるならば、『ソピステス』篇は言わば哲学的模倣家という存在を担保していたこととなり、これは『国家』篇の議論とは明らかに矛盾する。というのも、『国家』篇において模倣家は、哲学活動とは無縁の無知な存在として描かれているからである。この章では、二つの対話篇における模倣術がどのような活動を念頭に論じられているのかを確認し、プラトンの模倣術についての立場を明らかにする。また、『法律』篇なども参照しながら、詩人や画家、音楽家などの模倣家はどのように活動をすべきであるとプラトンは考えていたのか、著作をまたがった仕方でプラトンの文芸論あるいは「芸術」論を取り出すことが可能かを論じる。

第6章では、『ティマイオス』篇におけるミーメーシス概念を論じ、その哲学史的な意義を明らかにすることを試みる。『ティマイオス』篇においては、デーミウールゴスという神的な職人が、永遠的なパラデイグマをもとにこの世界（コスモス）を整えて作ったと言われている。その際、コスモスはパラデイグマの模倣物（ミーメーマ）であると描かれているため、これを典拠に解釈者たちは、デーミウールゴスが神的・哲学的な模倣家であること、さらにはプラトンが神的・哲学的な詩作の可能性を認めていると考えてきた。これに対して本論は、ミーメーシス系の語の用例を詳細に検討することを通じて、こうした解釈は適切ではないことを明らかにする。他方で、文芸論や「芸術」論の枠組みで解釈された『ティマイオス』篇におけるミーメーシス系の語は、プラトン以前とは異なった仕方で用いられており、しかもそれは哲学史的に見ても重要であることを指摘する。

第1章
ミーメーシス概念序説

プラトンのミーメーシス概念については、これまで解釈者たちは主に『国家』篇第10巻の分析に議論を費やしてきた。というのもそこでプラトンは歴史上初めてミーメーシスとは何かという問いを立て、定義しようと試みているからであり、しかもその定義はミーメーシス概念の伝統的な用法とは異なり、プラトン独自のものであると理解されてきたからである。そこで本章では、『国家』篇におけるミーメーシス概念をプラトンに至るまでのミーメーシス概念史の中で正確に位置づけることを目指す。

これから見ていくように、『国家』篇におけるミーメーシス概念は異なる二つの仕方で規定されていると考えられている。そのうちの一つが『国家』篇第2-3巻で論じられている伝統的なミーメーシス概念に則った規定である。『国家』篇の登場人物のソクラテスたちは、正義とはどのようなものかを探求するにあたって、理想国家を議論の上で建設し、その中で正義が生じてくる過程を調べようとする(368e-369b)。その理想国家の建設に際し最初に取り掛かるのが、将来「守護者(φύλαξ)」として国家の支配を担う若者たちの教育である。当時のギリシアの教育は文芸、すなわち詩を通じて行われていた。ソクラテスたちもその伝統に則り、まずは若者たちが聞くべき詩の内容について、次に詩を語る際の語り方について論じる[1)]。そこで提出されるのがミーメーシスという詩の叙述方法である。ソクラテスによれば、叙述(διήγησις)は「単純な叙述(ἁπλῆ διήγησις)」とミーメーシス分類される。単純な叙述は地の文に位置し、詩人が自分自身の言葉で語るのに対し、ミーメーシスはセリフの部分の叙述であり、詩人が声や姿かたちの点で登場人物にできるだけ似せるように語る（392c–394c）。ここでのミーメーシスは身振りや手振り、そして声などを用いて何らかの役を演じること、あるいは物真似として説明することができる。

これに対して、『国家』篇第10巻の「詩人追放論」ではミーメーシスがそうした身体表現も伴った物真似としては理解されておらず、絵画制作との類比によって説明されている（596a–598d）。すなわち、プラトンは寝椅子を例にとり、(i)神が作る寝椅子のイデア、(ii)大工がそれを見て製作する実際の寝椅子、そして(iii)画家が実物を「模倣して（ミーメイスタイ、μιμεῖσθαι[2]）」生み出す寝椅子の絵画という3区分の存在論を提出し、ここでの絵画制作の理解にもとづいてミーメーシス全体を理解する。画家は「あるもの」を「ある」がままではなく、「現れるもの」を「現れる」がままに模倣すれば十分であり、模倣する対象についての知は不要である。むしろ模倣したいものに「ほんのわずかに」触れるだけで絵画という「像（εἴδωλον）」を作り出し、あたかもそれが真実であると鑑賞者を欺くことができる。こうした絵画制作についての理解は模倣術全体に拡張され、「模倣に従事する者・模倣家（ミーメーテース、μιμητής）」は「像」を見せて観衆を騙すまじない師であると言われる。ここでは、ミーメーシスが像製作の活動と規定され、詩作もその一種とされているのである。

以上の二通りの仕方で規定されたミーメーシス概念は明らかに異なるように見える。第3巻において、ミーメーシスを行うことは、「声や姿かたちにおいて、自分を他の人に似せること」（393c4–5）であると言われ、これは詩劇におけるパフォーマンスを前提としたミーメーシスの定義である。

＊1　詩は朗誦されたり、演じられるものであったので、ここでの「語り方」の議論は、詩を披露する際にどのようなパフォーマンスが望ましいかをという問題を取り扱っていると言える。

＊2　μιμεῖσθαι は「〜のミーメーシスを行う」という意味の他動詞。以後、ミーメーシスの意味そのものが問題になるので、ミーメーシス系の語を訳出せざるをえない場合は、もっとも抽象的な訳語と思われる「模倣」という訳語をひとまず当てる。

他方第10巻における像製作のミーメーシスは、絵画制作が具体的な事例として用いられていることからわかるように、静物を製作する活動として描かれている。これら二つのミーメーシス概念は相互にどのような関係にあるのだろうか[3]。

『国家』篇における像製作のミーメーシスはミーメーシスの概念史においても問題となる用法である。ミーメーシス概念史研究における伝統的な理解では、演技や物真似としてのミーメーシスが像製作のミーメーシスに時代的にもその概念理解においても先行しており、よりオリジナルな用法であるとされてきた。実際 E. C. Keuls のような解釈者は、ミーメーシス関連のタームを絵画制作に適用するのは、歴史上、プラトンが初めてであったと考えている[4]。彼女は像製作のミーメーシスをプラトンの発明とすることで、『国家』篇第10巻におけるミーメーシスの規定は歴史的に特殊なものであるとしたのである。つまり、第3巻のミーメーシスは伝統的で、第10巻のミーメーシスは、その発端としては、プラトンの独自の用法であったのだ。歴史的に異質な用法の原因を哲学者の創意によって説明できれば、第10巻と第3巻のミーメーシスが異なることはむしろ当然であると言える。なるほどたしかにイデアや「あるもの」「像」「現れ」などのタームに基づいて展開されたミーメーシスについての議論は、プラトンの存在論にもとづいており、したがって第10巻におけるミーメーシス概念はプラトン哲学を強く反映しているという意味で特殊な性格を持っている。だが注意しておくと、Keuls の議論はそういう意味での特殊性について言及するものではなく、あくまでもミーメーシス系の語がプラトン以前に静物の製作に用いられたか否かを問題にしている。

＊3　『国家』篇の第10巻におけるミーメーシスの規定が、それまでのものとは異なること、そして第10巻における絵画の扱いが他の巻に比べて批判的であることについて、Demand（1975）は第10巻が他の巻とは執筆年代が異なるということで説明しようとしている。Else（1972）が同様に解釈している。また本書第5章 p.158, n. 1 を参照

＊4　Keuls（1978）p.24.

これから見ていくように、絵画制作などの像製作活動を「ミーメーシス」と表現することは、プラトン以前にもあったことが既に指摘されている。その限りにおいて、絵画制作的なミーメーシスはミーメーシスの概念史から逸脱したプラトンの発明である、という Keuls の主張は誤りである。だが、どうしてギリシア人たちは絵画制作や詩作、あるいは演技・物真似などの活動を同一のタームで括ることができたのか、解釈者たちの見解は依然として一致していない。むしろ同一概念下で理解することの困難の方が強調されているのが現状である。そこでまず、プラトン以前のミーメーシスがどのようなものであったのか、ポイントとなる用例を解釈者たちの見解を参照しながら見ていこう。このことを通じて、演技や物真似のミーメーシスと像製作のミーメーシスがどうして同じ概念下で括られるのかという問題は、『国家』篇の内部だけではなく、プラトン以前のミーメーシス概念史の中でも解決しなければならないものであることが判明するだろう。このことを確認した上で、先行解釈やプラトン以前のミーメーシス関連語群を再検討し、演技や物真似、そして像製作のミーメーシスを統一的に説明するような、ミーメーシス概念の基盤となる一定のコア概念を提出することが、本章の目的である。そして最後にそのコア概念にもとづきながら、従来解釈者たちによって注目されてこなかった、しかし哲学史的には重要であると思われる、ミーメーシスの用法とその成立過程を論じる。

I．ミーメーシスの概念史

ミーメーシス、そしてその同族語群はおそらく紀元前6世紀頃から見られ、5世紀には広く用いられていたと推測される、比較的新しいタームである[5)]。したがって、ホメロスやヘシオドスなどの著作においては見られず、プラトン以前の用例は比較的少ない。研究者たちはプラトン以前のミーメーシスの用例を可能な限りくまなく調べることでその本来の意味と用法を確定しようとしてきた。初期の用例の少なさからどうしても推測に頼らざるをえない部分があるが、ミーメーシスの関連語群が一般的にいかなる文脈において用いられてきたか、そしてどのように発展してきたのかを、解釈者たちの議論をたよりに確認していこう。

ミーメーシス系の語の中でもまさに「ミーメーシス（μίμησις）」という名詞の用例は、前5世紀より前には見られない。この名詞の現存する最古の用例とされるのは、デモクリトスの断片、あるいはヘロドトスである[6]。そのため研究者たちは、ミーメーシス系語群の起源とされるミーモス（μίμος）という語から、ミーメーシスの概念史研究を始めるのが通例である。アリストテレスの『詩学』の有名な記述にある通り、ミーモスは紀元前4世紀以前には詩劇の一つのジャンルを形成したことは間違いないが[7]、このミーモスという用語はアリストテレス以前には4例しかない。そのうちの最も古いものとされるのが、次のアイスキュロス『エードーノイ』の断片である。

牛の叫び声をしたぞっとするようなミーモイが
どこか見えないところから応えて唸り、
地下から轟く雷のように
恐ろしい太鼓の響きがやってくる
ταυρόφθογγοι δ' ὑπομυκῶνταί
ποθεν ἐξ ἀφανοῦς φοβεροὶ μῖμοι,

＊5　前600年盛年のエレゲイア詩人、テオグニスの名で集成される詩行370「愚か者の誰もが私を真似る（μιμεῖσθαι）ことができない」がミーメーシス系の語の最初期の用例とされることもあるが、真偽性、著作年代、さらにテオグニス自身がどの時代に属するかについても議論が多い（cf. Okin（1985））。Halliwell（2002, p.18）は『アポロンへのホメロス風賛歌』（162–164）における用例がミーメーシス系用語の最初期のもの（前600以前）であると考えている。そこでは、デロス島の乙女たちが「あらゆる男たちの声やカスタネットの音を模倣する（μιμεῖσθαι）ことを知っている」と言われている。

＊6　プルタルコス『陸生動物と水棲動物ではどちらが利口か』20 p.974A=fr. 154 DK。ヘロドトス『歴史』3.37。

＊7　アリストテレス『詩学』1447b10。

τυπάνου δ' εἰκών, ὥσθ' ὑπογαίου
βροντῆς, φέρεται βαρυταρβής
(アイスキュロス断片59. Radt)

『エードーノイ』はトラキアの王リュクルゴスが、ディオニュソスやその信徒を駆逐した伝説を描いているとされる。この断片59ではリュクルゴスの臣民であるエードーノイの人々がコロスとして、ディオニュソスとその信徒たちの乱痴気騒ぎの登場を歌っている。H. Koller は、この用例について次のように解釈して、ミーメーシス概念史の研究において新たな議論が生まれるきっかけを作った 。すなわち、ここでのミーモイ（ミーモスの複数形）はディオニュソス教の宗教劇における役者・演技者のことであると理解し、彼らが楽器の音に呼応する形で牛の叫び声の真似をしているのだと理解した[8]。そして彼らのパフォーマンスはダンスや楽器による音楽を伴っているという点を強調したのである。さらに Koller は、ミーメーシス系の語を「イミテーション（Nachahmung）」の意味で理解すること、そしてプラトンにおいて顕著であるように、これを絵画などの視覚芸術に適用することは、本来の用法ではなく後代の発展であると主張している[9]。彼の調査によれば、ミーメーシス系の語の初期の用例は、主に踊りを踊ったり、踊りに伴う音楽やリズムなどを出す文脈で用いられている[10]。よってミーメーシスはダンスや音楽による「表象（Darstellung）」や「表現（Ausdruck）」行為を意味すると彼は考えたのである[11]。

＊8　Koller（1954), p.39. 彼はより端的に、ミーモスを「ディオニュソス宗教劇の役者、もしくは仮面か（Akteur eines dionysischen Kultdramas（Maske?））」と述べている（p.120)。また Gentille（1988, p.55）はここでのコンテクストが宗教に関わるものであるから、ミーメーシス系の語の元来の意味も宗教に関わるものであると主張するが、これは他の様々な用例への配慮を欠いた、単純な断定であろう。

＊9　Koller（1954), pp.9–14, 119.

＊10　既に触れた『アポロンへのホメロス風賛歌』（162–164)、アイスキュロスの断片59の他に、Koller が重視するのはピンダロスにおける用例（断片107a）である。

Elseはこの解釈に対して有名な批判を加えた。すなわち、このアイスキュロスの断片においては役者についての言及は一切ない。むしろ「どこか見えないところ」と言われているように、ここでは音声が見えないところから発せられている。そこでミーモイとは演じ手ではなく、演じるパフォーマンスのことであり、牛の叫び声のような音を出すことと彼は理解したのである[12)]。Elseはこのミーモス解釈を他の関連する用例などと比べながら、ミーメーシス関連語群の最も基本的な意味として定めた。すなわち、ミーモスとはもともと「物真似（Miming）」という行為であり——Elseはそこにからかいやパロディの含意が付け加わっていると考える[13)]——その物真似の対象は見た目や行為、音声、言葉、歌、動きなど直接的かつ端的に表象可能なものである。そして誰かが、物理的な行為を伴わず他の誰かを真似た場合、ミーメーシスは派生的に、たとえば「倣う」といった、心的で倫理的な物真似の意味を持つことになる[14)]。そして最後に——これはわれわれが問題としている、プラトンにおける像製作のミーメーシスと直接的に関わる用法であり、後に再び確認することになるが

＊11　Kollerはこの「表象（Darstellung）」や「表現（Ausdruck）」が何を意味しているのかは、詳細には論じていない。この点をSörbom（1966, pp.15–18）は批判的に論じている。

＊12　Else（1958), pp.74–75. この箇所のミーモイについては、ὑπομυκῶνταί の主語として、行為ではなく何らかの音を出す主体と考えるのが自然であると思われる。もっとも、Kollerのようにミーモイを役者・演者と理解する必要はなく、より一般的に何かを真似る人と理解しても問題ないだろう。私はこの解釈を採る。少なくとも前4世紀にはミーモスが劇の一つのジャンルを指示していたことを考慮すれば、Sörbom（1966 pp.54–55）の言うように、ミーモス劇を演じる専門集団を同じミーモスと呼び、そこから派生的にミーモスのような振る舞い——すなわち何かを真似る振る舞い——をする人についても、ミーモスと呼ぶようになったのかもしれない。Halliwell（2002, pp.17–18）の解釈は独特で、牛の叫び声のようなものを出す人の声が、あたかも演劇の役者のように擬人化されて描かれていると理解している。それによって彼の解釈は、ミーモイは物真似として声を出す行為のことだというElseの解釈と、演劇の役者であるというKollerの主張を両立させるような側面を持っている。

＊13　Else（1958). pp.79–80.

——像や絵画など人間でないものが媒介物となって「真似」が達成された場合、ミーメーシスは複製やコピーの意味を担うことになる。

とりわけここで着目したいのは、Koller も Else も、ミーメーシスが持つ意味の幅を概念拡張の展開のうちに捉えようとしていることである。そこでは像やコピーを製作する意味でのミーメーシスは、より後代の用法であると理解されている[15)]。そうした解釈の方向で極端に考えたのが、Keuls なのであった。彼女は基本的には Koller の議論に依りながら次のように結論付けている。すなわち、プラトン以前において「ミーメーシス概念は絶えず詩劇に関するものである。つまり、それには常に物真似、再具現化、扮装、あるいは他者として振る舞う状況が含意されている。概念拡張として、最も比喩的に弱められたとしても、ミーメーマ（*μίμημα、ミーメーシスの産物）はコピーにはなりえない。むしろ単純に代理物を意味する[16)]」。さらに「演技という意味から、何かの現れをコピーするという意味への概念拡張は、詩を批判する議論のために行われたのである[17)]」。

演技・物真似のミーメーシスから現れの複製・像製作のミーメーシスへ。既に触れたように、こうしたミーメーシスの概念拡張の歴史を、しかもその概念拡張がプラトンの創意に由来するというストーリーを描くことは難しい。なぜなら Halliwell の指摘するように、プラトン以前においても、像製作の意味におけるミーメーシス系の語の用例を見て取ることができるからだ[18)]。彼が典型的な例として提示するのはヘロドトスの用例である。

---

*14　こうした心的に「倣う」という意味でのミーメーシスは、それを通じて「見習う」「学ぶ」という意味も含意しうる。この意味でのミーメーシスについてはたとえば、イソクラテス『ソフィスト反駁』18、リュシアスⅡ.51、クセノポン『メモラビリア』Ⅰ.2.3、Ⅰ.6.3、Ⅲ.5.14、Ⅳ2.40などを参照。

*15　とりわけ Koller（1954, p.63）は「模造」という意味でミーメーシスを絵画に結び付けたのはプラトンによる創発であると考えた。

*16　Keuls（1978）, p.22.

*17　Ibid.

*18　Hallwell（2002）, pp.110–113.

エジプトの富裕階級の者の催す宴会では、食事が終り酒宴に入ろうとする時、一人の男が棺に入れて木で作られた（πεποιημένον）人間の死骸を持ち廻る。それは、描き方といい彫り方といい極度に模されており（μεμιμημένον ἐς τὰ μάλιστα καὶ γραφῇ καὶ ἔργῳ）、背丈は1ペキュスないし2ペキュスある[19]。これを会食者の一人一人に示してこう言うのである。「これを見ながらせいぜい楽しく酒をお過ごし下さい。あなたも亡くなられたらこうなるのですから」（ヘロドトス『歴史』2.78. 松平訳を改変）

ここでは、死骸に模した像がメメント・モリとしての役割を果たしていたというエジプトの習慣が紹介されている。そしてこの像が見かけのコピーとしての役割を果たしているように思われる[20]。こうした用例は、前5世紀半ばから後半にかけて、言い換えればプラトン以前において、ミーメーシス概念は形象的側面におけるコピー、あるいはそうしたコピーの製作という意味を既に担っていたことを示している[21]。

＊19 Stein（1869）にならい πάντῃ を削除。これと同様な仕方でミーメーシス系の語は次の箇所でも用いられている。

さてミイラ加工を職として開業し、専門的技術をもった職人がいるのである。職人たちは遺体が運び込まれてくると、絵具を用いて似せて作られた（τῇ γραφῇ μεμιμημένα）、木製のミイラの見本を、運んできたものたちに出して見せる。（ヘロドトス『歴史』Ⅱ86. 松平訳を改変）

＊20 Sörbom（1966., 63–64）はここで木製の死骸のモデルとなって模して作られているのは、本物の死骸ではなく、「死（という概念）」であると考えている。というのも彼によれば、ここでの文脈は、人々がある特定の死体ではなく、死んでいるという状態に関心を持つことが重要であるからである。しかし、特定の死体を模した物を見て、そこから「死」に思い至ることは我々にとって何ら不自然ではない。むしろ「描き方といい彫り方といい」という造形的な側面についての言及は、死体という物体がモデルであることを示していると考えるべきである。

＊21 他の用例についても Else（1958）や Halliwell（2002）を参照。こうした用例について Keuls（1978, pp.19–21）は、あくまでも演技や物真似としてのミーメーシスで解釈し通そうとしているが、人間だけでなく、様々な事物がそのような活動に携わると考えるのは、説得的でないように見える。

Webster や Moraux の指摘するように、資料的な制約からミーメーシス系の語のオリジナルな意味を確定するには推測に頼らざるをえない部分がある[22]。それゆえ、個々の文脈の用例を一般化する形でミーメーシスのオリジナルの意味を見出すことについては、できるだけ慎重にならなければならない。それでは、ミーメーシス系の語のオリジナルな意味、あるいは共通的な意味や用法を見出すのは難しいのだろうか。

そのように考えたのが、Halliwell である。彼はプラトン以前のミーメーシス系の語は４つのカテゴリ――１.視覚的表象、２.模倣行動、３.物真似（これは２の模倣行動を意図的、効果的に行った極端なケースであるとされる）、４.形而上学的ミーメーシス――に分類した（既に触れたように、１の用例がプラトン以前に見て取れることを強調することで、彼は先行研究を批判的に検討したのである[23]）。彼によれば、ミーメーシスという概念はあまりに多様な用法を許しており、そうした用法を均質的に理解することはとてもできない[24]。つまり、これらのカテゴリは基本的に非通約的であり、ミーメーシス概念の核となるような意味・用法を見出すことはできないのだ。こうした態度はプラトンにおけるミーメーシスの用例解釈についても影響しており、彼はこうした分類をより細分化し、10のカテゴリを提出している（図１）[25]。

さて、われわれの議論の端緒は、『国家』篇において演技・物真似と像製作がどうして同じミーメーシスというタームで括ることが可能であったのか、という疑問に答えることであった。そして今やプラトン以前におい

＊22　Webster（1939）, pp167-169; Moraux（1955）, pp. 8－9.

＊23　後に Halliwell（2002, p.15）は音声のミーメーシスを一つのカテゴリとして取り出して、付け加えている。

２や３の意味でのミーメーシス系の語の用例がプラトン以前にあったことは、全ての解釈者が認めるところである。よってここでは深く論じない。形而上学的ミーメーシスについては第６章において詳しく論じる。

＊24　Halliwell（1986）, p.111.

＊25　Ibid. p.121. Halliwell のカテゴリ分けは、意味用法の違いというよりは、ほとんどミーメーシス系の語が使われている文脈の分類をしているに過ぎず、かえってプラトンのミーメーシス理解を見えづらくしていると、私は考える。

a	言語的	言語が事物の本質を反映する
b	哲学的	哲学者の思考は真実のコピーを提示しようとする――永遠的モデルのミーメーシス
c	宇宙論的	物質的世界は様々な仕方で永遠的モデルと模倣的関係にある
d	視覚的	画家によるミーメーシスは事物の現れを描く
e	模写	声と身体を用いて動物や自然界の特徴を生み出すことができる
f	行動的	通常の意味での真似・模倣
g	物真似・演技	(アーティスティックでない仕方で) 役割を演じること (だがhを参照)
h	詩	詳細がわからない言及を除けば、大抵の場合プラトンは詩を、画家と比較しながら言葉における像製作の技術として、あるいは (そのいくつかの形態では) 上のgの特殊なケース、すなわち劇における詩劇における物真似・演技として扱う
i	音楽	音楽の形式や構造はある種の人間の行為や経験を表現する事ができる (プラトンがムーシケーに言及する際は、ときに詩作から音楽を切り離すのは不可能である)
j	舞踊	ダンサーたちは人間の生を表象として演じることができる

図1　Halliwell によるプラトンのミーメーシスの主要な用法の分類

ても、演技・物真似、さらに像製作としてのミーメーシス概念が存在していることが明らかになった。したがって、問題はプラトン以前のミーメーシス概念にまで遡及することになる。すなわち、古代ギリシアにおいてどのようにして演技・物真似と像製作といった活動は同じ概念で捉えることができたのであろうか[26)]。あるいは Halliwell の議論を踏まえるならば、次のような問いを立てることができるであろう。すなわち、オリジナルな意味がどうであれ、われわれが参照できる資料において既にミーメーシスは多義性を持っているのであって、そのコアとなるような意味・用法を想定するのはそもそもできないのであろうか。Halliwell によるミーメーシスの分類は、ミーメーシス系の語の用例が置かれている、個々の文脈を最

*26　Keuls が像製作のミーメーシスをプラトンの創発と提案したのは、演技・物真似と像製作を同一概念下で理解することに困難を感じたからかもしれない。概念拡張の飛躍や革新的な展開の由来が、有力な哲学者にあるとするのは一見もっともに思われるからである。

大限に尊重していると言える。しかしながらそれは、ミーメーシスという概念を総体として理解することを、かえって阻害しているのではないだろうか。

Ⅱ．ミーメーシスの構造

これまでわれわれは何人かの解釈者の研究を参照しながらミーメーシス概念がプラトン以前にどのようなものであったのかを確認してきた。プラトンの場合と同様、そこでは像製作と演技・物真似のミーメーシスが見て取れたが、それゆえにまた、それらがなぜ同一概念によって捉えられるかが問題となってくる。Halliwell は上記のようにミーメーシス概念に多様な意味を見いだしているが、これらの雑多な意味は相互にどのように関連しているのであろうか。われわれはこれらの中から、ミーメーシスにコアとなる概念があるのかどうか、あるとすればそれはどのようなものであるかを探究していきたい。その際に私が採用するのは、時系列に配慮しながら、ミーメーシスという事象に関わる要素を構造的に分析するという解釈アプローチである。

Else は演技や物真似などのミーメーシスが概念拡張した結果、絵画制作のような像製作の意味を帯びるようになったと考えているが、彼はその概念拡張の過程を「媒体」の違いに求めて説明していた[27]。すなわち、演技や物真似などにおいては、自分の身振り手振り、声、衣装などの媒体を通じて人間や事物を模倣する。そして次第に絵画などの無生物を媒体として用いて何かを模倣する用法を得ることによって、ミーメーシス概念は拡張していった。だが依然として演技・物真似と像製作の大きな相違点は残ったままであると思われる。第一の相違点は産出されるものの有無である。一方で絵画制作などの像製作は、ミーメーシスを通じて像というモノ

＊27　Else (1956), p.79.

を産み出しているが、他方で演技・物真似によっては具体的なモノは生じない。演技や物真似の主体の様子が変化するのみである。第二に、ミーメーシスの関係においてモデルと結ばれるものが異なることを指摘できる。ミーメーシスという営みにおいては、モデルと他のあるものとの間で類似や代替などの関係が成立するが、一方で演技・物真似の場合、役者が役を演じるときのように、そうした関係が成立するのは行為に携わる模倣主体と彼が真似ようとするモデルの間においてである。他方で絵画制作の場合、類似や代替の関係が成立するのは模倣製作物として絵画とその絵画のモデルの間においてである。決して模倣主体の画家とモデルの間ではない。

これらの相違点は、ミーメーシス概念を分析するための重要なポイントを浮かび上がらせる。すなわち、「主体」「対象」「産物」などによって構成される、言わばミーメーシスの構造が同じでなければなければ、像製作と演技・物真似のミーメーシスを同一線状に置くのは難しいということである。言い換えれば、ミーメーシスを分析するにはこうしたミーメーシスの構造を常に配慮する必要がある。ミーモスに宗教的な含意を見てとったKoller や Gentille、あるいは存在論的文脈において用いられるミーメーシスの用法を「形而上学的ミーメーシス」としたHalliwell に顕著なように、従来のミーメーシス概念についての研究は主として、ミーメーシス系の語が使われているコンテクストからその意味を同定するというアプローチをとってきた。そして同一視できないコンテクストが複数存在するとき、ミーメーシス概念の意味・用法を分類してきたのである。もちろん、ある用語の意味や用法を確定するためにそれぞれのコンテクストに着目することは最も重要な解釈アプローチであると言ってよい。しかしたとえば次に挙げるような Halliwell の分類例を見てみれば、コンテクストに偏重してミーメーシスを分析することに限界があることが見て取れよう。

先に触れたヘロドトスの用例は、Halliwell が視覚的表象のミーメーシスとして分類したものであった。そこでは、本物の死骸に似せられて像が作られていることが、「模された (μεμιμημένον)」と言われていた。我々はここにモデルとしての「死骸」、それに模した「死骸の像」を見出すこと

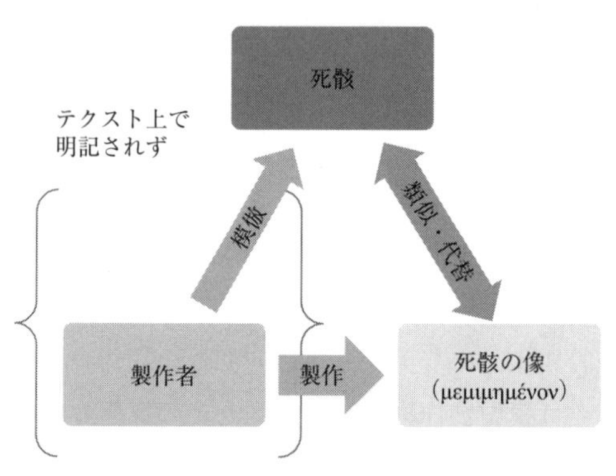

図２　『歴史』2.78におけるミーメーシスの構造

ができる。さらに明記はされていないものの、像の「製作者」がいることも「作る（ποιεῖν）」や「ミーメイスタイ（μιμεῖσθαι）」の完了受動形の分詞にて示唆されているだろう。すなわちここでは、ミーメーシスという営みを行う「主体（製作者）」、そしてミーメーシスを行う際のオリジナルとしての「対象（本物の死骸）」、また「ミーメーシスの結果・産物（死骸の像）」という三項関係が見て取れる（図２）。

他方、同じ視覚的表象の用法にHalliwellが分類したのが、エウリピデス『ヘレネ』74における用例である。テウクロスは、パリスによってトロイアに連れ去られていったはずのヘレネをエジプトで見て、瓜二つの女性だと思い、彼女が「何というヘレネのミーメーマを持っているのだ」と驚嘆する。ここでのミーメーシスはテウクロスの視点から描かれており、その構造は、彼によって想定されている本物のヘレネとそれと類似する形でヘレネを想起させる瓜二つの女（実はヘレネその人）という二者の関係で描かれている（図３）。ここでは、ヘレネが具体的行為として何か演技や物真似、扮装などの行為を行っているわけではない。さらにテウクロスが、目の前の女がヘレネの変装をしていると思い込んだわけでもない。また言うまでもなく、今言及したヘロドトス『歴史』2.78のように、こうした状況の背景に何かしらの模倣物の製作者が隠れているわけでもない。したがってこの例においては、なんらかの模倣行為に携わっている主体は存在しない。

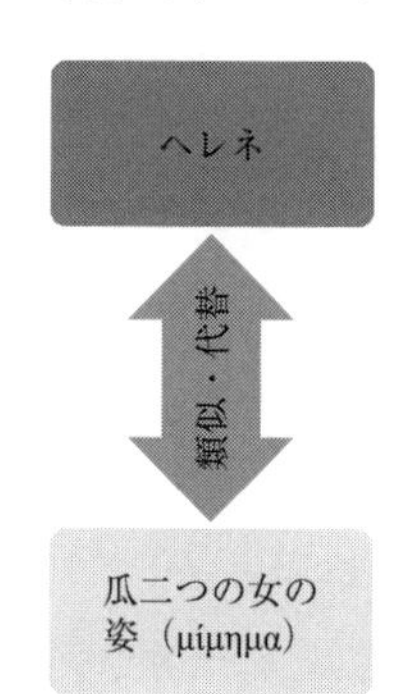

図３　『ヘレネ』74におけるミーメーシスの構造

にもかかわらず、テウクロスはこの状況をミーメーシス系のタームを用いて描くことが適当であると考えたのである。

かくして、これら二つの例は、模倣行為に携わる主体の有無という点で、ミーメーシスの構造がかなり異なっているように見えるが、Halliwell は二つの事物の間で、コピー関係、あるいは視覚的類似性が生じているという点で、同じミーメーシスの意味・用法であると判断している[28)]。だが、ミーメーシス系の語が用いられているコンテクストを分析するだけでは、こうした構造的相違は説明できない。

Ⅲ．代替関係と時系列

上の二つのミーメーシスの用例においては、二項関係と三項関係の違い、またある主体による模倣行為の有無という違いがあるが、他方でわれわれは以下のような三つの共通点を見つけることができる。

第一の共通点はオリジナルと像の間で結ばれる非対称な序列的関係である。『歴史』の用例で言うと、死骸と死骸の像の間で、『ヘレネ』ではヘレネとその瓜二つの女の間でオリジナルと代替物の関係が成立している。死骸は死骸の像に対して、ヘレネは瓜二つの女に対して先行する概念であり、それらは不可逆な関係である。つまり、死骸が死骸の像のミーメーマ、あるいはヘレネが瓜二つの女のミーメーマということはありえない[29)]。ミーメーシスにおいて、オリジナル・モデルへの理解は、必ずその「像」である事物への理解に先んじているのだ。またモデルと像に着目したとき、

＊28　Else（1958. p.81）は『ヘレネ』の当該箇所におけるミーメーマを無生物的な「似像」として理解している。だが私がこれから論じていくことが正しければ、この用例は、あたかも誰かがヘレネそっくりに扮装しているかのようにテウクロスが瓜二つの女を比喩的に解釈しているものとして解釈できる。

＊29　ただし、ヒポクラテスの『七について』6.1は例外的に解釈されている。これについては本章注54を参照。

ミーメーシスによって結ばれる関係は、単なる類似関係というよりは、現代でいう形象的事物間の「表象」関係に近似したものである。私が表象関係と呼ぶのは、あるものが別の何かを代わりに表しているという、二つの事物の関係である。表象あるいは表象物とはそのように代わりとして機能している事物のことを言う。これは表象概念の非常にシンプルな定義の一つであるが、このように定義された表象は類似物とは異なることに注意したい。Goodman の言うように、通常、あるもの A が別のあるもの B に似ているとき、B は A に似ていると言える。子が親に似ているとき、親は子に似ている。この意味で類似関係とはシンメトリカルな関係である。他方、A が B の表象であるという関係が生じているとき、B は A の表象ではない。樹木の年輪は樹齢を表象するが、樹齢は年輪の表象ではない。あるいは、部屋に残された指紋の痕跡が犯人を表象しているとき、犯人がその指紋を表象しているとは言えない。樹齢や犯人についての理解が先行して、初めて年輪や指紋が表象としての意味を持つのである。この意味で表象関係はアシンメトリカルな関係である[30)]。ミーメーシス的関係が表象関係と近似的な第二の点として、その非再帰性も指摘できる。すなわち表象はそれ自身の表象とはならない。ある表象は常に、それとは異なったものの表象である。同様に、ミーメーマは常にそれ自身とは異なったもののミーメーマである。他方、通常あるものは、それ自体に似ていると理解できる。もっとも、表象関係と類似関係は背反的ではない。特に形象的事物、たとえば絵画においては、たいてい表象関係と類似関係は同時に成立する。私の似顔絵が私を表象するとき、その似顔絵は何らかの点で私に似ているし、私も何らかの点でその似顔絵に似ているだろう。同様にミーメーシス概念の背景には、多くの場合は類似関係を巻き込みながら、先行するオリジナルとその像の間で、非対称的・序列的関係があるように思われる。

第二の共通点は、ミーメーシスの関係を認知する観察者の存在である。ミーメーシスにおいて、観察者の存在が重要である理由は、ミーメーマが

---

*30　Goodman, (1964), pp. 3 - 6 .

オリジナルに対して果たす「代替」という関係と深く関連している。あるものが別の何かの代替物としての役割を果たすとき、多くの場合、両者は類似していると言える。その一方で、代替という関係は、必ずしも二つの事物の類似性の強さを要求しない。私がここで類似性と呼ぶのは、一般的な意味においてである。なるほどたしかに、どんな二つの事物も何らかの観点からは「似ている」と言えなくもないが、そういった問題には立ち入らない。私が念頭に置いているのはたとえば次のような例である。私の娘がぐちゃぐちゃな線を描き、それを「アンパンマン」と呼ぶとする。その図が本物に全く似てなくとも、彼女にとっては「アンパンマン」である。他方、ある画家が一卵性双生児の兄を描こうとして誤って弟を描いてしまったケースを想定しよう。それが誤った対象を描いた肖像画だと我々が既に知っているとすれば、その絵画はどれだけ絵画の人物が兄に酷似していても兄の視覚的な代替物としての役割を果たすことはない。したがって代替という関係を成立させる基準は、類似性ではなく、むしろあるものを別の何かの代替物とする観察者の認知やその態度であると言った方が適当であるだろう[31)]。実際、上のヘロドトスとエウリピデスの用例においては、ミーメーマがオリジナルの代替物としての役割を果たすよう決定づけているのは、それを観察する人間の認知であると言える。すなわち、死骸の像が極度に本物の死骸に模されていると観察し、それをミーメーシスの関係によって描写したのは、著者のヘロドトスその人である。またヘレネと生き写しのような女を見出したのはテウクロスである。死骸とはどのようなものか、ヘレネとはどのような人かを知らなければ、それらの像がミーメーマと呼ばれることはなかったはずである。後に論じるように、観察者の存在はこの二つの用例においてのみならず、ミーメーシス系の語が使用される状況では常に重要なものとなってくる。

第三の共通点は、ミーメーシスの時間的な事後性である。オリジナルと像の関係を観察できるのは、観察者が既にオリジナルについて何らかの認識を持った上で、まさにその像を認知するときのことである。言い換えれば、モデルとミーメーマの関係の成立には、像の成立をまたなければならない。

＊31　絵画表象も含め、表象関係を成立させる認知的態度とはどのようなものかは、現代の分析美学の中で重要なトピックの一つとなっている。ある事物Ａを見て、別の何かＢの表象であると認識するとはどのような認知状態であるのか。たとえばある論者は、有名なウサギとアヒルの錯視を例に、二つの認識は両立しない（ウサギを見ながら同時にアヒルを認知できない）と考えている（Gombrich（1960), pp. 4－5．もっとも、Gombrichのような仕方で、錯視の例と絵画表象一般を同列に論じることは不適切であるように思われる。なぜなら、たとえば肖像画を見たとき、「キャンバス上の色彩(A)」を見て我々は別の対象である「ある人物(B)」を認識していると言える。だが、アヒルとウサギの錯視の例で言えば、「アヒル」を見て別の対象「ウサギ」を認識するというわけではなく、「キャンバス上の線(A)」を見て、「ウサギ(B)」という対象を認知するという状況（Ａ→Ｂ）と、「キャンバス上の線(A)」を見て別の対象である「アヒル(C)」を認識するという状況（Ａ→Ｃ）が順次切り替わっているように思われるからだ。したがって、ある表象について、二つの対象の認識は同時に成立しないと言ったとき、その意味するところは錯視と一般的な絵画表象とでは異なる）。対して別の論者は、何か描かれた表面を認識することと、その背後にある別の何かを認識することは、後者を前者「のうちに見る（Seeing-in)」という仕方で同時に行われている、と考えている（Wollheim, 1980, 1998）。また別の有力な議論として「ごっこ理論（Make-Believe Theory)」と呼ばれるものがある（Walton, 1990）。たとえば子どもが泥団子をごちそうに見立てたとき、その子は泥団子が本当にごちそうであると虚偽の状態に陥っているわけではない。むしろ泥団子という小道具と、遊び方という規則に従って、ごちそうであると想像（imagine）しているのである（Waltonによれば、「想像（imagination)」は真偽が問われないという点で、「信念（belief)」とは異なる）。こうしたごっこ遊びの道具のように、絵画を含んだ全ての表象は、観察者が従うべき規則を命じるべく、小道具としてしつらえられたものなのである。

　こうした現代の議論は、表象と表象されるものへの認知が、見かけ上であれ同一主体においてどのように同時に成立する（しない）かを論じていると言える。他方『国家』篇においてプラトンは、ある主体の魂は分割可能であり、しかもその部分同士の間で認知的葛藤が生じると考えているので、こうした問題を回避していると言える（602c–603b. 第３章 pp.106–108を参照）。

　また後に論じるように、基本的な用法においては、ミーメーシスはその活動に携わる主体の存在を含意している。その点においては、ミーメーマは単純に「像」や「表象」の概念とは一致しない。それらを生み出す主体が背景に存在し、観察者はそうした存在を了解しながら、ミーメーマを認知しているのである。p. 39を参照。

たとえば、職人が死骸の像を制作する際、彼が手にしているものが死骸の像というよりはまだ単なる木材のようなものであるとすれば、観察者はそれをミーメーシス系の語によって状況を描写することができないだろう。死骸の像が μεμιμημένον という完了形分詞で描写されていることからも、それは模倣製作の営みが終了したときの産物であることがわかる。他に完了形分詞が用いられているケースとしては、たとえばアリストパネスの『女の平和』159において、男を追い出した後の世の中を想定した女達が、男根（オリスボス）の代わりになるディルドを τὰ μεμιμημένα と呼んでいる用例がある。ここではディルドが本物の男根の代替物となっていることが、女の認知にもとづいて描かれている[32)]。同様にミーメーマという名詞もまた、オリジナルとの関係が成立したときにはじめて、そのオリジナルの像について言及するために使われる語である。テウクロスは、明らかに別人物であると思われる人間が、ヘレネと完全にそっくりな関係を既に結んでいるのを見て、その女をミーメーマと呼んだのである。ミーメーマの用例について逐一言及することはしないが、同じエウリピデス『ヘレネ』の875では、ヘレネの代わりにトロイアに向かった幻が、テオノエによってミーメーマと呼ばれている。これは74と同じ用法であると考えられる。またアイスキュロスの断片では、あるシャツがリブルニア人の外套のミーメーマとして描かれており、そこでは観察者が不明ではあるものの、リブルニア人の外套というオリジナルと、その類似・代替物としてのシャツとの関係が（おそらくそのように服職人に作られたものとして）成立している[33)]。

ミーメーシス（μίμησις）という名詞も、ミーメイスタイの完了形受動態分詞やミーメーマと同じ意味を持ちうることがある。次の用例を見てみよう。

＊32　Dover（1989, p.102）はこの表現の背景に、ディルドの製作者として靴職人を想定している。言い換えればここでの τὰ μεμιμημένα は、靴職人によって模倣製作されたものであることが、完了受動態によって表現されている。Keuls（1978. p.15）が考えるように、ディルドが主体として男根の真似をしているわけではない。

というのもヘパイストスの像が、フェニキア人が乗り廻している三段櫂船の船首に附けてある「パタイコイ」によく似ていたからである。「パタイコイ」を見たことのない人のためには、ヘパイストスの像は小人のミーメーシス（πυγμαίου ἀνδρὸς μίμησις）であると指摘しておこう。（ヘロドトス『歴史』、3.37. 松平訳を改変）

これはミーメーシス（μίμησις）という名詞の最初期の用例とされるものの一つである[34]。ここではヘパイストスの像が小人のミーメーシスであると説明されており、ヘロドトスという観察者の視点から、小人とその像の関係を描写するために、ミーメーシスという語が用いられている[35]。

あるものと別のあるものの関係の成立にそれを観察する人の視点が関わるということは、ひょっとすると奇異に感じるかもしれない。たとえば、鏡の像と鏡に映される事物との関係は、それを観察する人間とは独立に成立しているとも思われる。だが注意すべきは、このケースにおいては、何かの像を映すという鏡の機能について、慣習的理解が既に前提とされていることである。我々にとって通常、鏡とは何かの像を映すものであるという理解は、鏡が果たす機能について繰り返し確認した上で成立する。言い換えれば、そうした理解が成立する以前においては、鏡が実際に何かの姿形を映すという個別的事象を観察しなければ、そこにオリジナルと像の関係があると観察者は認めることができない。ミーメーシスにおいて観察者が重要となるのは、観察者がまさにこういった個々の事象を描写しようと

＊33　断片364. Radt.

さらにアイスキュロスのサテュロス劇『テオーロイ（見物人）』において、声が出ないことを除けばあまりにも自分たち自身に類似していることから、神に捧げる自分たちの像（εἴδωλον）を、コロス達はダイダロスが製作したミーメーマ（τὸ Δαιδάλου μίμημα）に例えている（*P. Oxy.* 2162=fr. 78.1-12. Radt; またテクストと翻訳については、Lloyd-Jones（1957, 550-556）によるものがLoeb 版に追加で収録されている）。ここでコロスは既に完成し自分たちとの代替関係が成立している像について、それが持つ類似性を自分たちの生き写しであるほどだと強調しているのである。

するときである。「馬の絵は馬の像である」という一般的な事実の述定に、観察者の視点は必ずしも必要ない。しかしたとえば「この絵は馬の像であ

＊34　同様にミーメーシスという名詞の最初期の用例とされるのが、次のデモクリトスの断片である。

> 学ぶことについて動物にもったいつけるならば、おそらくわれわれは滑稽なことになるであろう。その動物についてデモクリトスはこう語るのであるが。「われわれは最も重要な事柄において彼らの弟子となった。クモには織物術と修繕術において、ツバメには建築術において、またハクチョウや夜鶯という甲高い声のものどもには、ミーメーシスにおける歌において(ἐν ᾠδῇ κατὰ μίμησιν)」。(プルタルコス『陸生動物と水生動物ではどちらが利口か』20 p.974A=fr. 154 DK, 高橋憲夫訳を改変)

この記述は、人間の技術が自然界に学ぶことによって成り立ったことを述べているが、その中でも歌（音楽）の起源については、ミーメーシスにおいて鳥の鳴き声に学んだという。ここでのミーメーシスが学びとしての模倣を意味しているのか、音楽を包括する領域を持った営みを意味しているのかは判断できないが、少なくとも、ミーメーシスという名詞が初期の用例から音楽と関連する文脈で用いられていることをわれわれは確認できる。

このパッセージの理解については、Koller（1954, pp.58–59); Sörbom（1966, p.70); Halliwell（2002, p.17, n.39）を参照。これらの解釈者たちは、ここでのκατὰ μίμησινを「学びとしての模倣」の意味で理解し、人間の技術を全体的に動物に倣っていることを説明していると考えている。Halliwellの興味深い指摘によれば、アリストテレスは『動物誌』（9.7, 612b18–22）において、技術の起源が動物への学びにあるとするこの箇所のデモクリトス的な見解を修正しているという。人間が動物を模倣して学んだのではなく、あくまでもわれわれから見て、人間と動物の営みには「多くの類似点（μιμήματα）が観察される」という慎重な言い回しをアリストテレスはしていると、Halliwellは述べている。

もっとも、κατὰ μίμησινが「歌において」のみにかかっていると考えれば、ここでのミーメーシスは、歌や楽器演奏、絵画、詩作というミーメーシスのカテゴリ全体を意味し、「（ミーメーシスという営みのカテゴリーの中でも）歌において」という表現として理解できる（Else（1958, p.83）が文法的に同じ読みを採用している)。ミーメーシスが広範な営みを指す場合の用例については、プラトン『国家』篇373bを参照。プラトンの時代には、詩作や音楽、ダンスなどの営みが全体としてミーメーシスと呼ばれていた。この広範な意味でのミーメーシスはおそらく、詩作や音楽やダンスなどの個々の営みが持つミーメーシス的部分が、提喩法的にそれら営み全体をミーメーシスと規定した結果、成立したのであろう。

る」という私の発言は、ある特定の絵と実物の馬の関係を私が認知して初めて可能なのであって、その意味で私という観察者の認知が決定的に重要である。同様に、「絵画は常に実物のミーメーマである」と述べるとき、そこで観察者の視点は重要とはならない。観察者の視点がとりわけ重要になるのは、「この絵画は寝椅子のミーメーマだ」という個別的状況を描写するケースであり、そのような描写は、ある特定の絵画と実物の寝椅子の関係について、絵画という像が生じ、それについての認知が行なわれたときに初めて可能になる。

以上、ミーメーマやミーメイスタイの完了形受動態分詞は、それが代わりとして機能するところのオリジナルとの関係を前提とした表現であり、オリジナルではないという意味では、しばしばそこに「劣った」という含意が込められうる。さらにそこでの関係は、完了形分詞に表現されるような言わば事後性に基づいていると私は述べた。この「事後性」については、オリジナルと像の関係が成立する「事前」の状況を比較として確認すれば、よりわかりやすいだろう。以下は、演技・物真似のミーメーシスの典型的な用例である。

＊35　他にミーメーシスという名詞が模倣行為によって成立した産物・結果として用いられている用例については、トゥキュディデス『歴史』1.95.3がある。そこではスパルタの指揮官パウサニアスが、「将軍職というよりはむしろ僭主政のミーメーシスである」と言われている。このパッセージは従来、パウサニアスが僭主を模倣しているという意味で理解されてきた。たとえば、Else（1958. p.82）はこれを倫理面、あるいは心理面での模倣という「行為」で解釈している。Keuls（1978. p.16）はあたかも詩劇における「演技・成り代わり」の意味で理解している。しかしながらパウサニアスが意図的に僭主を真似るような行為をしているとは考えられない。ここでのミーメーシスは、観察者の観点から、パウサニアスが僭主政の「似たもの・権化」に見え、類似的・代替的であるという事態を表現しているのである。ミーメーマとしてミーメーシスが用いられている用例はプラトンにおいても見られ、『法律』では、マグネシアの国制は、最善最美の生のミーメーシスであると言われる（817b3–4）。ここでもミーメーシスは模倣という行為ではなく、ほとんど「類似物・模したもの」という意味で用いられているように見える。

外国人のようになり、そっくり格好を変え、
共に外の門に行くのはこの男、
我が家の客人であり戦友のピュラデース、
二人でパルナッソス人の方言で話すのだ、
ポーキス地方の訛った方言を真似て（μιμουμένω）。
（アイスキュロス『コエポロイ』560–564）

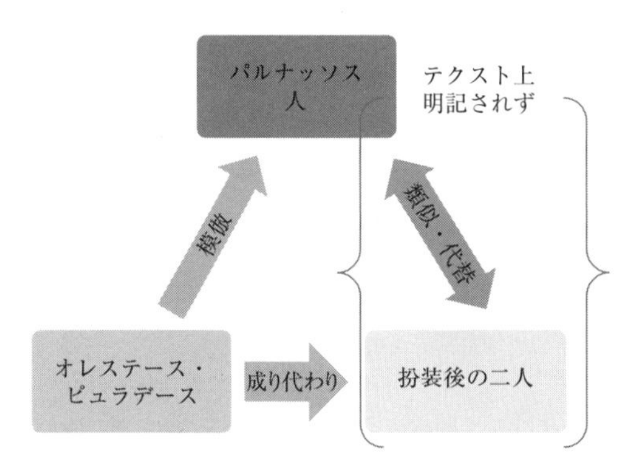

図4 『コエポロイ』560f. におけるミーメーシスの構造

殺害された父アガメムノーンの復讐のために家に帰還したオレステースは、外国からの訪ね人を装って、門番を騙し、館に入ろうとする。そのとき彼が立てた作戦が、ピュラデースとともに衣服などをすっかりパルナッソス人のそれに着替えた上で、方言を真似るというものである。ここで真似を行う主体はオレステースとピュラデースであり、彼らが真似ようとする対象はパルナッソス人であるから、ここでのミーメーシスは真似る対象と真似る主体の二項関係で描かれる。また、ミーメーシスを行う計画を立てている段階では、当然ながら彼らはまだ真似ようとするモデルとの類似関係を構成してはいない「事前」の状況である。だが未来の「事後的状況」においては、彼らはパルナッソス人そっくりとなることになることは言うまでもない（図4）。同様の例をさらに見てみよう。

［ドローン］背に狼の毛皮を被き
ぱっくりあいたその口を頭に冠せ、

その前脚を手に、後脚を脚に、
ぴったり合わせ、四足で真似ることにしよう（μιμήσομαι）
敵に見つからぬ狼の歩みを、
壕やら船の防備に近づいたならば。
（エウリピデス『レーソス』208-213 柳沼訳を改変）

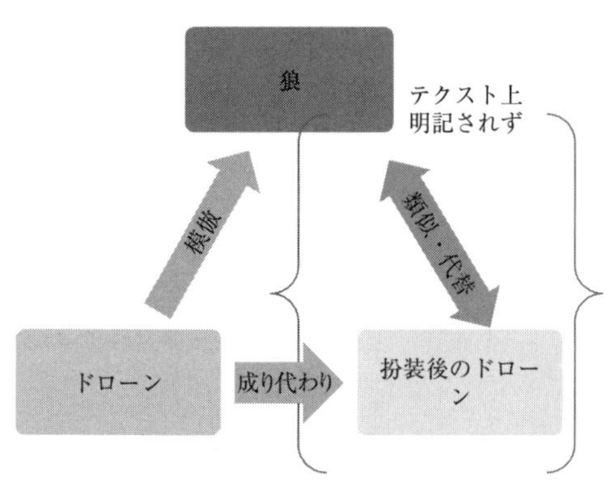

図５　『レーソス』208f. におけるミーメーシスの構造

トラキアの兵士ドローンは敵陣に忍び込むために、狼の皮をまとって扮装しその歩き方を真似ることを考える。ここでは、狼の外見を真似ることに動詞ミーメイスタイが用いられているが、未来形であることからわかるようにまだ狼に扮してはいない。だが実際の作戦実行においては、ドローンは狼とそっくりの姿になるはずである（図５）。興味深いことに、『レーソス』ではその「事後的状況」がミーメーシス系の語によって描かれているのである。

うろつくあの殺人者は、ギリシア人のどの人を
陣幕のうちで弑せんとするのか
地を這う獣の四足の真似姿でいながら（τετράπουν μῖμον ἔχων）
（エクリピデス『レーソス』254-257 柳沼訳を改変）

これは先のテクストとほとんど同じ状況を描いているが、語りの視点がドローンからコロスに移っている。コロスたちは、ドローンが現に狼の格好・振る舞いをしているところを、文字通りには「四足のミーモスを持つ」と表現している[36)]。これはまさにミーメーシスが行われ、ドローンと本物の狼との類似的な代替関係が成立している「事後的状況」の描写であ

る（図6）。

これまでに見てきた用例の特徴についてまとめよう。ミーメーシスの構造はその営みが生じる時系列に沿って、二つの観点から記述することができる。すなわち、ミーメーシスの営みにおいて、モデルとしてのオリジナルと類似・代替物としての像の関係が成立する前と、成立しているときである。模倣行為をこれから行うという状況では、その行為を行う主体（ミーメーテース）と彼が模倣・真似しようとするモデルという二項関係にて記述される。そこではモデルを代替する像はまだ生じてはいない。対して、模倣行為が既に完了した状況では、モデルとそれに代わる像、言い換えれば模倣の産物（ミーメーマ）の二項関係によって記述される。つまり、ミーメーマという語は、オリジナルとは別個のものとしての像が成立したとき、そして観察者がそれを認知したときに初めて使われるのである。

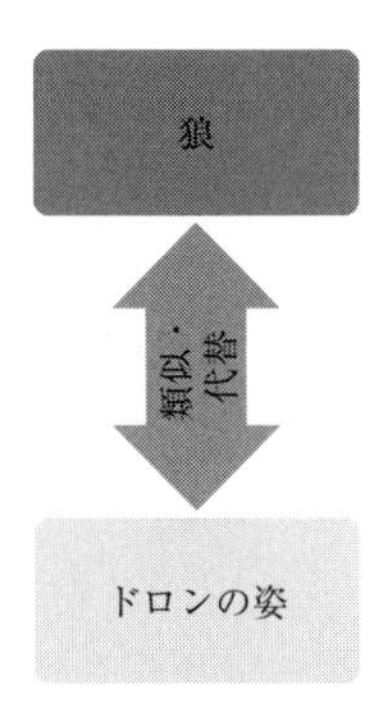

図6　『レーソス』254f. におけるミーメーシスの構造

ただし既に確認したように、演技・物真似のミーメーシスにおいては、モデルと類似関係で結ばれるのは、模倣行為を行う人物であるので、終始二項関係でミーメーシスが成立する。対して、像製作のミーメーシスではモデルと模倣産物との間で類似関係・代替関係が成立するので、これに製作者を加えて三項関係でミーメーシスが成立する。そしてこの構造の差異が、様々なミーメーシスの用例を統一的に理解することを妨げるのであった。

＊36　Else（op.cit. p.76）と Sörbom（op.cit. p.55 n.34）は、ここでのミーモスの用例は、211の動詞ミーメイスタイの迂言法であり、模倣行為を意味していると考えている。私も彼らに従うが、もう一つの解釈の可能性として、ここでのミーモスを「何かを模した装束・姿」として理解することができる。同様の解釈の分岐は γυναικόμιμος の三つの用例においても生じる（アイスキュロス *PV*1005; ソポクレス断片769; エウリピデス『バッコスの信女たち』980, cf. n.17）。これらは、「（服装などを通じて）女性を真似ること」と「女性の格好をした」という二通りの解釈が可能である。

そこで私が提案したいのは、演技・物真似のミーメーシスもまた三項関係、すなわち(a)模倣者（ミーメーテース）、(b)モデル、(c)モデルの代わりとなる事物（人物）によって記述されるということである。このことは、これまでに確認してきた代替関係成立の時系列を念頭に置くと理解できる。代替関係成立前の模倣者と成立後のまさに真似をしている模倣者は、その代替関係の有無という観点から切り分ければ、異なった存在である。上の『レーソス』の例で言えば、ドローンが狼を真似るという事態は、代替・類似関係成立前の(a)ドローンその人、(b)模倣対象としての狼、代替関係が成立し、(c)狼の姿をしたドローンという三項関係の構造でエウリピデスによって記述されているのである。また、模倣者を代替関係の成立前後で区分する必要がある理由として、再度観察者の視点に着目したい。演技や物真似という行為が完遂されるのは、観察者がそれを見て、何かがモデルを（類似的に）代替していると判断する場合である[37]。観察者がミーメーシスは成立していないと判断した場合、その演技や物真似は適切に行われたとは言えない。そして、模倣者その人はモデルとは別の存在である以上、模倣行為を観察するものにとって、モデルとは異なる模倣者の姿が目立てば、その物真似は失敗しているように感じる。言い換えれば、演技や物真似を見るとき、観察者はモデルと適切に類似して代替関係を結んだ(c)模倣者と、(a)模倣者その人自身を区別することが可能であるし、模倣者がどれだけ自分の姿・性質を捨象して正しくモデルに成り代わっているかで、ミーメーシスの成否を判断するのである。演技や物真似によってモデルと代替している模倣者が、(a)模倣者自身と、(c)代替関係を結んだ際の模倣者に分析されるのであれば、一見二項関係に見える模倣の構造が、三項関係において記述できる（図７）。

この分析が正しければ、演技・物真似のミーメーシスも、像製作のミーメーシスも同じ三項関係の構造で捉えることができる。そして、ミーメー

＊37　自分がモデルに成れていると判断できるのであれば、観察者は模倣者その人であっても良い。

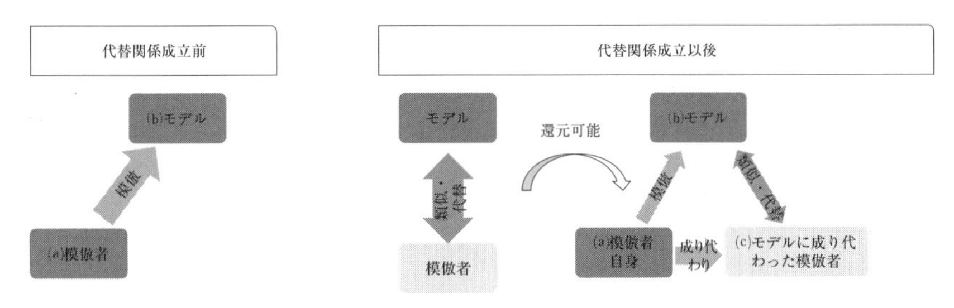

図７　演技・物真似のミーメーシスの構造分析

シスという営みは、像製作、演技・物真似などの文脈を問わず、以上の三項関係を前提とした「何らかの事物を媒体としてモデルとの代替関係を実現する活動（あるいは実現されている状態）」であると理解できる。そしてこれは、古代ギリシアの人々におけるミーメーシス概念についての基本的な理解であったと私は考える。そのときの媒体物は必ずしも可視的なものでなくともよい。演技や物真似のケースにおいては、目には見えない声なども含め、服装やジェスチャーなど模倣者に属する様々な要素が、ミーメーシスを実行する際の媒体に相当するからである。

次に、当初の議論の目的であったプラトン『国家』篇における像製作と演技・物真似のミーメーシスの関係の考察に戻りたい。というのも、プラトンはこうしたミーメーシスの構造にきわめて自覚的であり、とりわけ演技や物真似についての彼の分析は、私の提案する三項関係のミーメーシス構造を支持するものであると考えられるからである。そこで私は、プラトン以前の用例のみならず、プラトンにおいても、ミーメーシスは三項関係構造においてモデルとの代替関係を実現する活動であると論じる。そうした議論を通じて、従来の研究において指摘されてきたプラトンのミーメーシスについての問題、すなわち演技・物真似と像製作という二つのミーメーシスの差異、さらにはプラトンの『国家』篇におけるミーメーシス概念の一貫性の問題を考察したい。

Ⅳ．演技・物真似のミーメーシスVS像製作のミーメーシス？

既に触れたように、『国家』篇第3巻において、ミーメーシスは詩における叙述の分類の中で提出され、物真似・演技として、単純叙述（ἁπλῆ διήγησις）との対比で描かれている（392c–394c）[38]。単純叙述とは、言わばその人自身の語りである。詩のパフォーマンスにおいて、単純叙述の場合は、詩人は自分自身の言葉で自分自身として語り、他の誰かに成り代わろうとはしない。対してミーメーシスを通じては、彼は自分が表現したいモデルのようになって、自分自身の語りや振る舞いを可能な限りそのモデルに近づける。このミーメーシスの活動は、端的に以下のように説明される。

> 「すると声なり身振りなりで自分自身を他人に似せるということは、自分が似る人を真似るということではないか」
> 「もちろんです」
> Οὐκοῦν τό γε ὁμοιοῦν ἑαυτὸν ἄλλῳ ἢ κατὰ φωνὴν ἢ κατὰ σχῆμα μιμεῖσθαί ἐστιν ἐκεῖνον ᾧ ἄν τις ὁμοιοῖ;
> Τί μήν;　　(393c4–6)

この時点でのミーメーシスの説明では少なくとも、われわれは二つの存

＊38　この分類について、対話者のアデイマントスは両者の対比がどのようなものであるかを理解していない。おそらく単純叙述、ミーメーシス、さらにはその混合形式を含めて、詩の叙述形式が歴史上ここで初めて明確に整理されたのであると思われる。

Else（1986, p.27）は、ここでプラトンが明確にしたかったのが、詩劇における「演技」としてのミーメーシスであったのだと主張する。というのも彼は、物真似のミーメーシスの中でもプロフェッショナルな「演技」としてのミーメーシスは特殊なものであり、それはプラトン以前にはなかったと考えるからである。しかし、直後の文脈ではむしろ単純叙述の説明をソクラテスは行っているので、ここでの議論において問題になっていることが、ミーメーシスの特殊性であるとは思えない。

在を認めるだけである。すなわち、語り手としての詩人その人と、彼が自分自身を似せようとする人物である。したがって、ミーメーシスは詩人と彼が似るところのモデルの二者によって記述されている。

他方、『国家』篇第10巻において論じられるミーメーシスは、絵画制作のアナロジーの中で説明されていた。すなわち模倣者としての画家は、実物の寝椅子をモデルとして、その寝椅子と視覚的に類似した絵画という像を製作する。この絵画制作のアナロジーにもとづいて、ミーメーシスは三項関係にて記述される。すなわち、詩人・画家などのミーメーシスの活動主体である(a)模倣家（μιμητής）と、彼が「模倣する（μιμεῖσθαι）」(b)対象・モデル、そして(c)模倣産物（μίμημα）の三項関係である。

ここでのミーメーシスの活動について、Nehamasは[39]、模倣家（そして彼が用いる模倣術（μιμητική））という存在は、あるモデルの模倣者である場合と、像と現れの製作者である場合とで、「揺れている（vacillate）」と述べている[40]。模倣家は、ある対象を模倣する者（imitator）でありながら、何かの製作者（maker）なのである。このことは、ミーメーシスの本質が何かを真似ることにあるのか、それとも何かを産み出すことにあるのか、という問題を導きうる。しかし私の理解では、時系列に沿ってミーメーシスという営み全体を考慮すれば、これは特に問題とはならない。たしかに、絵画制作という像製作のミーメーシスが説明される際（さらには鏡を用いて絵画制作が説明される際など）、模倣者に述語付けられる動詞は、主として「模倣する（μιμεῖσθαι, 598b2, 598c3）」という語と製作系の語「作る（ποιεῖν, 596c2, 5, 6 d5, e1, 9, 10（cf. 596e4, 11））、作り出す（δημιουργεῖν, 596d7–8）、製作する（ἐργάζεσθαι, 596c8, 597b10; ἀπεργάζεσθαι, 598d7）」に分かれている。そして「模倣する」という動詞は模倣者がこれから像を製作しようという段階、

＊39　Nehamas（1982）, p.62.

＊40　この点はミーメーシスという用語を訳す際の困難にもつながる。たとえばミーメーシスはimitationという訳語を当てられることも多いが、この場合、ミーメーシスという用語が持つ製作活動のニュアンスが弱くなってしまう点で問題である。Cf. Harte（2010）, pp.76–78.

あるいは製作中の段階において用いられており、目的語はモデルに限られる。対して、製作系の動詞は言うまでもなく、モデルに類似した絵画などの模倣産物を目的語に取っている。そのとき、模倣と製作、どちらがミーメーシス系の語のより中心的意味を担うのであろうかという疑問が浮かぶかもしれない。たとえば、「模倣する」という動詞に着目すれば、ミーメーシスの本質はあるモデルを対象とした「模倣者（imitator）」の側面にあると思われる。しかしこの考えは、他のミーメーシス系の語が「模倣者（imitator）」と「製作者（maker）」のどちらの側面を描く際にも使われていることを考慮すれば、成り立たないことがわかる。実際ミーメーテース（μιμητής）という模倣の主体を指示する名詞は、モデルを模倣することを説明する場合（597e2）と、像の製作者という側面を説明する場合（601b9）と、両方に用いられている。これは、ミーメーシス系の用語が、モデルを設定して模倣することだけでなく、製作物を生み出すことも含意していることを示している。なるほど、「模倣する」という動詞が使われている文脈では模倣家の「模倣者」としての側面が前景化している。しかしそもそもこの動詞は模倣の産物ではなくモデルとなるものを目的語として取るので、モデルを対象とした「模倣者」としての側面の方が「製作者」としての側面よりも目立つのは当然なのである[41)]。したがってこの動詞の用法からミーメーシスという概念は製作ではなく、モデルの摸倣にその本来の意味がある、と考えることはできない。模倣者、モデル、製作物という三項関係の中で、モデルに焦点を当ててミーメーシスという活動を分析する際には「模倣する」という動詞が前景化し、製作物について議論をする場合は「作る」系の語が頻出するのであって、ミーメーシスという活動全体は、何かをモデルとしその代替物を製作するという一連の流れを含むものなのである。

第10巻における像製作のミーメーシスの三項関係は、第３巻で論じられた演技や物真似としてのミーメーシスを構成する二項関係と一致しないと思われた。そしてこの点は『国家』篇におけるミーメーシスの規定の矛盾であると考えられ、解釈者たちの議論を生んだ。ここでは、私のミーメーシスについての理解をより明確にするために、対照的な Belfiore の解釈を紹介する。彼女によれば、上に引用した第3巻におけるミーメーシス概念こそが、「ミーメーシスを行うこと（τὸ μιμεῖσθαι）の最も包括的な定義」であり第10巻のミーメーシス定義を包含するという。そして「声なり身振りなりで、自分自身を他人に似せること（τὸ ὁμοιοῦν ἑαυτὸν ἄλλῳ）」をミーメーシスの定義として「音なり形なりで、あるもの（ある人）を他のものに似たものにする 'making one thing (or person) similar to another thing in sound or shape'」とパラフレーズする。その上で、「模倣家は、音や形を模倣す

＊41　ミーメーシスの三者関係において、ποιεῖν は製作物を目的語に取り、μιμεῖσθαι は模倣のモデルを目的語に取ると私は考えるが、Harte（2010, p.77 n.10）は二つの動詞が互換可能であると考えている。ただし、彼女が典拠として示すのは次の一箇所のみである。

「してみると、真似る人は、自分が模倣する対象について、その善し悪しに関する知識をもつこともなければ、正しく思わくすることもないということになる」

「そうらしいですね」

「だとすれば、詩作において模倣する人は、自分が詩作する題材の知恵に関して、さぞご立派なものだろう」（602a8-12. 藤沢訳を改変）

Οὔτε ἄρα εἴσεται οὔτε ὀρθὰ δοξάσει ὁ μιμητὴς περὶ ὧν ἂν
μιμῆται πρὸς κάλλος ἢ πονηρίαν.
Οὐκ ἔοικεν.
Χαρίεις ἂν εἴη ὁ ἐν τῇ ποιήσει μιμητικὸς πρὸς σοφίαν περὶ
ὧν ἂν ποιῇ.

確かに、περὶ ὧν ἂν μιμῆται と περὶ ὧν ἂν ποιῇ という表現を比べて見ると、ギリシア語の構造が同じまま、μιμεῖσθαι が ποιεῖν に言い換えられているように見える。だが関係詞節中の μιμῆται は明らかにその直接目的語に περὶ ὧν <ἅ> を取っている一方で、ποιῇ は「作る」という意味ではなく「詩作する」という意味の自動詞として用いられているように思われる。もしそうであれば、περί＋属格は詩作行為を通じて描写し再現しようとする内容を指示する（LSJ Ⅰ.4. Cf. 383a3）。つまり、ここでの ποιεῖν は詩作の産物としての詩句ではなく、詩作で描写しようとするモデルを意味上の目的語としているのであり、あくまでもその限りで μιμεῖσθαι と互換的に用いることが可能なのである。よって私のテクスト読解が正しければ、このテクストを典拠に、μιμεῖσθαι が「作る」という意味での ποιεῖν と置換可能であるとは言えない。

る者であると同時に、音や形を作り出す者である」と彼女は付け加える。こうした3巻で描かれる模倣家の2つの役割、すなわち、模倣することと製作することは、第10巻の議論を先取りするという[42]。しかしながら、私は逆に、像・現れの製作としてのミーメーシスが物真似・演技のミーメーシスを包含すると考える[43]。

Belfioreの解釈は次の二つの理由でここでは不適切である。第一に、「自分自身（ἑαυτὸν）」という言葉は、「あるもの（ある人）'one thing (or person)'」とまで一般化されえない。なぜなら、第3巻では模倣主体が他のものに似せるところのものとは、常にその人自身、より具体的に言えば、その人の話し方や身振り手振りであり、それ以外の何物でもないからである。言い換えれば、ここで模倣に用いられる媒体は、絵画なども包含するような「あるもの」一般までは拡張されえない[44]。第二に、「似せる（ὁμοιοῦν）」という動詞はたしかに「何かを似たようにする 'making (something) similar to'」という意味を持つが、第10巻におけるミーメーシス概念のように「製作する・作る（ποιεῖν）」という意味は持たない。Belfioreの解釈は 'making' という英語が持つ意味の幅に依拠して、訳に製作的な意味を込めようとしているが、当該テクストは模倣家としての詩人を説明するものであっても、製作者の側面を説明するものではない[45]。

＊42　Belfiore（2006）, pp.91–93.

＊43　この点において、私はLear（2011, pp.198–205）に同意するが、ミーメーシスの構造についての分析は私独自のものである。

＊44　Belfiore（2006, p.93）はこの拡張を正当化するために、プラトンは「人間の模倣と人間以外のものの模倣を区別し損なっているがゆえに」、ギリシア語の男性形の自分自身（ἑαυτὸν）は何ら理論的な重要性はもたないと述べている。しかし、当該テクストでのポイントはἑαυτὸνの性ではなく、何をもって他のもの・人に似せているかであり、そしてそれは常に模倣主体自身、あるいは彼自身の声や姿である。他方、模倣主体が似ようとするモデルが人間か否かについては、Belfioreが述べるように、ミーメーシスの理論として特別な区別が施されてはいない（396b, 397a）。

動物や無生物など、人間以外のものの物真似・演技の解釈については、Murray（1997, pp.177–178）が当時の劇の形態を背景に解説をしている。

なるほどたしかに、詩人と彼が演じる登場人物は、まさに演技している最中には不可分な存在に思えるかもしれない。しかしながらプラトンは、詩人たちは自分自身とその登場人物の間に明確な区分を設け、それを意識しながら描写している。ソクラテスは「もし詩人がどこにおいても自分を覆い隠さないとしたら、彼の詩作と叙述の全体は、ミーメーシス無しでなされたことになるだろう」（393c10–d）と述べている。このことは詩人の語り全体がミーメーシスを通じて行われた際、彼はあらゆる点で彼自身を隠しているということを意味する。詩人がこの覆い隠しを実行するのは、壇上で演じているのが、詩人その人でなく登場人物だと信じさせるためである（393b1–2）。演技の活動において、詩人そのひとは登場人物と対立し、消えるべき存在なのである。

したがって、われわれは壇上の詩人を二つに区分できる。すなわち、覆い隠されるべきだが存在そのものは消えてはいない(a)詩人その人と、彼が実現しモデルと代替する(c)登場人物である。観衆が壇上の(c)登場人物を見るときには、もしミーメーシスが完全に遂行されていれば、(a)詩人や役者は彼らの目には現れない。なぜなら、観衆はミーメーシスの結果生じている登場人物という産物を見ているからだ。他方これから演技や物真似をしようという段階では、そこには(a)役者と彼が真似ようとする(b)モデルしかいない。そしてミーメーシスが成立する事前・事後の時系列を俯瞰的に見たとき、物真似・演技という活動は三項関係で記述される。すなわち、模倣家としての(a)詩人や役者そのひと、彼らが演技して実現しようとする(b)モデル、そして模倣行為の産物としての(c)登場人物である。

演技が物真似の活動において、模倣者と模倣物を別個に捉える観点は、『クラテュロス』篇にも見てとれる。たとえば、われわれは上にあるもの

＊45　第3巻のコンテクストにおいて使われるミーメーシスというタームが、演技や物真似のみに使用されているとまで私は主張するつもりはない。プラトンはποιεῖνという動詞を、模倣活動に関連付けて、詩の創作という意味で用いている（393b3, 395a4）。この場合でも、詩作は三者関係に還元される。すなわち、詩人、彼が描写しようとする対象、作られる詩（あるいは語り）である。

や軽いものを指示したいとき手を天に上げ、また反対に下にあるものや重い物を指示する際には手を下に向ける。さらに馬などの動物を真似る際にはその動物のジェスチャーを行う。プラトンによれば、そのときわれわれは「その事物の本性を模倣しているのである（μιμούμενοι αὐτὴν τὴν φύσιν τοῦ πράγματος, 423a2–3）」。そして「人が指示したいと望むものを身体が、言わば、模倣することによって、身体を用いた何かを指示するもの（δήλωμά του）が生じる」（423a8–b2）[46] と言われる。そしてこの直後では音声や舌や口の模倣を例に挙げ、それらは何らかのモデルについての「模倣産物（ミーメーマ）」が生じたときに、個々のものを「指示するもの」になると言われている（423b6, 9）。これらの例では、物真似における模倣産物が様々な媒体を通じて生じるとき、それが模倣者に属すものというよりは、むしろモデルとの指示関係で別個に理解されている。つまり、我々がジェスチャーするときには、(c)身振り手振りをしている身体が、(b)指示対象との関係の観点から、(a)指示する前の身体とは別個のものとして扱われているのである。

さて、それでは詩人の演技などの活動をどうやって「製作」あるいは「作る」活動として理解できるだろうか。これについては「製作する・作る（ποιεῖν）」という意味を今一度確認する必要がある。第一に、「詩人（ποιητής）」というギリシア語が持つ意味から詩人を画家のような製作者の延長として捉えることができる。なぜなら、ποιητής というギリシア語は文字通りには「作り手」を意味するからである[47]。この意味で、詩人の活動全般を「作る」活動として理解することはそれほど困難ではない。第二に、詩作を考察する際には実際の詩劇におけるパフォーマンスを念頭にお

＊46　Heindorf の校訂（Stallbaum, 新版 OCT, Ademollo などが従っている）で読む。δήλωμα については Ademollo（2011, p.270）が述べる通り、「標示（すること）」あるいは「指示するもの」を意味しうるが、433d では名前が δήλωμα と呼ばれているので、後者の意味で理解できる。『ソピステス』篇では δήλωμα が σημεῖον と同じような意味で用いられている（261d–262a）。

＊47　「作る」と「詩作する」に関わる、動詞の ποιεῖν やその同族語の提喩的用法については Notomi（2011）, pp.301–304。

く必要があるが、演技活動はより文字通りに「作る」行為として理解できる。詩人や役者は自らの体や声を用いることで、これまでいなかった登場人物を観衆の目前に登場させる。そしてこの行為は次の意味で「作る」ことであると言える。すなわち、『饗宴』篇では、ディオティマは「作る(ποίησις)」を広い意味で定義し、何かがあらぬからあるに移行する原因だとしている(205b–c)。また『ソピステス』篇においても、同様な視点は見られる(219b)。詩人や役者は自分たちが「模倣」しようとするモデルに自らを似せることによって、それまでなかったはずの登場人物達や出来事をあるように作り出すことができるのである。

かくして、第10巻の像製作のミーメーシスは、第3巻における演技・物真似のミーメーシスと構造を同じくしており、プラトンは前者をミーメーシスという活動を説明するための基礎に置いていると思われる。これは、第10巻のミーメーシスの規定が、ミーメーシス全体に及ぶことが明確に言及されていることにも合致する[48)]。さらに付け加えれば『ソピステス』篇においては、ソフィストの技術を規定する過程で、身振りや手振りを用いた物真似のパフォーマンスの技術が道具などを用いた像製作の模倣術の下位区分として規定されている(267a)[49)]。このことは、像製作のミーメーシスが演技・物真似よりも基礎的な概念であるとプラトンが考えていた証拠となる。

ミーメーシスの概念史において、プラトンより前の人々が演技や物真似を文字通りに「作る」活動として理解していたかはわからない。しかしながら、模倣者が自分自身を捨象し、モデルに似た存在に変化するということは、プラトン以前にも通底する演技や物真似についての基本理解であると思われる。言い換えれば、プラトンは演技を行う模倣者をモデルと類似していない(a)模倣者自身と、(c)モデルに即して成り代わった先のもの・人物を明確に区分したが、これをプラトンの特異な思考と捉える必要はない。

＊48　595c8, 603a10.

＊49　より正確に言えば、像製作術の下位区分の「現れ製作術」に属するものとして物真似は論じられている(267a)。

像を製作する人は、自分の外側に類似物を製作するが、同様に演技や物真似を行う者にとって、実現されている代替物・人物は彼自身とは異なった別のものである。ミーメーシスという活動において、彼はモデルと代替する言わば「異なる自分」を、観察者の眼前に実現するのである。

プラトンが『国家』篇でミーメーシスを「全体として」規定する際に、絵画制作を例として用いたことは考察のステップを極めて適切に踏むためであると言えるだろう。なぜなら、演技や物真似などの活動に比べ、絵画制作は、代替類似関係を成立させようとする(a)行為者と、(b)モデル、(c)モデルの代替物という三項関係をわかりやすい形で提示できるからである。実際プラトンはミーメーシスを批判的に論じるにあたって、(a)、(b)、(c)全てについてそれらがどのようなものかを検討している。ミーメーシス概念を歴史上初めて規定するにあたって、絵画制作という像製作活動に着目し、ミーメーシスの構成要素を分析したことは、それだけでプラトンの重要な功績として認められる。プラトンのミーメーシス概念を分析した際、より重要な点として指摘できるのは、模倣物を、「像」という存在論的な用語によって議論したことである。第3-4章で論じるように、「像」とはそれが代替するところのモデルに言及しなければ決して成立しえない概念である一方、そのモデルが実物として実在することを必ずしも要求しない。モデルとは本来模倣物よりも先行的に存在するにもかかわらず、模倣家たちは像を提示することによって、実際には存在しないオリジナルを人々に想起させ、社会に広めていくことができる人々なのである。そのように存在論的序列を転倒させる力に危機感を抱いたプラトンは、「詩人追放論」を展開することになる。

V. 比喩としてのミーメーシス

これまで物真似、演技、像製作などのミーメーシスを論じてきたが、これらは全て人間の行為である。他方で、人間の行為とは無関係に思える文脈でも、ミーメーシス系の語は使用される。ミーメーシスは「何らかの事物を媒体としてモデルとの代替関係を実現する活動（あるいは実現されている状態）」という人間の行為を描写するタームであるのに対して、これから論じるミーメーシスは、観察者が似ている二つの事物を見た上で、そこに模倣行為がなくても比喩的にミーメーシスの関係が成立していると見なす用法である。人間の行為とは無関係に、何らかの二つの事物にミーメーシス系の語が適用されるこの用法は、それらの事物がミーメーシスの関係によって結ばれるという観察者の「解釈」があって、初めて成立すると言える。そしてこの用法は、ミーメーシス概念が拡張し多様な文脈で用いられることに大いに寄与したと思われる。ここでは行為としてのミーメーシスを補完するミーメーシスのあり方を説明するために、この観察者の解釈にもとづく、比喩としてのミーメーシスについて論じたい。

本章で私が繰り返し強調してきたのは、物真似、演技、像製作など人間の行為としてのミーメーシスは三項関係によって記述することができるということである。そして代替物・人物が既に生じた状況においては模倣者を括弧にくくって省略し、二項関係で描くことも可能である。たとえば実物の寝椅子と寝椅子の絵画について、模倣主体に言及せずモデルと代替物のみを記述することは不自然ではない。実際、われわれは寝椅子の絵画だけを見てそれは寝椅子をモデルにしたミーメーシスの産物（ミーメーマ）であると判断できる。

絵画や詩劇における壇上の登場人物など、既にモデルとその代替物・人物が生じている場合、それがミーメーシスであると決定づける中心的役割を担うのは、観察者である。というのも模倣者がどれだけ精巧に類似物を製作しても、あるいは何かを正確に演じたとしても、それらが何らかのモデルを背景にした代替物であるという判断がなければ、その判断を下す観察者にとっては、ミーメーシスの産物とはならないからである[50]。

*50　詩劇は人間の営みのジャンルとして無条件にミーメーシスであるが、無論ここではそうしたジャンルの定義の問題ではなく、ある個々の状況や行為がミーメーシスになる条件について私は論じている。

こうしたミーメーシスをミーメーシスたらしめることができるという観察者の特権は、行為者の存在やその意図に関わらずミーメーシスが成立する背景を作ったと思われる。既に取り上げたエウリピデスの『ヘレネ』74では、テウクロスはヘレネそっくりに見える女をヘレネのミーメーマと呼んでいた。テウクロスはもちろん、その女がヘレネを真似ているわけではないことを知っている。それにも関わらず、あたかもその女がミーメーシスという行為に関わり、その結果としてヘレネと似ているかのように、ミーメーシス系の語を用いている[51]。そのとき、テウクロスによるミーメーシス系の語の使用は、その女が本物のヘレネを想起させる形で類似しているという事実にのみもとづいている。また、次の用例を見たい。

> だが父親はゴルゴンのように無慈悲な目を回しながら、
> 弓を引くには近過ぎると見るや、
> 鉄を叩くミーメーマである棍棒を頭上にかざして
> (μυδροκτύπον μίμημ' ὑπὲρ κάρα βαλὼν ξύλον)、
> わが子の金髪の頭に打ち付け、
> 砕いてしまった。
> (エウリピデス『ヘラクレス』990–994 川島重成・金井毅訳を改変)

これはヘラクレスが自分の子を撲殺する場面であるが、事件を目撃した使者からの報告の体裁をとっている。ここではミーメーシス系の語が、ヘラクレスが手に持つ凶器の棍棒に適用されており、「鉄を叩くミーメーマ(μυδροκτύπον μίμημα)」と描写されている。これは鉄を鍛造する際のハンマーに棍棒を喩え、ヘラクレスの躊躇の無い一撃を鍛冶職人の強打と同一

＊51　あるいは、「真似」という意味は後退し、ここでのミーメーマはほとんど「(モデルに) 似ているもの」と同じ意であるかもしれない。仮にそうだとしても、ここでの私の議論は影響を受けない。いずれにしても、模倣者の行為とは独立した形で、観察者が自らの観点からミーメーシス系の話を状況に適用可能だと私は主張したい。

視する描写である。ヘラクレス自身は鍛冶職人のハンマーのように棍棒を使おうと演技したわけではないが、使者は棍棒の動きによって鍛冶屋の本物のハンマーを想起させられて、あたかもヘラクレスが鍛冶屋を真似ているかのように、比喩的にミーメーシス系のタームを適用したのである。

またこれらの用例はミーメーシスの産物、すなわちミーメーマの特徴をよく示している。ヘレネに似た女、あるいはハンマーのように見えるミーメーマは、あたかも模倣行為に携わる模倣主体が存在することを念意しているのだ。対して、「像」や「表象」の概念は必ずしも、それらを生み出した主体の存在や製作行為を含意しない。なぜなら、像や表象は、それらが像や表象であるところのモデル・オリジナルを参照し、しかもそのモデル・オリジナルとの関係の中で完結しうる概念だからだ。他方、模倣産物であるミーメーマは、モデル・オリジナルを参照しながらも、その背景にはそれを生み出した主体や模倣行為が横たわっているのである。ミーメーマは、**ある主体によって**生み出された像、あるいは生み出された表象と言い換えることも可能である。

さて、観察者があるものとそれのモデルとなるところのものを観察・想定しただけで、ミーメーシスが成立可能であるということは、上に引用した用例だけでも十分な証拠となるだろう。こうしたミーメーシスの用法は、ある二つの事物の関係をモデルと代替物として描写するためのもので、特に思想的な負荷がかかったような特殊な用例ではない。そのときなるほどたしかに、ミーメーシスにおいては基本的に二つの事物の代替関係は成立するので、とりわけこの観察者の解釈に由来する比喩としてのミーメーシスを強調して取り上げる必要はないかもしれない。実際私の知る限り、研究者たちはこ

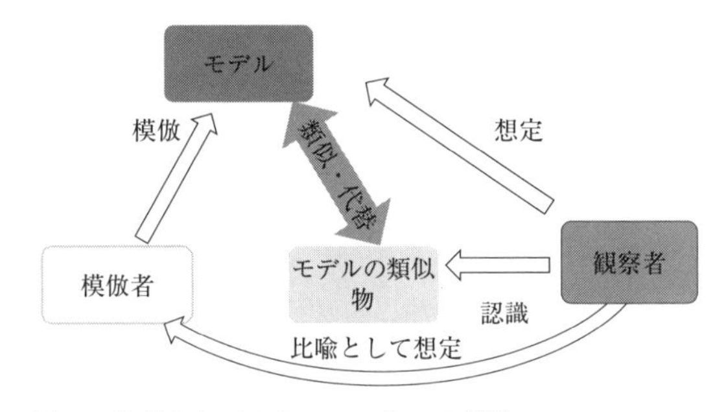

図９　比喩としてのミーメーシスの構造

れまで、特にこのようなミーメーシスの用法を一つのカテゴリとして提出し論じてはいない。にもかかわらず私があえて着目する理由は、これはミーメーシスが観察者の視点によって自由に成立することを許す用法であるからである（図9）。この用法では、もはや文字通りの模倣行為やそれに携わる模倣者が存在しなくてもよく、言い換えれば、ミーメーシスは人間が関わる行為の意味的制約を受けずに成立可能なのである。

このことは、ミーメーシス概念の拡張に大きく寄与したと考えられる。第一に、ミーメーシス系のタームはいかなる二つの事物・人物の関係にも適用することができるようになった。なぜなら、一見どんなに似てないような二つの事物についても、何らかの観点によって「モデルとモデルを代替するものである」と「解釈」することは――場合によっては恣意性の誹りを免れえないとしても――原理的には可能だからである。第二に、観察者の解釈に由来する比喩としてのミーメーシスは哲学的文脈に適用しやすいことが指摘できる。ある二つの事物について、オリジナルと模造物、本物と偽物、実物と像、真実と虚偽、先行物と従属物、あるいは存在論的なヒエラルキーの関係を描写するにはミーメーシス系の用語は極めて効果的に機能する。

『国家』篇の洞窟の比喩においてプラトンは、真実在に至る過程を実物、星々、太陽といった順に視覚的対象に訴える仕方で描写したが、こうした視覚的描写は、本来であれば知性的対象を厳密に把握する手段であるディアレクティケーを模した（μιμοῖτο, 532a2）ものに過ぎないと述べている。ここでは便宜上の洞窟の比喩が先行していたことに対して、その議論がディアレクティケーによる知の把握をあくまでも類比的に説明していたにすぎないことを確認するためにミーメーシス系の語を用いている。また堕落した国制を議論する際には、優秀者支配制と寡頭制の間に位置する名誉支配制がそれら二つの国制に部分的に似ていることを、「倣っていることになる（μιμήσεται, 547d1, d9）」と表現している。いずれの用例もプラトン独自の思想のうちに位置し、ミーメーシスは、二つの事物の前後関係を説明するために擬人的に用いられている。

Halliwellが強調した「形而上学的ミーメーシス」も、この比喩としてのミーメーシスが形而上学的文脈に適用されているのだと考えることで説明がつくように思われる。彼によれば、ミーメーシスの関係は、感覚知覚されうるモデルと、それに直接対応する模倣的産物の間に成立するというのが一般的理解である。対して、「形而上学的ミーメーシス」において模倣物のモデルであるのは、感覚知覚できない形而上学的実在や数学的対象であるとされる[52)]。Halliwellがこの「形而上学的ミーメーシス」に着目した狙いは、『国家』篇第10巻の寝椅子の絵画や鏡の比喩にて示唆されているような、芸術家は現実の実在物しか模倣の対象にできないという一般的な理解に疑問を呈すためである。言い換えれば、ミーメーシスは単なる現実の模造品を作る活動ではなく、より高次の実在を表現しうると彼は考えたのである。しかしながら、「形而上学的ミーメーシス」の用例は、感覚世界を超越した内容を表現した絵画や詩の存在を保証しない。なぜなら、もし私が考えるようにこれが観察者の解釈に由来するミーメーシスの一形態であるとすれば、このミーメーシスは模倣者の活動を文字通りには必要とはしないので、その背景に形而上学的な模倣製作の主体がいるとは限らないからである。実際に「形而上学的ミーメーシス」の用例を見てみよう。まず、用例としてHalliwellが提示したのが、前400年頃のものと推定される次のヒポクラテスの『養生法について』の一節である[53)]。

> また一言でいって、火は宇宙世界を模倣して（ἀπομίμησιν τοῦ ὅλου）、小さなものは大きなものに対応し、大きなものは小さなものに対応するように、身体内のすべて部分をそれに固有の仕方で秩序付けている。（『養生法について』Ⅰ.10 木原訳）

ここではヘラクレイトス的思想の強い影響を受けて、人体の構成要素の火

＊52　Halliwell（1986）, pp.115-16;（2002）, p.15.

＊53　『養生法について』の著作者をヒポクラテス自身だと考える解釈者は少ない。著作年代や著作者についてはJones（1931）のIntroduction、木原（2010, pp.102-104）を参照。

(また直後では水についても説明される) と万有の関係が、ミクロコスモスとマクロコスモスのミーメーシス関係のうちに捉えられている。もしここでの「宇宙世界」が形而上学的な実在であれば、それを肉体が模倣しているという思考は、たしかに演技や物真似、像製作のミーメーシスを念頭に置くと特殊なものに思える。しかしながら、ここでは火が文字通りにそのような行為に携わっていることは示唆されてはいない以上、火が宇宙世界に対して持っている関係が、擬人的にミーメーシス系の語として描写されていると理解した方が適切であろう。言い換えればこれは、観察者がミーメーシスを形而上学的文脈に比喩的に適用したに過ぎない。ヘラクレイトス的な思想を持った著者の「解釈」によれば、身体の火は宇宙世界とミーメーシスの関係を結んでいるということである。またさらに付け加えるならば、身体の火が宇宙世界を模倣しているとき、その背景に人間が文字通りの模倣者として控えているわけではない。あくまでも著者から見た、ミクロコスモスとマクロコスモスの対応関係があるのみである。観察者によってミーメーシスの構造が見いだされる興味深い用例は、I.11にも見られる。それは人間の技術が神的世界の事柄を模倣するよう仕向けられているということを次のように述べている。

> だが人間たちは目に顕わなものから顕わでないものを考察するすべを知らない。なぜなら自分たちが人間の自然本性に類似した諸技術を用いていることを理解していないのだから。すなわち、神々の知性は、人間たちに神々自身に属する事柄を模倣するよう教えたのであるが、人間たちは、自分が為していることを認識している一方で、自分が模倣している対象は認識していない (οὐ γιγνώσκοντας ἃ μιμέονται)。(『養生法について』 I.11 木原訳を改変)

ここでは、人間という模倣主体はミーメーシスの構造内に明示されているが、彼の模倣行為への関わり方は特殊である。というのも、人間は模倣行為に意図的に関わっているわけではなく、気づいてすらいない。言い換えれば、模倣主体の意図は括弧にくくられており、あくまでも模倣は神の視点、あるいは真実を知っている著者の視点から、人間に帰される行為である。だからこそ、人間は模倣に気づいていないという状況でいられるのであり、彼の視点からは模倣者ではない。ある主体が文字通り模倣行為に携わっていなくとも、そこにヒエラルキー構造を背景としながら模倣行為があると、観察者が「解釈」すれば、その行為はミーメーシスたりえるのである[54)]。

次にアリストテレス『形而上学』A巻6章の非常に有名な一節を見てみよう。

> というのは、イデアと同じ名で呼ばれるところの多くの事物は、そのイデアにあずかることによって存在するからである。この「あずかる(μέθεξιν)」ということに関しては、プラトンはただその呼び方を変えただけである。

＊54 ヒポクラテスの『七について』6.1には、われわれを困惑させる用例がある。そこではこの世界の7つの部分が、人体の7つの部分に対応していることが論じられ、大地の「石質の内陸部は、骨の模倣を持っている(ossium imitationem habans)」こと「川の水は血管の模倣である(imitatio est venae)」ことが言われている。『七について』は一部を除き、6cのものと推定されるラテン語の翻訳の形で現存する。もしわれわれがこのラテン語訳の表現がギリシア語を正確に反映したものであると信用するならば、これは『養生法について』とは反対に、世界が人体を模倣していると理解できる表現である。したがってヒポクラテス(派)が人体と世界をミーメーシスの構造の中で描く際、両者はヒエラルキーではなくシンメトリカルな関係にあるということになる。モデル・オリジナルと代替物がアシンメトリカルな関係を構成するということは、ミーメーシス系の語が用いられるときのほとんど原則的な前提であるので、これは極めて例外的な用法になりうる(Burkert(1972, p.45)はそもそもミーメーシスという概念はこうしたシンメトリカルな関係を表現しうると理解しているが、この用例だけでは証拠に乏しい)。しかしながら、ここでのimitatioに可逆的なシンメトリーを読み込まないで解釈することも可能である。すなわち、ここでは著者にとって、まず人体への理解が先行し、その理解にもとづく形で世界の説明が成立する。そうした意味においては、世界は人体に従属しているのであって、これは『養生法について』のミーメーシスとは異なるという解釈である。その場合、これは既に言及したプラトン『国家』篇547d1, d9の用例と同じである。『七について』のテクストとその構成についてはWest(1971)を参照。

つまり、ピュタゴラス派の人びとは、存在するもろもろの事物は数を「まねること（μιμήσει）」によって存在する、と主張するのに対して、プラトンはその呼び方を変えて、「あずかること」によって、と主張するわけである。（987b9–13）

この箇所では、プラトンのイデア論の起源がピュタゴラス派の思想にあるとアリストテレスによって述べられている。そしてイデアと感覚事物の分有関係が、ピュタゴラス派の数と感覚事物の関係と対応しているとされ、後者はミーメーシスという用語で説明されている[55]。ここでのミーメーシスが具体的に何を意味しているかは解釈が分かれている。Ross によれば、前６c のピュタゴラス派は個物が数的関係を表象するものとして扱い、その意味で数を「模倣」していると考えていた。そして前５c のピュタゴラス派は、個物はまさに数によって構成されていると考えていたという[56]。他方 Burkert によれば、ピュタゴラス派は数と物体性、そして物体と非物体を差別化しておらず、したがって物体である個物に非物体的な数が「内在」し、表象されているという見方をしてはいない[57]。むしろアリストテレスの報告では、ピュタゴラス派は「数のうちに生成するあるものとの間の ὁμοιώματα を観察（985b27. Cf.b34, 1092b13）」したと述べられているので、ミーメーシスというタームは、一方が他方を説明するという類似・指示関係を示しているに過ぎないという。いずれの解釈であったとしても、模倣者が不在の中、独自の観点から関係を見いだされているという点で、模倣行為の含意を極限まで希薄化させた上で、ミーメーシスが適用されていると考えれば、ここでの用例は説明がつく。

---

*55　ただしアリストテレスは、ピュタゴラス派にとっての数と個物が、プラトンのイデアと個物にそのまま一致するとまで考えていたわけではない。というのもアリストテレスの報告では、ピュタゴラス派は、数学的対象がイデアのように感覚事物から離在しているとは考えていなかったからである（Cf. 987b27–29; Ross（1924）, p.163）。

*56　Ross, ibid.

*57　Burkert（1972）, pp.31–32, 43–45.

ミーメーシス概念を考察する上で重要なのは、観察者の解釈に由来するミーメーシスは、模倣主体の活動に関連した制約が無いことである。このミーメーシスは、Burkert が考えるように、二つの事物の類似・指示関係を前提とするだけでも良いし、あるいは Ross などのように、より哲学的な負荷をかけることも可能であるが、演技・物真似・像製作などの活動とは文字通りには関係がなくても良い。プラトンは「線分の比喩」において、可視界と可知界の事物の存在論的な区分とそれに対応する認知を説明するために、比例関係によって分かたれた線分のイメージを用いている。そして可視界がさらに二つに分かたれることを、動植物や人工物などの実物とそれらが水面や鏡に映る似像・現れという具体例によって説明する。そのとき、それらの関係は実物が似像や現れによって「模倣されている（μιμηθεῖσιν, 510b4）」として、ミーメーシスの関係で描写されている。ここでは似像や現れが文字通り模倣行為を行っているわけではない。オリジナルとその像という表象関係とともに、線分の比喩によって象徴される存在論的差異を表現するために、ミーメーシス系の語が、模倣の行為の含意がほぼ完全に衰退してはいるものの、比喩的に用いられているのである。ミーメーシスという用語は単に二つの事物の代替関係とともに、それらの一方が概念的に先行し、他方が従うものであるという不可逆的な序列関係を同時に示しうるので、存在論的文脈において使いやすいタームである。実際プラトンは『ティマイオス』において、永遠的なパラデイグマとそれに即して作られたコスモスの関係を描写するためにミーメーシス系の用語を何度も用いている。『ティマイオス』におけるミーメーシスの用例は、哲学史上重要な意味を持つことになったと考えられるが、これについては第６章において論じる。

Ⅵ. 小括

本章では、演技・物真似と像製作という行為の相違によって解釈者たちが、プラトンの『国家』篇のみならず、プラトン以前においても、ミーメーシスの共通的な概念基盤の存在を疑ってきたことを確認した。そこで本章は、それらの行為は同じミーメーシスの構造を持っていることを、ミーメーシス系のタームが用いられている個々の状況を精査することによって明らかにした。すなわち一方で像製作は、模倣者・モデル・モデルの代替物という三項関係から成り立つ。他方、演技や物真似は模倣者とモデルの二項関係によって描写されうるが、時系列に注意した場合、模倣者は代替関係成立前の模倣者自身、成立以後の代替物に分割できることを明らかにした。そしてその表象が成立するには、代替関係を認識する観察者の存在が決定的に重要であることを論じた。この場合、演技や物真似もまた、模倣者・モデル・モデルと類似した後の代替（人）物という三項関係で描写ができることになり、この意味において像製作のミーメーシスと構造が一致する。ミーメーシスという行為は、何らかの媒体を用いて、あるモデルを代替する事物・状況を生み出す営みなのである。絵画や音声、身振り手振り、あるいはその人自身といったように代替関係が成立する媒体が異なれば、ミーメーシスの「文脈」は変わり、またそれに起因してミーメーシスの「意味」が異なって見える。しかしそれら異なったどの文脈においても、何らかモデルを代替した事物・状況を生み出すというミーメーシス概念についての理解が、背景に働いているとわれわれは考えることができる。

最後に論じたのは、観察者の解釈に由来する比喩としてのミーメーシスである。これは三項関係の行為としてのミーメーシスから、模倣者を比喩として想定したり、あるいは事物をあたかも模倣主体のように理解することで生じた、観察者の観点に依存したミーメーシスである。観察者はモデルと代替物を独自の創意や観点から見出すことで比喩の適用対象はどこまでも拡張できる。ある二つの事物の関係に存在論的な序列構造を見出すことで、哲学者たちは自分たちの形而上学的理論をミーメーシスという用語によって表現することができるようになったのである。

主体・モデル・産物の三項関係、時系列、観察者。これらは個々の文脈においてミーメーシス系のタームがどのように用いられているか、その意味はどのようなものかを分析する際に考慮に入れるべきポイントである。これらが定まったことで、以後、プラトンにおけるミーメーシス概念を分析するための道具立てが終わったとしよう。

第２章

理想国家におけるムーシケーの教育

ミーメーシスは古代ギリシアにおいて文芸を論じる際の基礎的な概念であった。前章ではその概念の歴史を様々な意味用法とともに確認した。これから第５章にかけてはプラトンにおいて詩人や画家などの模倣家と呼ばれる人々が、そして彼らが携わるミーメーシスという活動が、どのようなものであったかを論じていく。このことは一方でプラトンの文芸論や芸術的思想を明らかにすることにつながる。他方で、文芸論の中で用いられているミーメーシス概念のスコープを明らかにすることは、そこに包摂されえないミーメーシスを逆照射することにもつながる。したがってこれからの議論は、プラトンにおけるミーメーシス概念の様々な局面を分析し、論じるための重要な作業となる。

本章では、『国家』篇における文芸論の文脈的な背景となるムーシケーの教育について論じる。『国家』篇における文芸論は、理想国家における将来の支配者である「守護者（ピュラクス、φύλαξ）」の教育のために第２巻から導入されたものである。この議論は守護者たちの魂の育成に焦点が当てられており、第10巻において再開される文芸論にも、魂の国制の守護の観点から引き継がれていく。こうした文芸論の詳細を論じるためには、まずは国家における教育制度とその中で文芸（詩）がどう位置づけられているかを確認しなければならない。

『国家』篇においてソクラテスと対話者たちは、正義と不正がそれぞれ何であるのかを探求するために、言論の上で国家を建設し、その国家の中で正義と不正が生じるところを見てとろうとする（368c–369b）。そしてそうした国家の中で、将来支配者となるべき守護者を育成するための教育プログラムを論じる。そのプログラムの中で最初に導入されるのが、「文芸・音楽（以後、ムーシケー、μουσική）」の教育であり、これは未来の守護者たちがまだ幼少で、その魂が最も可塑的なときにその教育が施される（377a–c）。そして、ムーシケーの教育は「体育（ギュムナスティケー、γυμναστική）」とともに魂の世話を最重要の目的として定められているのであると論じられている（410c）。

ムーシケーが国家にとってどれほど重要なものであるのか、ソクラテスは次のように述べている。

「すると要するに、国家の配慮をする人は、こうした教育をしっかりと押さえて、それが自分たちの気づかないうちに堕落しないようにしなければならない。そしてむしろ何にもましてこのことを守護しなければならない。すなわち、定められた秩序に反して、体育とムーシケーを変革しないこと、むしろできる限りに守るということをだ。たとえば、

歌びとがうたういちばん新しい歌に
人々はいっそうひかれる

という詩句が語られるとき、この詩人は単なる新しい歌ではなく、歌の新しい様式のことを言っているのだと考え、それを褒めるような人はいやしないかと、恐れなければならないのだ。そのようなことは褒めるべきではないし、詩人の意図をそう受け取るべきでもない。というのも、ムーシケーの形式を新しく変えることは、万事に危険をおかすことになると考えて、よくよく注意すべきだからだ。なぜなら、最も重要な国家の習わしや法にまで影響を与えることなしには、ムーシケーの諸要式を変え、動かすことはけっしてできないのだから。これはダモンも言っていることだし、私もそう信じている」（424b2–c6）

ここでは、ムーシケーの変更が国家の変革や崩壊に陥るかのように語られる。プラトンの時代において、ムーシケーというギリシア語は一般教養

や文芸を含む学芸の全般よりも、まず第一に、キタラやリュラ、アウロスの演奏や歌唱の技術としての「音楽」を意味するものだったと言われる[1)]。実際『国家』においてもプラトンは、いくつかの箇所で明らかに器楽・音楽の意味で、ムーシケーという言葉を用いている[2)]。上の引用箇所においても、歌（ἀοιδή）という言葉が言及されているので、国家の変革につながるムーシケーとは、「音楽」の側面を十分に持っていると考えて良いだろう。

ではどうしてムーシケーは、扱いを誤ったら国家の崩壊を招くほど重要なものであるのだろうか。現代の我々からすると、「音楽」の新しい様式がそれほどまでに大きな影響をもたらすということはほとんど考えにくい。だが対話者のアデイマントスは、ソクラテスの意見に即座に同意し、ムーシケーの変革から来る国家の変容をより具体的に次のように描いている。

> 「ムーシケーの違法というものは、少しずつ入り込んできては住みつき、じわじわと目立たぬように人々の品性と営みのなかへ流れこんで行く。そしてそこから出てくるときには、もっと大きな流れとなっていて、こんどは契約・取引上の人間関係の分野を侵すことになり、さらにそこから進んで法律や国制へと、ソクラテス、大へんな放縦さをもって行き、こうして最後には、公私両面にわたる全てを覆すに至るのです」（424d6–e3）

こうした国家の変化についての具体的描写は、本当にそう思うのかとアデイマントスがソクラテスから念押しをされたのち、議論の中に組み込まれていく（424e4–425a2）。ムーシケーは、人間の品性という倫理的な事柄から、社会的な契約関係まで、幅広く影響を与えるものであるとされているのである。

＊1　Schofield（2010）, p. 231.

＊2　Schofield（2010）はこうした『国家』におけるムーシケーの用法と、当時ムーシケーという言葉が担っていた主要な意味を背景に、『国家』におけるムーシケーの教育として重要なのは実は第一に音楽教育だったのだと主張する。

ムーシケーあるいは「音楽」はどうしてここまでの強い影響力を持つとプラトンは考えていたのだろうか。また、そのような影響はどのようなメカニズムで生じるのだろうか。『国家』篇の守護者教育プログラムにおいて、ムーシケーがどのような教育的効果をもっていて、またそれが社会にどのように関係していくのかを考察していきたい。

I.『国家』篇におけるムーシケー論の背景

まずはムーシケーという用語が、古代ギリシアにおいてどのような意味を持っていたのか、そして『国家』篇においてはどのように導入され、扱われているのかを簡単に確認したい。

ムーシケーとは文字通りにはムーサの女神たちに関わる技術であり、それは器楽のみならず踊りや詩を歌うことも含んでいる[3)]。ムーシケーはエリート市民が学ぶべき知的・文化的教養であり、そうした教養を備えた人が「ムーシコス（μουσικός）」と呼ばれ、それを欠いた人はがさつな「アムーソス（ἄμουσος）」と呼ばれた。プラトンの『ラケス』篇では、ある人が徳や知について語るに値することを語り、かつそのような語りが、語っている人自身と一致しており、言葉が実際の行い（τὰ ἔργα）と調和している場合に、そのような人はラケスが交流したい「ムーシコス」な人であると言われている[4)]。エウリピデスの『イオン』篇においてイオンは、自分を息子と呼びいきなり抱きかかえようとするクストスに対して、「アムーソスで気の狂った異人」と呼び、無作法な振る舞いを拒絶している[5)]。

そしてこのムーシケーは、体育とセットになって、ある種の伝統的教育を形成していた[6)]。実際『国家』において、ソクラテスは守護者の教育を

＊3　ムーシケーは前5cから見られる用語である。具体的な初期用例についてはMichelides（1978, pp.213–216）を参照。

＊4　『ラケス』188c–d.

＊5　エウリピデス『イオン』526.

論じ始める際に次のように述べている。

> 「では、その教育とは、どのようなものであろうか？それとも、長い年月によってすでに発見されている教育のあり方よりも、さらにすぐれたものを発見するのは、むずかしいというべきだろうか？そういう教育のあり方としては、身体のためには体育が、魂のためにはムーシケーがあるはずだが」(376e1-3, cf.410c)

人間を魂の側面と身体の側面に分けた上で、それぞれに見合った教育を施すという考え方は、イソクラテスにおいても見られる[7]。ムーシケーと体育は、魂と肉体という人間の持つ二つの側面に対応する形で、ギリシアの教育の基本的な二本柱であったと言える。そのとき、ムーシケーとは魂のための知的、文化的な教育を引き受けていた[8]。

それでは、古代ギリシアにおいて、なぜムーシケーが音楽の意味合いを強く帯びるようになったのだろうか。ムーシケーという用語が主として音楽を意味するようになった経緯について、二つのことが指摘されている。すなわち読み書き教育（γράμματα,「文字」の意味に由来する）の重要性が高まったことと、音楽の専門化である。アテナイにおける民主政の伸張に伴い、政治的場に参加する際、あるいは裁判において、たとえば、区画画定、法の布告、陶片追放、また個人間の契約や金銭取引などのために、市民たちは書き言葉を用いた。したがって、そうした場面に対応するために、アテナイの市民たちは読み書きの技術を学ぶことを迫られていた[9]。他方音楽については、パンアテーナイア祭における音楽の競争を背景に、前6c頃から朗唱家（ラプソードス，ῥαψῳδός)、キタラ弾き（キタロードス，κιθαρῳδός)、アウロスの伴唱家（アウロードス，αὐλῳδός)、アウロス吹き（アウレー

＊6　Cf. エウリピデス『蛙』1113。また Morgan（1999, pp.48-49）を参照。
＊7　イソクラテス『アンティドシス』180-181。ただしこの箇所では、身体に体育、魂にはイソクラテスにとっての哲学が割り当てられている。廣川（1984, pp.113-115）を参照。
＊8　Morgan（1999), p.51.

テース，αὐλητής）などのプロフェッショナルな音楽家が登場し、さらに前5cには外国からも音楽家が参加するようになった[10]。

こうした読み書きと音楽の技術がより専門化したことを背景に、ムーシケーと体育という二本の教育の柱は、ムーシケーと読み書きと体育という三本柱に変化・独立していった。たとえばクセノポンは『ラケダイモン人の国制』において、ギリシア人の親は、最善の教育のために、子どもたちを教師のところに送って、読み書きとムーシケーと体育学校での学ぶことを学ばせると述べている（2, 1)。また『政治学』においてアリストテレスは、教育科目として読み書きと体育、ムーシケーを挙げている（1337bff）[11]。偽作説があるプラトン『クレイトポン』篇においても、この読み書き、ムーシケー、体育という三科目が基本的な教育科目として挙げられている（407b–c）。さらに『プラタゴラス』篇ではムーシケーという言葉こそ用いていないが、その具体的な内容が「音楽」であることを示唆する記述を見出せる。すなわちそこでは、自由人が私的に学ぶのは、読み書きの教師（グランマティステース γραμματιστής)、音楽の教師（キタリステース、κιθαριστής[12]）、体育の教師（パイドトリベース、παιδοτρίβης）からであると言われ

＊9　ただし、市民がどの程度まで読み書きの技術を習得していたかは、議論が分かれている。前5c頃には既に、読み書き教育は多くの市民に広まっていたという説がある一方で（Harvey, 1966)、近年の研究は、前5c頃はある一定のエリート層のみが読み書きを習得していたと指摘している（Robb, 1994; Morgan, 1999)。プラトンの『リュシス』篇において、リュシスは父母のために読み書きをしてあげる子として老年のソクラテスによって描かれている。これは、プラトンが、前5cは読み書き教育の過渡期であったと考えていたことを示唆している。

＊10　Bundrick（2005), pp.199–201.

＊11　アリストテレスはさらに絵画術（γραφική）を付け加えているが、これはアリストテレスの独創であると考えられ、基本的に同時代の人々は、絵画術を主要な教育科目として挙げていないと解釈されている（Morgan, 1999, p.51)。

＊12　κιθαριστής は文字通りにはキタラ弾きのことであるが、ここでは楽器一般を教える音楽の先生を意味している。κιθαρίζειν という語は、キタラを弾くということだけでなく、楽器一般を演奏することも意味していた。Barker（1984, p.102 n.14）を参照。

る（312a–b, cf.325e–326e）。

こうした当時のギリシアの教育課程を背景にしたとき、プラトンが『国家』で提出した初等教育としてのムーシケーと体育による組み合わせのプログラムには、いくつかの複雑な含意があることがわかる。まず、ムーシケーと体育という組み合わせで教育を始めるということは、「音楽」「読み書き」「体育」の「新しい教育」ではなく、古くからの教養教育に言及していることがわかる。ただそれは単純に古い教育にもどるということではない。実際プラトンは、古い教育プログラムを援用しながらも、魂のためのムーシケー、身体のための体育という一般的理解を否定して、ムーシケーも体育も魂のために重要なのだという新たな理解を提出している（411e4–412a2）。ムーシケーばかりに関わった者は、「柔弱な戦士」になったり、「短気で怒りっぽい」人間になる。他方、体育はただ肉体に作用するのではなく、体育にばかり関わった者が「獣のように」粗暴で暴力的な人間になるという事実からもわかるように、魂に影響を与えるのである（411a–412b）。さらに、プラトンはムーシケーが魂に与える影響を論じる際に、当時の音楽教育・理論を積極的に取り入れていれているということを指摘できる。すなわち、プラトンは『国家』においてムーシケーという用語を体育とセットで提出していながらも、「音楽」「読み書き」「体育」という教育プログラムの産物であり、当時一般的であった音楽としてのムーシケーという考え方を、柔軟に議論に応用しているのである（411a–b, 412a, 424b–c）。

Ⅱ．二つのハルモニアー

なるほどたしかに、ムーシケーの教育は「音楽」を伴わない形で議論が始められた。すなわち第一に検討されたのは、母親や乳母が子どもたちに語る物語について、どのようなものを理想国家に受け入れるべきかという問題である（377b–c）。そしてこの問題の検討は、詩人たちは「何を語るべきか」、そして「どのように語るべきか」という二つの問題、すなわち物語の内容と叙述の方法に分けられて論じられている（392c）。

ムーシケーの教育について、音楽的な要素が論じられるのは、こうした物語・詩の内容と語り方が詳細に論じられた後である。そこでは「歌と曲調のあり方」が問題とされ、歌には三つの要素すなわち、「言葉とハルモニアー（旋法・調べ）とリズム」（398d1–2）があり、それまでの議論は「歌われない言葉」（d5）についてのものであったと言われる。したがって、ムーシケーの教育は、歌われない物語と、歌の両方を対象としていると考えられる。

しかしながらプラトンは、ハルモニアーとリズムを伴った歌われる言葉による、言わば「音楽」としてのムーシケーこそが理想国家の教育における重要な課題であると考えている。このことは、ムーシケーの変革が国家の堕落につながると言われた、冒頭の引用において、ムーシケーの変革が起こるきっかけとして「新しい歌の様式」を褒めることが問題とされていたことからわかる。さらにムーシケー（そしてそれと共に考察される体育）の教育効果が、魂に対する影響として、弦楽器との類比によって語られていることからも、「音楽」としてのムーシケーが前景化していることが伺える。すなわち、ムーシケーと体育は一つの組みとなって、魂の「気概的部分」と「知を愛する部分」を「調律」するために機能するのだとされる。

> 「こうして、どうやらこれら二つのもののために、ある神が二つの技術を人間に与えたもうたのだと、ぼくとしては主張したい。すなわち、気概的な部分（τὸ θυμοειδές）と知を愛する部分（τὸ φιλόσοφον）のために、ムーシケーと体育とをね。これらはけっして魂と身体のために——副次的効果は別として——与えられたのではなく、いま言った二つの部分のためにそれらが適切な程度まで締められたり（ἐπιτεινομένω）弛められたり（ἀνιεμένω）することによって、調律される（συναρμοσθῆτον）ようにと与えられたものなのだ」（411e4–412a2）

プラトンは魂を「気概的な部分」と「知を愛する部分」の二本の弦の構成

にたとえ、そのうちの「気概的な部分」はムーシケーによって「弛められ」、体育によって「締められる」とされる（410d, 411a–e）。反対に明示的に述べられてはいないが、「知を愛する部分」は体育によって「弛められ」、ムーシケーによって「締められる」こともまた推測できる[13]。プラトンにとってムーシケーの教育とは、従来の教育のように、教養を身につけさせるため、あるいは詩を通じて読み書きを覚えさせるためにも重要なものである。だがこの教育の真の主眼は、魂の諸部分の調和という、心理学的な影響にあるのだ。

次にムーシケーがどのように魂に影響を与えていくのかをより詳しく見ていこう。プラトンはムーシケーが魂の気概的な部分に影響を与えるさまを、次のように描いている。

> 「そこで、もしある人がムーシケーに自らを委ねてアウロスの音に魅せられるにまかせ、先ほどわれわれが語っていたような、甘く、柔らかく、もの悲しいハルモニアー（τὰς γλυκείας τε καὶ μαλακὰς καὶ θρηνώδεις ἁρμονίας）を、耳を通してあたかも漏斗を通して流しこむように、魂へ注ぎこまれるにまかせるとしたら、そして曲を口ずさみ歌の魅力のもとに心を楽しませながら全生活を送るとしたら、たしかに最初のうちは、彼がいくばくかの気概の性格をもっているとすれば、ちょうど硬くて使えない鉄を柔らかくして使えるものに作り上げるのと同じような効果を、その人の内にある気概の部分に与えることになる。けれども、もしそのまま休めずに誘惑しつづける[14]ならば、やがてそれを溶かして流すところまで行き、ついにはその気概をすっかり溶かし去って、いわば支えとなる筋を魂から切り取ってしまったように、魂を『柔弱な戦士』に仕上げることになるだろう」（411a5–b4）

ここではムーシケーの笛の音が、「漏斗」のような耳を通して魂に入って

＊13　同様の記述については441e–442a を参照。

＊14　Slings に従わず、ἐπέχων で読む。

いき、あたかも「鉄」を加工するように、魂の気概的な部分を徐々に柔らかくし、しかしムーシケーに耽りすぎると、その「鉄」を溶かしさえもすると言われている。この鉄加工の比喩において第一に確認したい点は、ここでもムーシケーが、教養教育一般ではなく楽器を伴った歌として提示されていることである[15)]。実際ここでは、「アウロスの音」「耳」「甘く、柔らかく、もの悲しいハルモニアー」「歌」「曲」などの音楽を確実に想起させる用語が用いられている。次に着目したい点は、音楽が耳という漏斗を通して、魂に注ぎ込まれると言われていることである。この比喩は、音楽が直接的な仕方で魂に影響を与えることを端的に伝えるものである。そしてこの影響を繰り返し被ると、気概的な部分が溶かされ、我々の魂の構成は根本的に変わってしまう[16)]。ムーシケーをこのように音楽として理解するとき、その影響の仕方が「少しずつ入り込んできては住みつき、じわじわと目立たぬ」(424d6–7) と言われているのも納得できる。それは現代において、教科書を通して学んだことが次第に血肉になって身についていくようなことを述べているわけではない。むしろそうした学ぶべき内容が歌詞となり、文字通りに音楽として我々の心に刻み込まれていくのである。

ムーシケーと体育を通じた教育を受けることによって、魂は弦が調律されるように調和の状態(ハルモニアー)を達成していく。こうした魂のハルモニアーが語られる前に、音楽論におけるハルモニアーは、歌におけるリズムとともに論じられていた(398c–399e)。この音楽論におけるハルモ

＊15 『国家』篇においてムーシケーはしばしば「文芸・音楽」あるいは “musical-poetic education” などと訳される。だがこの箇所についてほとんどの解釈者たちは、「音楽」と訳している。藤沢(1979)「音楽」; Shorey (1937), Cornford (1941), Grube (1992), Griffith (2000), “music”; Leroux (2002) “la musique.”

＊16 『法律』篇では魂が歌や律動によってどのような影響をうけるのか、具体的かつ興味深い仕方で描かれている。すなわち、コリュバンテスの狂気に陥っている人も、なかなか寝付かない子も、一種の恐れや狂気という魂の「内的な運動」状態にあり、これに対して外部から歌を伴った運動を加えることによって、魂は平穏をもたらされるのであるという。そこでは、人間の魂が極めてフィジカルな仕方で直接的に外界から影響を受けると考えられている。

ニアーとは曲のメロディーや協和音ではなく、むしろそうした音が具体的に実現される際に、必ず基づく音階の構成である[17]。ソクラテスたちは若者たちへの心理的な影響に鑑みながら、彼らが聞くべき曲を奏でるためのハルモニアーについて、具体名に言及しながら論じている。たとえば、混合リュディア調や高音リュディア調は「悲しみを帯びている（θρηνώδεις, 398e1）」がために、立派な人間には不要である。さらにイオニア調やリュディア調のいくつかは「酩酊（μέθη）、柔弱（μαλακία）、怠惰（ἀργία）」（398e6）などの雰囲気を備えているがために斥けられる。他方ドリス調やプリュギア調は理想国家に残される余地がある。というのも、それらは勇気を持った人々や節度を持って端正にいる人を模した（μιμεῖσθαι）ハルモニアーかもしれないからだ（399a–c）。ハルモニアーは人間の「声の調子（φθόγγος）」や「語勢（προσῳδία）」を真似るものだとされ、国家には「節度ある人々と勇気ある人々（399c3）」のハルモニアーを残すべきであるとされる。

こうした「音楽」におけるハルモニアーと魂のハルモニアーはどのような関係にあるのだろうか。一つの有力な解釈は、音楽論のハルモニアーと魂のハルモニアーが同じ構造を持っているということである。Schofieldによれば、音楽は魂と同様に徳の構造を持っており、そうした徳を表現した音楽を聞き続けることが、同種の徳を持った魂を形作っていくという[18]。たとえば、リュディア調は悲しみを帯びた柔弱なハルモニアーであり、こ

＊17　Barker（1984）, p.130, n.18, pp.163–168. ソクラテスたちは、国家に受け入れない楽器として、多数のハルモニアーを可能にする三角琴やリュディア琴、アウロスなどの「多弦的」な楽器に言及しているが（399d–e）、これはつまり、弦が増えれば増えるほど、複数の音階（あるいは旋法）を構成することができるということである（Barker, 1984, pp.93–95）。アウロスに関して言えば、穴を増やすことでより複雑な音階を構成できる（無論、唇や息の使い方によっても音は変えられるが）。もともとは、ことなったハルモニアーで演奏するには別組のアウロイを必要だったが、プラトンの時代には既に「新音楽」の影響のもと、多孔のアウロイが一般的になり、一組で複数のハルモニアーを展開することが可能であったと考えられる（ibid., p.97, n.23）。新音楽の歴史的な展開についてはBarkerの同書とともに、Csapo（2004）も参照。

れを聴き続けた人の魂は、こうしたハルモニアーを成立させる調弦と同じように、魂が調弦されていくのである。これはプラトンが『国家』篇においてしばしば言及するダモンの理論とも適合する解釈である[19]。ダモンによれば、「自由な歌や踊りが、それと同様の魂を作り出し、それとは反対の性格をもった歌と踊りはやはり反対の性格の魂を作り出す[20]」のである。だがもしある性質を持ったハルモニアーが、その同じ性質の魂を作り出すとすれば、これはムーシケー一般の理解とうまく合致しない。なぜなら、これまで確認してきたように、ムーシケーは基本的に「知を愛する部分」の弦を引き締め、「気概的部分」の弦を緩める働きをするからだ。勇気あるハルモニアーが勇気ある魂を作り出すとすれば、「気概的部分」が優れていることは勇気ある人の特徴でもあるので（411c, cf.442b–c）、そうしたハルモニアーに基づいた音楽を聞き続けることが、「気概的部分」を引き締めるというムーシケーがもたらすものとは逆の効果を生み出していることになる。

こうした点を問題視して Pelosi は、音楽がもたらす影響についてのプラトンの議論には、異なる二つの側面があるのだと論じた[21]。すなわち Pelosi によれば、ハルモニアーの性質が魂の性質に影響を与える際には、音楽の質（quality）が問題となっていて、ある性質を持ったハルモニアーによる音楽が、それを聞いた人の魂を同質のものに形成していく。他方で、鉄加工の比喩では音楽の量（quantity）が問題となることもプラトンは認めており、音楽を聴く頻度によってその影響も変わってくる。たとえ柔弱な音楽でも、少ない頻度であれば、気概を持った性格を和らげるのに有用である。他方勇気ある音楽でも聞き過ぎれば有害なのだ。このように、ムーシケーの教育効果と、ハルモニアーの影響の仕方の齟齬については、

＊18　Schofield（2008, p.238）。

＊19　プラトンは『国家』において、ダモンの理論を適宜取捨選択しているように見える。プラトンにおけるダモンの扱いについては Anderson（1955）を参照。

＊20　37DKfr.6丸橋訳。

＊21　Pelosi（2010）, pp.40–41. Cf. Adam, ad loc.

音楽の質と量の組み合わせによって説明される。だが、実際のテクストの中で、音楽の質と量のアプローチの違いは明瞭ではない。また、この解釈は、ムーシケーと体育の相補的な役割を軽んじてしまっているように思われる。たとえば、勇気の性質を備えた音楽を適度に聞くだけで勇気ある人になれるのであれば、体育は不要となってしまう。

既に述べたように、複数の弦において、それらが適切に調律され、特定の音階を生み出せる状態がハルモニアーである。言い換えれば、ここでのハルモニアーは協和音でないことに気を付けたい。魂のハルモニアーは、調弦された楽器のような人間の魂の状態を表現するための比喩であって、奏でられた音のように、一回性の行為を説明するためのものではない。むしろ徳ある行為が常に生まれるよう、魂の諸部分が整っている状態である。これが魂の状態が弦にたとえられた際の主眼である。そして後に触れるように、ムーシケーと体育を最もうまく混ぜあわせて魂にもたらす人が、「楽器の弦を相互に合わせる人よりもはるかに、完全な仕方で最もムーシケーに長けた人、良い調律を達成した人（μουσικώτατον καὶ εὐαρμοστότατον）(412a6–7)[22]」と言われる。反対に、魂の諸部分の調律が狂った人は、徳を欠いた人間として、悪徳の行為を行うことになる[23]。それではある性質のハルモニアーとは、それにもとづいた「音楽」を聴いた人の魂に、どのような仕方で影響を与えるのだろうか。私の考えでは、特定の性質を持った「音楽」は、それを聴く人の魂を単独で同質のものに変えるわけではない。むしろ「音楽」は、それを聴く人々に、その人の魂を育成するためのある重要な能力をもたらすのであって、この能力によって人々は魂のハルモニアーを達成できるのである。この点について次節から論じていこう。

＊22　591d4では、魂の協和音のためにこそ身体の調律も適切に行なっている者が μουσικός と呼ばれている。

＊23　具体的な徳と魂のハルモニアーの相関関係については443d–e, 591c–e.

Ⅲ. 性格の「写し」としての文化

ここからは音楽、あるいは歌の要素としてのハルモニアーが、ムーシケーの教育においてどのように扱われているかを詳細に見ていく。歌とは、歌われる詩のことであり、言葉とハルモニアーとリズムによって構成される。そしてそれらの関係について、ハルモニアーとリズムが言葉に従うべきであり、反対に言葉がハルモニアーとリズムに従うべきではないとされている[24)]。たとえば、物語や詩で語られる内容には悲しみや嘆きが含まれるべきではなかったのと同様、悲しみや嘆きのハルモニアーは、理想国家で歌われる歌には不適切である。守護者の教育に用いられる物語においては、有徳なことがらを、有徳な人の語り方によって語らなければならなかったように、歌に含まれるハルモニアーやリズムは、優れた人を「模した（μιμεῖσθαι、399a7, c3）」ものでなければならないのである。そして、どのようなハルモニアーとリズムが、目下建設中の国家において適切であるかを具体的に語ったのち、ソクラテスたちは次のことに合意している。

> 「そうすると、すぐれた語り方と、すぐれたハルモニアーと、優美さと優れたリズムとは、人の良さに従うということになる――ただしそれは、愚かさのことを体裁よく『人が良い』と呼ぶ場合のそれではなく、文字通りの意味でその性格が良く美しくかたちづくられている心のことだが」
> 「まったくその通りです」（400d10–e4）

ここでは、歌に含まれるハルモニアーとリズムも含めた諸要素が、人間の「人の良さ（文字通りには、性格の良さ。εὐήθεια）」に従うものだと述べられている。ここでの「従う（ἕπεσθαι, 400d1; ἀκολουθεῖν, 400c9, e1）」とは、そうした事物に、人間の性格と同じものが含まれているということを含意している。このことは直後で、「じっさい、これらすべてのものの中には、た

＊24　398c–d.

しかに様子の良さや見苦しさが内在（ἔνεστιν）しているからね」（401a4–5）と言われていることからもわかる。さらに、この「従う」という言葉には、人間の性質と、同性質が内在している事物の序列的な関係が示唆されている。

「そして見苦しさとリズムの劣悪さとハルモニアーの劣悪さとは、悪しき語り方と悪しき性格の兄弟であり、それと反対のものは反対のものの、すなわち節度あるすぐれた性格の、兄弟であり真似たもの（ἀδελφά τε καὶ μιμήματα）なのだ」（401a4–8）

ここでは、プラトンが「兄弟」という言葉で表現しているように、ハルモニアーやリズムの良さ・悪さと、人間の優れた性格や劣った性格の間には、類似性[25]のみならず血縁に類するような強いつながりが成立していることが示唆されている。さらに「真似たもの（μιμήματα）」という表現にも注意したい。この表現は、それまでの文芸論において語られた物真似・演技という語り方としてのミーメーシスを想起させるが、それとは直接は関係ない。あくまでも人間の性格とそれを反映した事物の間の関係について描写した言葉である[26]。

さらに、我々の世界のあらゆるものは人間の性格を「真似たもの」として位置づけられていることを確認しておこう。ムーシケーの教育においては、詩の内容や語り方によってももたらされる倫理的な影響に鑑みて、理想国家においてどのような詩人を採用すべきかが結論づけられていた（398a–b）。そして詩の言葉やハルモニアー、リズムには「人間の性格」が内在していることが語られ、それに接する人々はそうした「性格」から倫理的な影響を受けることを示唆されている。これに加えて、ソクラテスた

＊25　両者の類似性については、一方が他方の「似像（εἰκών, 401b2, 8）」であるという表現で、より明確化されている。

＊26　この点は関村（1997, pp.88–90）が正しく論じている。ただし、ここでのミーメーシスという表現自体が、似像の受容者がその原型に自分を似せようとする過程（あるいは「出発点」）までも含意しているようには、私には思われない。

ちは、絵画や機織、刺繍、建築、また様々な道具製作に関わる仕事のどれにも、さらには身体、自然物などにも人間の性質が内在していることを主張している（401a）。そのとき、そういった事物が我々に倫理的影響をもたらすとすれば、詩人たちだけでなくあらゆる職人たちが、理想国家における製作活動を制限される必要がある。そうした倫理的な影響の観点からすれば、理想国家の教育論は、詩や音楽の範疇を超えて、人間の文化総体を通じた教育論へと展開していくことになる。

「それではわれわれは、ただ詩人たちだけを監督して、良い性格の似像を作品の中に作りこむようにさせ、さもなければ、われわれのところで詩を作ることを許さずにおけばよいのだろうか？それともむしろ、他のさまざまの職人たちをも同じように監督して、こうした悪しき性格や放埒さや下賤さや見苦しさを、生きものの像のうちにも、建築物のうちにも、そのほかどのような製作物のうちにも作りこまないように禁止し、それを守ることのできない者は、われわれのところでそうした製作の仕事をすることを許さないようにすべきだろうか、――ほかでもない、われわれの国の守護者たちが、ちょうど悪い毒をもった牧草地の中で育てられるように、悪しきものの似像の中で育てられて、そうした多くのものから日々少しずつ摘み取っては食べているうちに、知らぬまに大きな悪の堆積を、自分自身の魂の中に作りあげることのないようにね」（401b1–c5）

我々を取り巻く広範な文化的産物は、たとえ無害に見えたとしても、人間の性格を「真似たもの」という形で、何らかの倫理的な価値が内在しているとプラトンは考えている。職人たちによって製作される事物に内在する性格は、偶然に存在するわけではなく、職人たちの製作行為に由来している。したがって、こうした記述においてプラトンは、人間を取りまく環境に対して、われわれはどう介入すべきか、教育的見地から重要な考えを示している。まず、われわれの魂に影響を与える事物の性格を変更するためには、製作者の活動を規制するという仕方で対応する必要がある。

さらに、こうした製作物・創作物に加え、監督が困難な事物も若者に倫理的な影響を与えることをプラトンは認めているように見える。たとえばプラトンは、職人の製作物と並べて、人間の身体や植物にも優美さと醜さが内在していると述べている（401a5）。またより一般的な仕方でプラトンは、若者たちは優れた人間の性格を、「あらゆるところで追い求めなければならない」（400e5）こと、そしてその影響を「あらゆるものから」（401c5–6）被るのだと述べている。人間の生まれつきの身体や植物、あるいは「あらゆるもの」を文字通りに受け取った場合、それらに内在する人間の性格が優れたものになるべく、コントロールすることは当然困難である。なぜならそれらは必ずしも、職人の製作物のように、人間の行為が介在することによって生み出されるものではないからだ。こうした自然的事物をどのように統制すべきか、プラトンは具体的には述べていない。だが、若者はあらゆるところで美しい性格を追い求めることが期待されているとき、醜い性格を備えた事物は自然と忌避されていくだろう。そういう仕方で醜い自然物は淘汰されていくべきであるとプラトンは考えていたのではないだろうか。

職人が製作する身の回りの一つ一つのものから自然物にいたるまで、美しいものは生活に取り入れられ醜いものは排除されるという仕方で、漸進的ではあるが、人々を取り巻く環境の性質が善美な性格へと収束していく世界を、プラトンは構想していたのである。プラトンは、若者が文化的産物も含め、「環境」の中で育つことを放牧の比喩で捉えている。すなわち若者は、文化的産物などに繰り返し晒されながら、あたかも羊が牧草を食むがように、それらを体内に取り入れている。たとえば、悪しき性格の似像はあたかも日々習慣的に摂取される毒草のように我々の内に蓄積され、我々の魂を形作るべく「内化（internalization）」しているのだ[27)]。反対に、優れた人物の性格に従った文化的産物に囲まれていれば、我々の魂は健全に育っていくのである。

こうした「環境」を通じた教育の中で音楽、あるいはそれを構成するハルモニアーとリズムはどのような位置を占めるのであろうか。プラトンによれば、ハルモニアーとリズムは、我々が美しく良い性格に類同化すべく、そこから牧草を摂取するところの文化物の一種に過ぎない。つまり、音楽はそれだけで我々の魂を形作るのではなく、他の文化的産物とともに我々に影響を与えるのである。『国家』篇において、ムーシケーの教育が対象とする内容としては、ハルモニアーやリズムなどの音楽的要素が他の文化的産物と等置されている一方、魂の調律という観点からはムーシケー概念は全体として音楽的側面が前景化している。それではどうしてプラトンは「音楽」的側面に焦点を当てて、ムーシケーの教育的効果を論じたのであろうか。あるいは他の文化的産物と比べて、ハルモニアーとリズムは何かより重要な役割を持たないのだろうか。

そうしたハルモニアーとリズムの役割を知るためには、ムーシケーの教育のスコープがどこまで及ぶのかを明らかにする必要がある。プラトンは、言葉やハルモニアー、リズムの教育に加え、文化的産物の「摂取」もまたムーシケーの教育の範疇に入ると考えていた。そしてこうしたムーシケーの教育の極みでは美しい性格と身体を持った人への恋に行き着くと強調し

---

*27　プラトンが様々な文化物に認める「内化」についての議論は、芸術の価値とは倫理、政治、経済的価値などから独立して判断すべきであるとする「自律主義」の議論と対置することで、その重要性を評価できる。大雑把に言うと、様々な文化的産物は、それらが持つ性質が受容者の心理に植えつけられ定着していくという、「内化作用」を通じて、我々がたとえ意識していなくとも、倫理的・社会的な影響をもたらす。ゆえに、どのような文化的産物も倫理的・社会的な観点から批判や検閲を受けなければならないとプラトンは考えている。対して「自律主義」的に、芸術作品が持つ倫理的・社会的な影響が芸術の副産的な効果であり、芸術の価値とは本質的には関係ないと理解するのであれば、芸術は倫理的・社会的な観点からの批判や検閲を免れることができる一方、その力は矮小化せざるをえない。というのも単純な「自律主義」的な立場に立つと、文学や、音楽、絵画、彫刻、建築、劇、映画など、内化を通じて我々の価値観の形成に寄与してきたと思われる芸術作品の力は、実は芸術固有の力では無かったと認めざるをえないからである。プラトンの議論における内化作用については Halliwell (1989)。美的な (aesthetic) 性質と他の性質の区分の問題については Urmson (1957)、芸術作品の美的価値と倫理的価値の関係については Carroll (1996, 2000)。芸術と倫理に関わる現代美学の論争については、R. ステッカーの邦訳 (2013, 3章, 11–12章) が、優れた案内となる。

て述べている。

> 「すると」と私は言った。「もし誰かが魂のうちに美しい性格と持ち、また容姿のうちにそれらと合致し調和する（συμφωνοῦντα）ものを、同じ型に合致するように持っているのであれば、これは見る目を持った人からすれば最も美しいものとして見えるのではないか」
> 「全くその通りです」
> 「しかるに最も美しいものは最も恋心をそそるね」
> 「もちろんです」
> 「では、ムーシケーに習熟した人であれば、そのような状態に可能な限り近い人を恋するのだろう。他方、もし誰かが調和を欠いていたとすれば、その人には恋をしないだろう」（402d1-9）

このように、ムーシケーの教育は美しい文化物の摂取から美しい人との恋へと、段階的に変化していっているように見える。ムーシケーの教育の極みにどうして「恋」があるのか、解釈者たちによって論じられることは少ないが、直前でプラトンが論じる文字認識の比ゆが考察の助けとなる。そこではムーシケーが「似像」（εἰκόνες)」ばかりではなく「実際の姿（εἴδη)」までも扱うべきことが次のように述べられている。すなわち、人が文字を十分に認識して読めると言えるのは、個々の文字があらゆる語、あらゆる媒体の中で現れても認識できるときである。たとえ水面や鏡という媒体に文字の「似像」が現れたときでも、同じ技術と練習によって、もともとの文字を知っていなければ、そうした「似像」を知っているとは言えない。同様に、同一の技術と訓練によって、節制や勇気や自由な性質、雄大さなどの徳やそれと反対の性質の種々様々なものの「似像」、そしてそれらの「実際の姿」を認識するまでには、ムーシケーに習熟した人とはならないとされるのである（402a-c）。

文字と様々に現れるその「似像」についての議論の結果として、美しい人への恋が語られれているので、様々な単語・媒体に「似像」として現れる文字と文字そのものに類比的に対応するのは、様々な文化的産物に現れる「似像」「写し」としての人間の性格・徳と、実際の人間が持つ性格・徳であると考えるべきであろう。言い換えれば、「似像」としての徳に対応するのは徳や悪徳そのもの、あるいは徳のイデアではない[28]。このことはムーシケーの教育が、その後の数学的四科、さらには哲学的問答法（ディアレクティケー）を通じた学問の予備段階に位置し、後者においてイデアの認識が達成されることからも明らかである（cf.522a-b）。ムーシケーの教育とは、「似像」としての徳と、「実際の姿」として優れた人々にあらわれる徳を認識・受容するプロセスによって成立するのだ。美しい人への恋とはまさに優れた人々への交流によって実際の徳を認識・受容することに他ならないのである。

以上のように考えることで、恋がムーシケーの終局に位置すること、そして様々な文化的産物の性質が、人間の性格に「従い」、その「写し」であると言われていたこともより理解しやすくなる。すなわち、若者が日々接する文化的産物とは、彼らが恋して交流する人々の性格・徳の「写し」を含んでいるのであり、こうした「写し」によって魂が育まれていくという教育過程は、彼らが恋人の性格から影響を受けることと類比的な関係にあるのだ。言い換えれば、ムーシケーの教育における文化物の「摂取」とは、美しく気高い恋人から言わば間接的、代替的に影響を受けることである。この影響は、身近かつ習慣的であるがゆえに、重大であることは言うまでもない。だが、このような代替的機能を果たしている意味においてプラトンは、若者が日々そこから魂に「摂取」する文化的産物の性質を、オリジナルと類似した「似像」であるだけでなく「真似たもの」であると記述しているのだ。理想国で歌われる歌のハルモニアーやリズムは、有徳な人間の声や生活を「真似る（μιμεῖσθαι, 399a7, c3）」べきであると言われていた。この表現は、若者が類同化すべき人物を示すのみならず、こうしたハルモニアーやリズムを通じて、そのような人物の影響を間接的に受けてい

＊28　εἴδη の解釈について、この箇所でイデア論を読み込むことが不適切であることについては Adam（1963, ad loc.）。Rowe（2012, p.389, n.170）は、ここでの εἴδη はとりわけ個人に現われている徳であると述べているが、私も同意する。

るということまでも示唆する表現だろう。このように『国家』篇においてムーシケーの教育は、単なる教科書的な知識の教授だけではなく[29]、むしろ有徳な人との直接的あるいは間接的・擬似的な魂の交流として描かれているのである。

以上のようにムーシケーの教育のスコープは、有徳な性格を備えた事物に接することから、有徳な人物との交流にまで及ぶと考えられる。そのとき、音楽の要素としてのハルモニアーやリズムはどのような教育的効果をもたらしているのか。音楽は他の文化的産物に比べて、容易な仕方で人間の魂の内奥に染み込んでいき、それを最も力強く捕まえると言われる(401d, cf.424d)。この点において音楽は、「ムーシケー」全体の中でも若者たちが早期に課されるべき教育であり、ここでしかるべき教育を受けた者は、次のように様々な環境的事物に接していくことになるという。

> 「欠陥のあるものや、美しく作られていないもの、あるいは美しく生じていないものを最も鋭敏に知覚し、かくして正しく嫌悪しながら、美しいものは賞賛して喜び、魂に受け入れつつそこから養育され美しく良き人になり、他方、醜いものは正しく非難してまだ若いうちから嫌う」(401e1–402a2)

＊29　Havelock (1963) が強調するように、古代ギリシアにおいて詩は、社会・文化についての百科事典的、教科書的な役割を果たし、この側面は『国家』10巻においても、詩人を追放すべき理由・背景の一つとして描かれている(606e–607a)。「神々は戦争をしない」「神々は善きものである」などの言わば詩から読み取れる命題的内容の伝達が、ムーシケーの教育の一つの重要な側面であることは間違いない。ソクラテスは、詩や物語の内容を通じて、将来の守護者がある特定の「考え(δόξας, 376b6; δόξαις, 378d8)」を魂の中に取り込むことを期待している。反対に不適切な考えを持たないように、子ども達が聴く詩の内容(「何を語るべきか」)は多くの点で規制を受けることになる。たとえば、ハデスが存在し、ハデスには恐ろしいものがある、という詩の描写を信じるならば、それを聴いた人は、死は恐ろしいという考えを持つようになる。したがって、ハデスは反対に讃えられなければならない(386b–387b)。他方詩は、ある人が特定の状況下で、特定の行為をする様を描くことによって、一種のロールモデルを提示することもできるだろう(cf. 603c5–8)

つまりここで言われていることは、音楽において正しく育てられた若者は、他の文化的産物（さらに交わるべき人間）を察知できるようになるということである。ではどうして若者たちは音楽の教育によってそのように察知することができるのだろうか。このことは、若者が文化的産物と接して交わるプロセスからうかがい知れる。若者たちは「美しい製作物によって」（401c6）知らず知らずのうちに美しい言葉と「同質（ὁμοιότητα）となり、愛好し、調和（συμφωνίαν）」（401d1）するようになると言われている。美しい言葉に内在する良い性格と同質になるのは、若者の性格にほかならない。ところで、その若者の性格を形作るべく最初に影響を与えるものは「音楽」である。そうやって「音楽」によって育まれつつある自らの性格こそが、文化的産物に内在する性格と「調和（文字通りには音の一致）」すると言われているのである。そのとき、「音楽」は、若者のうちに、自らと調和する対象を識別するための「能力」をはぐくんでいるのだと言えよう。そうした能力とは、ハルモニアーとリズムによって習慣的に身につけさせられる、魂の中での「良い調和・ハルモニアーの感覚（εὐαρμοστία, 522a5）」と「良いリズムの感覚（εὐρυθμία, 522a6）」にほかならない。

そうした能力にもとづいて、若者は自己と、類同化すべき対象との間のみならず類同化すべき諸対象同士においても調和の関係を見出すことになる。実際先に引用したように、若者が恋をするべき人間とは、身体が、魂に内在する美しい性格と一致し「調和（συμφωνοῦντα, 402d3, cf.402d9）」するのであり、そういう人こそこの上なく美しく目に映ると言われていた。音楽によって調和関係を識別する能力を魂のうちに育んだ若者は、諸事物の性質を判別し、それらが相互に調和しているか否かを知ることができる。そして教育がうまくいき、諸徳を身につければ身につけるほど、同種の徳を備えた美しい事物を魂に喜び迎い入れ、反対に醜い事柄を忌避するという仕方で、若者はより優れた「環境」を受け入れ、より有徳な人物へと育っていくのである（401d–402a）。

Ⅳ．ムーシケーと「音楽」

これまで論じてきたように、ムーシケーの教育は多様な文化的産物と交わること、また美しい人への恋までもそのスコープのうちに収めている。したがって、ムーシケーは文字通りに「音楽」と一致するわけではない[30)]。ハルモニアーやリズム、そしてそれらに言葉が合わさった歌など、現代の我々にとって文字通りに「音楽的」であるような教育内容は、若者に「調和・ハルモニアーの感覚」や「リズムの感覚」などを授けるべく最初期から実施されるものである。そして若者たちはそうした能力をもとに、自らを取り巻く「環境」と交わり、調和する性格を魂に取り入れていく。

ムーシケーが与える影響が段階的であることは、魂の知を愛する部分が、ムーシケーによって「目覚め（ἐγείρεσθαι）」、「育ち」またその感覚が純化させられていく、という風に、成長が段階的に描かれていることからも示唆される（411c-d）[31)]。徳を実現している人の魂は、その中の知を愛する部分と、気概的部分が調和を成していると言われていたが、若者が体育ばかりに従事し、ムーシケーを司るムーサの女神と一切交わらないのであれば、彼らの学びを愛する部分は目覚めることなく、弱々しく盲目なままなのである[32)]。

理想国家における若者たちに、幼い頃から施される「音楽」の教育が、魂と調和する事物を判断するための能力をもたらすのだとすれば、ムーシケーの教育効果を論じる際、プラトンがその「音楽」的な側面を強調した

＊30　411d2-3では、学び、探求、言論と並べて、それ以外の「他のムーシケー」について言及されており、ムーシケーの教育が広範な事柄を対象としていることを示唆している。

＊31　この箇所では、「知を愛する部分（φιλόσοφον）」が「学びを愛する部分（φιλομαθές）」と言い換えられている。Cf.376b9-10.

＊32　体育による教育効果についても、気概的部分が目覚めさせられる段階と（410b6）、それが正しく育てられた結果、勇気という徳が身につく段階があることが示唆されている（410d）。

ことも説明できるだろう。

プラトンは、魂における節度や勇気などの徳は、ムーシケーと体育によって、知を愛する部分と気概的部分が適切に調律されていることで達成されると述べていた（410e–412a）。ムーシケーが過剰になると、若者は柔弱なり、他方、体育の教育が過剰な人間は、獣のように粗暴な人間となる。こうしたムーシケーと体育の教育効果についてプラトンが触れる際、魂の素質の違いについて配慮していることは注意に値する。すなわち、ムーシケーの教育が過剰に施された場合、生まれにおいて気概に欠けた魂は、気概的部分が容易に溶かされてしまうが、気概ある魂をもった人は、気概的部分が弱められ敏感になり、気むずかしい、短気で怒りっぽい人間になると言われている（411b6–c2）。生まれにおいて若者たちの魂の素質が異なるとき、若者たち自身による教育の受容の仕方が重要となってくる。実際プラトンは、他ならぬ若者たち自身が、ムーシケーと体育を魂のために適切に実行していく主体であることを次のように述べている。

> 「するとムーシケーと体育を最もうまく混ぜあわせ、最も均整の取れた仕方で魂に適用する人、そうした人を、楽器の調弦をする人よりもいっそう、完全な意味で最も音楽的な人（μουσικώτατον）、最も調和が良くとれた人（εὐαρμοστότατον）であると、我々はこの上なく正しく主張するだろう」（412a4–7）

若者たちは、ムーシケーと体育をどのような比率で引き受けるのかを、自ら調整していかなければならならない。そのようにして、魂の知を愛する部分と気概的部分のバランスを最善にできる者が、楽器の調弦に長けた人などよりも、「最も音楽的な人」と呼ばれている。ここでは楽器の調弦との類比で、魂の部分間の調整能力に長け、ハルモニアーを達成した人が、音楽的素養がある人であると言われているのである[33)]。

魂の部分間のバランスは、『国家』篇の教育論の冒頭から通底しているトピックである。将来の守護者たちが備えているべき素質とは、それらはまさに「気概のある素質」（cf. 375b8–12）であり、「知を愛し、学びを愛する素質」(376b1–2, cf. b6) であった。そして人間を含めた動物たちは、これらの素質に由来するものとして、「粗暴である (ἄγριος, 375b9)」などの諸性質[34] をまとうことになる。いくつかの性質は互いに相反しているけれども、現実として犬の中には共存していることを根拠に、将来の理想的な守護者には「気概的素質」と「知を愛する素質」が備わっていると前提して、守護者の教育が始められる。同様に、調弦の比喩においても、人間の諸性質の由来と相反関係について言及している。「気概的部分 (τὸ θυμοειδές)」と「知を愛する部分 (τὸ φιλόσοφον)」は、その直前において、「素質の中での気概的なもの (τὸ θυμοειδὲς τῆς φύσεως, 410b5–6, 410d6)」「何か気概的なもの (τι θυμοειδές, 411a9–10)」あるいは「知を愛する素質 (ἡ φιλόσοφος φύσις, 410e1)」と呼ばれていた。プラトンはこうした「素質」に言及することで、それぞれの素質に固有なものとして由来する「粗暴 (ἀγριότης)」(410d1) などの人間の諸性質[35] を特定している。そして守護者はそうした諸性質をもたらす二つの素質を両方とも持ち、それらは「調律」(410e8) されなければならないとされるのである。というのも、そうした調律された魂にこそ、節度と勇気という徳が備わるからである (410b–411a)。

「音楽」は若者たちに対して、自分の魂にふさわしい美しい文化的産物を嗅ぎ分けるための能力として、良き調和とリズムの感覚をもたらしていた。そうした能力は、若者たちが自らの素質に即し、魂の諸部分を調和できるようにも機能していると理解すべきではないか。「最も音楽的」な人

*33　この表現にはおそらく、本当の意味で教育の極みにある人という意味で、「最もムーシケーの教養の備わった人 (μουσικώτατος)」であるという含意もまた込められているだろう。591d4では、魂の協和音のためにこそ身体の調律も適切に行なっている者が μουσικός であると言われている。

*34　ここでは他に、気概的な性質や知を愛する性質、また「穏やかである (πρᾶος, 375c1, c6, e3, 376c1)」ことが、挙げられている。

*35　他にもたとえば、気概的素質においては、「粗暴 (ἀγριότης)」(410d1) と「頑固さ (σκληρότης)」(410d1)、「気難しい (χαλεπόν)」(410d8) こと、知を愛する素質においては「柔弱さ (μαλακία)」(410d1)、「穏和さ (ἡμερότης)」(410d2)、「端正である (κόσμιον)」(410e3) ことなどが指摘されている。また当然、二つの素質からは、知を愛することや、気概を持っているという性質も由来する。

が、理想国の支配者たちがムーシケーや体育の教育を若者に課す一方で、若者たちはそうした教育を自分で混ぜあわせた上で調和的に取り込む必要がある。「音楽」を通じて身につけた調和やリズムの感覚によって、自らの魂のハルモニアーを達成していくのである。

ムーシケーの教育の中でも「音楽」的な要素がとりわけ重要であることはもはや明らかだろう。なぜなら、最初期から行われる「音楽」教育が適切に行わなければ、若者たちは、自分たちの性格を育むことも、また魂のハルモニアーという教育最大の目的のために、ムーシケーと体育を良く混合することもできないのである。「音楽」におけるハルモニアーやリズムは、魂のハルモニアーを達成するための基礎的な能力を養成するのである。

このように考えたとき、ムーシケーの教育と「音楽」の関係がより明瞭となるだろう。たとえば鉄加工の比喩において、もの悲しいハルモニアーに耽溺が、魂の気概的部分を損なうとされていた。Pelosi によれば、これは音楽が一方で魂の気概的部分を緩めるのに役立つが、他方で過剰な場合はこの部分を損なう、ということであった。だがより正確に言うとすれば、気概的部分が溶かされる際の重要なポイントは、柔弱な音楽に過剰に耽って体育に励まないこと、言い換えれば、ムーシケーと体育の適切な混合ができていないことである。柔弱な音楽によってもたらされた調和の感覚は、そうした柔弱な魂を調律するためにしか役には立たず、全体としてのムーシケーの教育ばかりを好み、体育を忌避するだろう[36)]。反対に若者が勇壮な音楽に日々触れていれば、その調和の感覚に基づいて、勇気ある魂を育むには体育によって気概的な部分を締める必要があることを知るのである。

＊36 『国家』篇における体育教育は、戦場に連れて行って多少安全なところから「血の味を経験」させることも含んだ過酷な訓練であることは、考慮に入れておくべきであろう。ムーシケーの教育が終わったあと、この体育教育に適応できない人間がいることもソクラテスは述べている（537a–b）。

Ⅴ．「音楽」の違法

これまで私はムーシケーの中でもとりわけ「音楽」が若者の教育において重要であることを、二つの点から論じてきた。第一に「音楽」は、若者がすぐれた人物の性格を模した事物を自らの魂のうちに摂取していく際、自分と調和するものを識別するための能力をはぐくむ。第二に、その能力は若者たちが自らの魂における知を愛する部分と気概的部分の調和・ハルモニアーを達成するためにも用いられるのである。

本章の冒頭では、定めに反して「音楽」の新しい様式が賞賛されてしまうと、国家を破壊するまでの悪影響が生じるとソクラテス達によって論じられていることについて触れた（424b-c）。すなわちダモンの言うように、ムーシケーは「最も重要な国家の習わしや法」に影響を与えずには、変更されえないのであった。そしてこうした影響は、契約や取引など人間の相互交流関係、さらには公私両面の全てを覆すまでに、細部に行き渡っていくとされていた（424d-e）。

どうしてこれほどまでに「音楽」が影響力を持ちえるのか。この点について詳しく論じた解釈者は少ないが、Schofieldは「音楽」の変更によって、その教育を受ける若き守護者の性格、あるいは魂があるべき形から変容してしまうことを指摘している[37]。実際、「守護（φυλάττειν, 423b4）」すべきであるという言葉づかいで、支配者は「音楽」の改変が起こらないように配慮すべきであると言われている。守護者とは、国家を守護する支配者であると同時に、しかるべき人物であり続けるよう自分の魂もまた守護しなければならない。「音楽」の変更は、若者たちの魂とそこにあらわれる性格に変容をもたらすという仕方で、魂の守護を不可能にさせる。そしてそのような人たちは守護者としての任務も果たせなくなってしまい、国家が堕落していってしまうのである。

＊37　Schofield（2008），pp.235–236.

これに私が付け加えたいのは、「音楽」の変更は若者の魂の変容を引き起こすとともに、彼らが類同化すべき対象である、文化的産物に備わる性格を変化させ、「熱で膨れ上がった国家」(372e8) が生じてしまうことである。若者たちは、自分の魂と調和する事物を取捨選択して、その性格に類同化していくのであった。そのとき「音楽」を変更してしまうと、若者たちの良い調和やリズムが育たなくなってしまう。そして若者たちは言わば悪しき調和やリズムの感覚によって、自分が類同化していくべき対象を追い求めていくのである。

国家という共同体が生じてくる理由は、個々人では食料、住居、衣服、さらにそれらに関わる道具など、必要なものを自給自足できず、それらを互いに分け合あうための仲間がいなければならないからである (369bff.)。国家の成員はこうした必要なものを産み出す農夫や職人だけでは不十分で、需要と供給のバランスを取るためには、小売商や貿易商など、仲介して売り買いする人々が必要となってくる (370e-371e)。国家において、若者たちが追い求める諸事物の性質が変化してしまうとき、それを産み出す職人たちや、商品を扱う商人たちの性格もまた変容してしまうことは十分に想定できる。放縦で多様な「音楽」によって若者たちが節度を欠いた性格に育っていくならば、彼らが豪華な食事や贅沢な家具、娯楽をもたらす模倣家や多くの召使いを求め、その結果「熱で膨れ上がった国家」が生じても何ら不思議ではない。体育には食事と生活法が含まれるが、それらが多様であるとき、身体には病気が生まれるとされる。そしてこれと類比的に、ありとあらゆるハルモニアーとリズムによって作曲された歌は、魂の節度を失わせ、裁判所が盛況となり法廷技術が幅をきかせることにつながるとソクラテスたちは論じている (404d-405a)。言い換えれば、理想国家で求められるような「音楽の単純さ」(404e4) が失われたとき、人々は節度を欠いて様々な事物を巡って放縦に争うことにつながるのである。

以上に述べたことこそが、アデイマントスの言う「音楽」の違法が国家を転覆させていくプロセスであると私は考える。すなわち、音楽の違法は若者たちが調和すべく求めている様々な事物の性格を放縦なものへと変容させたのち、そうした事物に関わる職人たちなども変化していく。そうして生産された多様な事物に満ちた「熱で膨れ上がった国家」において、人々は節度を欠き、法廷闘争に明け暮れる。このように「契約・取引上の人間関係の分野」が悪影響を受け、法律や国制の変化が不可避となっていく一方、それを防ぐはずの守護者は、もはや魂が損なわれているがゆえに、自らの任を果たすことができないのである。「音楽」はこうした影響を人々に気づかずに（424d）徐々にもたらしていくのである。

Ⅵ．小括

以上、我々は『国家』篇においてムーシケーの教育がどのようなものであり、それが魂にどう影響を与えるのか、「音楽」に焦点を当てながら論じてきた。まずⅠ節では、古代ギリシアにおいて、ムーシケー概念とムーシケーと体育の教育がどのようなものであったかを概観した。そして『国家』篇でプラトンは、そうしたムーシケーの伝統に注意しながらも、音楽という側面を強調しながら、ムーシケーと体育の教育論を展開していることを確認した。Ⅱ節ではそうしたムーシケーと体育がどのような仕方で若者の魂を育成するのか、プラトンの議論とその問題点を確認した。ムーシケーと体育とは、楽器の弦に喩えられる魂の知を愛する要素と気概的な要素を、「締めたり」「弛めたり」すると言われる。プラトンは柔弱さなどある性質を持った「音楽」が、それを聞き続ける人の魂を柔弱にさせると考えている。「音楽」がこうした影響をもたらす因果関係について、「音楽」を構成するハルモニアーの構造が、聞き手の魂の構造に直接的に影響を与えると考えた場合、プラトンの議論は不明瞭なものとなる。なぜなら、「音楽」はムーシケーの一要素に過ぎず、あくまでもムーシケーと体育の影響の組み合わせによって、人間の魂の性格は決定付けられていくとプラトンは論じているからである。Ⅲ節では、ハルモニアーやリズムなどの音楽の諸要素のみならず、あらゆる文化的産物が人間の性格を反映しているとプラトンは考えていることを論じた。ある性格を持った文化的産物などと接することは、同種の性格を持った人間と交流することと類比的に理解できる。若者が彼を取り巻く「環境」と接するということは、ある種擬似的な魂の交流を行っていることを、ミーメーシス概念に着目することで私は論じた。そうした全ての文化的事物の性格を繰り返し「摂取」することを通じて、人間の魂は形成されていくのである。Ⅳ節では、ムーシケーの教育の中でもどうして「音楽」的なものがとりわけ重視されているのかを論じた。その際に私が強調したのは、若者たちは受動的に教育を享受する存在であるというよりは、むしろ、自らの魂の形成のために自分から様々な事物の性格を察知していかなれければならないという、主体的な側面である。そうした活動のきっかけになるのが、「音楽」によって形成された良い調和・ハルモニアーやリズムの感覚であり、それらは、若者たちが自分の魂に親縁的な文化的産物を追い求め、類同化していくための能力である。加えて、そうした良い調和やリズムの感覚は魂の状態を調律するためにも機能する。「音楽」によって育まれる若者の調和の感覚は、ムーシケーと体育をうまく混ぜあわせて徳ある魂を形作る際の、言わば音叉のようなはたらきを果たすのだ。Ⅴ節では、本章冒頭で触れた問題、すなわち法に反した「音楽」の新しい様式の提唱が、どのようにして人間の営みを変え、国家全体を破滅させるに至るのかを考察した。「音楽」の違法は、若者の魂の知を愛好する部分と気概的な部分の調和を損ない、彼を不徳な性格を持った人に育ててしまう。その過程では、若者が愛好して類同化する対象や、そうした事物に関わる様々な人々の性質もまた変化していく。そしてその変化の極みとして、国家や法、人間の営みの万事が以前とは姿を変えたものになってしまうのである。かくして、「音楽」は教育の中でも決定的に重要であり、国の支配者たちはそこに「見張所」(424c9)を建てて、違法が起きないよう守りぬかなければならないのである。

第3章

画家、詩人、模倣家

「難しいやり方ではないさ」とぼくは言った、「むしろいろんな方法で、すぐにできるものだが、最も手っ取り早いのは、鏡を取ってあらゆる方向に向けてまわしてみればいい。太陽だろうが天体だろうが君はすぐに作り出すだろう。また大地や君自身や他の生き物、家具、植物も、そしてさっき言及した全てのものをすぐに作り出すだろう」
「たしかに」と彼は言った、「そう現れるもの（φαινόμενα）を作ります。ですがもちろん本当にそう**ある**もの（ὄντα）ではありませんが」（596d2–6）

前章では、ムーシケーの教育がどのようなものであるのか、そしてそれが若者にどのように影響を与えるのかを論じた。『国家』篇最終巻である第10巻において展開されたいわゆる「詩人追放論」は、このムーシケー教育における詩作論を引き継ぐ形で展開されている。他方、第1章ではミーメーシス概念を分析するための「道具立て」を行い、『国家』篇におけるプラトンのミーメーシス概念が歴史的にどう位置づけられるのかを論じた。今や我々は、「詩人追放論」が引き継いだ文脈を踏まえ、そこで論じられているミーメーシス概念を分析することができるだろう。

「詩人追放論」においてプラトンは、詩人たちや彼らの創作物に対する明確な敵意を表明する一方、少なくとも現存する資料においては歴史上初めてミーメーシス概念を主題として論じ、規定を与えている。当時のギリシアにおいて、詩人や画家、踊り手、演奏家など、現代の我々が「芸術家」と見なすような人々は、「模倣家（ミーメーテース、μιμητής）」と呼ばれていたのであるから[1]、ミーメーシスを論じた「詩人追放論」は、西洋世界最初期の芸術思想と考えることもできる。したがってこれは、西洋芸術思想史や美学史を扱った入門書では、いつも扱われる議論である。美術史家の E. H. Gombrich は、なかでも上に引用した鏡の比喩について、その後のヨーロッパにおける芸術の哲学の伝統の中でも、非常に重要な位置を占めるようになったということを、次のように述べている。

> 表象の哲学（the philosophy of representation）に関するもので、『国家』篇においてプラトンが絵画と鏡の比較を導入した重大なパッセージほど、影響力のある議論はほとんど存在しない。それは亡霊としてこれまでずっと芸術の哲学に取り憑いてきたのである[2]。

鏡の比喩は絵画制作活動を説明するために持ちだされたものであるが、これはプラトンの絵画観を端的に表すだけにはとどまらない。彼は絵画制作の吟味にもとづいてミーメーシス概念を規定する。そしてそのミーメーシス概念を、「詩人追放論」のターゲットである詩作に適用するという議論のステップをとる。たとえば実際、ここで提出されている「現れ」「あるもの」という用語は、以降のミーメーシス概念や詩作についての議論を支配するキー概念として機能している。その限りにおいて、鏡の比喩をはじめとした絵画制作の分析は、造形芸術一般や詩作やダンス、演技、楽器演奏など、ミーメーシスという概念に包括される様々な「芸術的」活動の理解と深く関連しうる。したがって、たとえプラトンの時代に「芸術」という概念が存在しなかったとしても、プラトンの「芸術的思想」がここに端

＊1　Cf. 373b;『法律』668b;『クラテュロス』424d, 430b、434a; クセノポン『思い出』Ⅲ, 10, 1－8.

＊2　Gombrich (2002), p.83.

的に現れていると言ってもあながち的外れではない[3]。

M. H. Abramsは、まさに鏡を書名に冠した名著*The Mirror and the Lamp*（1953）の中で、プラトンの鏡の比喩に言及しながら、西洋におけるロマン主義に至るまでの芸術批評の伝統は、（重要な例外を含みつつも）芸術作品を外的世界の「模倣物（imitation）」として扱ってきたことを論じている[4]。Abramsによれば、このときの「模倣物」という概念は「反映（reflection）」「表　象（representation）」「偽　造（counterfeiting）」「模　造（feigning）」「コピー（copy）」「像（image）」などの属性を担っている。プラトンにとって、絵画、あるいは模倣物（ミーメーシスの産物）はこのように外的世界の単なるコピーであり、鏡のように像を写しているに過ぎないのであれば、それは偏狭な芸術観であり、芸術の可能性を不用意に見過ごしていると言わざるをえないだろう。実際、解釈者たちによってもそう考えられている。たとえば注解者のAdamは、プラトンの絵画観が、「純然で混じり気なのないリアリズム以外、芸術形態の真のエッセンスには全く触れていない」と言う[5]。

そのときに問題となるのは、写しやコピーとしての絵画、あるいは「現れ」としての模倣物といったものがどのような身分のものであるかである。伝統的解釈では通常、絵画を外的世界の忠実な再現と理解する。忠実な再現とは、我々が絵画を視覚的に捉えるという経験が、その絵画に描かれている対象を直接的に見た経験と同じように生起するよう、その絵画を制作

＊3　厳密に言ってプラトンは「芸術」論を展開していない。Kristellerは、我々が慣れ親しんでいる「芸術」の概念は本質的に18世紀の発明であること、古代世界はこれに相当する概念を欠いていることを論じた（1980, pp.163-227）。こうした主張の背景には、そうした「芸術」の歴史性に配慮せずに、解釈者たちが古代の「芸術」思想を研究していたことに対する批判が含まれている。Kristellerの主張に対し、Halliwell（2002, pp. 6 -10）が明示的に提示した（そしてこれはHalliwell以前にも事実上暗黙のうちに受け入れられていたであろう）アプローチが、ミーメーシスという概念を媒介に、括弧付きで古代「芸術」思想を論じるというものである。

＊4　Abrams（1953）, pp. 8 -14, 30-35.

＊5　Adam（1963）, p.393.

するということである。したがって対象は視覚的に認識することができる物理性・可視性を備えた「実物」でなければならない。そのとき絵画とは、実物の視覚的な属性がコピーされた写真のようなものである。そしてこれは伝統的かつ根強い「通説的」な詩人追放論解釈である[6]。絵画がどのようなものであるかは、画家が描こうとする対象がどのようなものか、という問題と強く連動しうる。実際、プラトンが絵画制作を世界に存在する「実物」の忠実な再現であると考えたとする解釈は、画家の描画対象に関わる次のようなテクスト的な根拠に由来している。一つは鏡の比喩であり、もし絵画として描かれている像が、鏡に映る像と同じであるならば、描画対象は鏡に映ることができるもの、すなわち視覚的に把握可能な「実物」でなければならない。もう一つは、プラトンが画家の描写対象の認知について記述する際、視覚的な用語を用いていることだ。絵画のモデルとして位置づけられるものが視覚的対象に限られるのであれば、それは目に見える「実物」と言っていいだろう。

しかしながらプラトンは、絵画における描画対象が、視覚的に把握できる「実物」であるとは必ずしも考えてはいないと私は考える。このことを論じるために、本章では鏡の比喩、そして画家の描画対象の認知に関わる視覚的用語の再考を試みる[7]。

こうした考察は、プラトンの絵画理解だけでなく、絵画制作からミーメーシス、そして詩作を論じていくプラトンの議論のプロセスをどう理解するかにも関わるものである。「詩人追放論」のターゲットは悲劇詩人たち、そしてその「第一の師かつ指導者」(595c2-3) であるホメロスとその

＊6　Adam, ibid; Grube (1992), p.203; Annas (1981), p.336.

＊7　後に触れるように、絵画制作におけるモデルが、「実物」ではないと考える解釈者は存在する。しかしそうした解釈者によって、これまで十分なテクスト的な根拠は示されてこなかった。彼らの議論は基本的に、画家が特定の個物ではない対象をモデルとしている箇所を指摘する、というものである (Halliwell (2002), pp.124-132; Janaway (1995), p.119 n.39. Janaway は靴職人や大工の絵画 (598b8-c1)、さらには寝椅子の絵画 (596ff.) ですら特定の個物を対象としていないと考えているが、その理由を示してはいない)。

賛美者[8]たちにある。したがって、絵画制作の分析が適切な仕方で詩作に適用されえなければ、そうしたプラトンの議論の説得力は損なわれるであろう。だが、伝統的な解釈においてそう考えられてきたように、ミーメーシスが「実物」あるいは外的世界に忠実な写しを生み出す営みであるとすれば、絵画と詩をパラレルな営みとして理解することは困難である。なぜなら、詩人は画家のように直接的に「実物」を見て描写する必要はないし、詩は絵画のような意味では何らかのコピーとしての「像」ではないからだ。このような詩作と絵画制作の間の齟齬は、両者を模倣術として同列に扱うことの困難さを示しており、「詩人追放論」が悪名高い一つの原因となっている。そこで我々は、プラトンはどうして絵画制作を模倣術の典型例として用いて、詩作を批判したのかをあらためて考える必要がある。

一つの解釈の傾向として、時代背景に言及することで絵画制作が議論の焦点となっていることを説明するものがある。それによると、プラトンは詩だけでなく当時流行していた絵画の潮流に対して批判を加えることも目的としていた。そして彼は、陰影画（スキアグラピアー）などの錯覚を利用した絵画技法を用いた作品、とりわけ当時活発に活動していた画家の一派に対する批判を『国家』篇において加えていたのである[9]。また、絵画と詩を同じ俎上で取り上げる視点は、歴史的にはより古くから存在することも指摘できよう。少なくとも、抒情詩人のシモニデスが「絵画を黙した詩、詩を物言う絵画」と呼んでいたことは、後代の報告によって知られている[10]。したがって絵画と詩を類比関係のうちに捉え、同時に吟味することは、当

＊8　Cf. 606e–607a.

＊9　たとえばAnnas（1981, pp.336–440）がこうした立場をとっている。もっとも、仮にプラトンがある特定の画家の一派を批判しているとしても、それが具体的にどのような人々なのかは、研究者の間でも合意がとれていない。Steven（1933）によればプラトンは錯視を利用した絵画を批判し、シキオンの幾何学的・数学的な絵画を受け入れたとされる。しかしその後Schweitzer（1953）は、そもそもシキオン派の画家たちは陰影画などにおいて錯視表現を用いていたと論じて議論をひっくり返した。この論争についてはDemand（1975）が詳しい。

時のギリシアにおいて既に一般的なことであって、プラトンはこれを踏襲しているのかもしれない。このように、プラトンが特定の画派を念頭に置くこと、また彼の議論の方策が時代的な影響を被っていることは十分にありえるだろう。だがこうした説明だけで我々は満足すべきではない。なぜなら、プラトンの議論を単に同時代に対する応答、あるいは歴史的な継承のうちに理解することは、その議論のad hocな特徴は際立たせることはあっても、説得性や論理的な一貫性には必ずしも貢献しないからだ。むしろ我々は、絵画制作と詩作を同列に論じる際の困難の原因――すなわち、そうした活動における描写対象を「実物」とし、その産物をコピーと捉える考え方――を再検討することを通じて、プラトンの議論をよみがえらせる必要があるのだ。

I.「あるもの」「現れ」「像」

理想国家建設の議論を終えたソクラテスたちは第10巻の冒頭において、第2-3巻の議論を引き受ける仕方で再び詩作をトピックとして取り上げる。そして、理想国家には「詩作のうちで模倣を専らとするものを決して受け入れはしないこと」(595a5)[11]が正しい処置であることを確認しようとする。そこでソクラテスたちはまず、詩作を直接論じるのではなく詩作という活動が属する「ミーメーシス(μίμησις)」、あるいは詩人たちが携わ

＊10　プルタルコス『アテナイ人の栄光について』346f; cf.『食卓歓談集』748a. またプルタルコスは他の著作においても、同様のことが人々によって語られてきたことについて言及している。『どのようにして若者は詩を学ぶべきか』17f–18a;『似て非なる友について』58b. 絵画と詩を比較した言葉で最も有名であるのは、ホラティウスの『詩論』に見られる「詩は絵画のように“ut pictura poesis”」というフレーズである(361. このパッセージの解釈については、Brink(1971, p.370; 1982, p.593))。これらの言葉は、絵画と詩という異なる種の類似性と差異と論じるために繰り返し引用され、とりわけルネサンスにおける美学的思想に強い影響を与えた。Lee(1967)を見よ。

る「模倣術（μιμητική ミーメーティケー）」を規定しようと、「ミーメーシスとは全体として何なのか」（595c8）という問いをまず立てる[12)]。そしてこの議論のために具体例として出すのが寝椅子（κλίνη）やテーブル（τράπεζα）などの人工物とそれらの製作者である。プラトンは寝椅子には三つの種類があり、それに応じて製作者も三者存在すると考えている。すなわち(i)寝椅子のイデアとそれを製作する神、(ii)個々の寝椅子とそれを製作する大工、そして(iii)画家と彼が「模倣製作（ミーメイスタイ、μιμεῖσθαι）」する産物としての寝椅子の絵画である。そしてプラトンは、模倣家である画家と、彼の絵画制作を批判的に検討することで、それを一部として包括する類としての模倣術を規定し、その規定を詩作術という種に適用するという議論のプロセスをとる。

ここで対話者たちは、いわゆる「イデア論」について慣れ親しんでいることが前提とされている（596b）。寝椅子のイデア[13)]は、ただ一つの「まさに寝椅子であるところのもの」（597a2, c3）、「寝椅子そのもの」（597c2）また「完全にあるもの」（597a5）と呼ばれる。ところで「ある（オン、ὄν）」、「あるもの（ト・オン、τὸ ὄν）」という表現は『国家』篇の中心巻においては存在論的な色彩を帯びていた[14)]。そして寝椅子のイデアについても職人が作る寝椅子との対比において、超越的な実在の意味合いを持たされているように思われる。実際、職人が作る寝椅子は「ある特定の椅子」（597a2, d1）「あるものに似ているような何かではあるが、あるものではないもの」（597a4–5）、さらに、この寝椅子もまた、寝椅子製作と絵画制作との対比の

＊11　Τὸ μηδαμῇ παραδέχεσθαι αὐτῆς ὅση μιμητική――このギリシア語は二通りに解釈できる。すなわち①全ての詩作はミーメーシスを専らとしており、それらは全て決して受け入れない。②詩作のうちでもミーメーシスを専らとするような種類のものは、受け入れない。詩作の産物である神々への頌歌と優れた人々への賛歌は理想国家に受け入れられているので、②が適切であると考えられる。第５章を参照。なお、μιμητικός という形容詞については、第３巻において、多種多彩な人やモノの真似にかかずらって、ひとつの仕事に専念しない人の形容に用いられている（394e）。

＊12　ミーメーシス関連用語の変遷については、第１章を参照。

文脈では「あるもの（ト・オン）」と呼ばれる（598b2）。

画家は大工という職人によって製作された本物の寝椅子を「模倣する」ので、「模倣家」と呼ばれる[15]。そして絵画制作の技術は、「あるものをあるがままにではなく」、「現れるものを現れるがままに」模倣する（598b1-4）と言われる。「現れ」という言葉が示すように、彼が模倣のモデルとしているのが、寝椅子の視覚像である。寝椅子はどのような方向から見ても寝椅子のままであるが、角度によっては違った姿に見える。彼はこの寝椅子の像によって、寝椅子の絵画を描く。こうした絵画制作についての理解は拡張され、詩作術を含んだ模倣の技術全体が、個々の事物にほんの少し触れるだけで、ただその「像」を作るだけであるといわれる（598b6-8）。模倣家とは「現れ（パンタスマ、φάντασμα, 599a3）」を作り出す人のことであり、ミーメーシスは「像」「現れ」を製作する表層的な製作活動である。神、大工、画家という構図の中で、模倣家は最も低劣な序列に位置づけられ「王と真実から離れて三番目」に生まれついていると言われている

＊13　『国家』篇中心巻の議論を経た読者たちからすると、寝椅子のイデアの存在や、それが神によって製作されるという事実に極めて奇異な印象を受けざるをえない。実際、中心巻で論じられたのは、善や美、正義など徳に関わるイデアであったので、ここでの人工物のイデアについて、解釈者たちは奇妙であると考えてきた。またこの箇所は神がイデアの生成因であるとしたプラトンにおける唯一のテクストである。そしてこれは明らかにプラトンの他のテクストと整合しない。たとえば『ティマイオス』篇では、神が世界を作り整える際に、イデアはパラデイグマとして機能するが、そのイデアは永遠的であり生成消滅しないものであるとされている。

古代において既に人工物のイデアの特殊性は意識されていて、プロクロスはここでのイデアは職人の思考におけるロゴスであるという解釈を紹介している（『パルメニデス註解』, 827.26ff.）。現代では Halliwell（2005 [1988], p.110, p.114）がここでの議論はイデア論を ad hoc に適応しているに過ぎないと考えている。他方藤沢（2014, pp.65-69）は寝椅子のような事物的（名詞的）イデアと善や美などの価値的イデアに根本的な区別はないと考える。また Burnyeat（1977, pp.245-249）も参照。初期アカデメイア派における人工物のイデアの否定については、Broadie（2007）を参照 .

＊14　477a-8a, 484c-d, 525a.

(597e6–8)。

注意したいのが、画家は個々の寝椅子を直接模倣するとは言われていないことである。厳密に言えば、模倣家が模倣するのは、何かの「現れ(φάντασμα, 598b3)」であり「像(εἴδωλον, 598b8)」である。プラトンは「像」と「現れ」、あるいは「現れるもの(ト・パイノメノン、τὸ φαινόμενον)」という用語を、絵画などの模倣活動の産物のみならず、模倣家が模倣する対象にも用いている[16)]。画家の場合、画家と個物としての寝椅子の間には、寝椅子の「現れ」「像」というワンクッションが効いており、画家は個物を直接描くわけではない。言い換えれば画家が模倣して描こうとする対象は、

＊15 画家の模倣対象として、なぜ動植物や風景ではなく、人工物が取り上げられているのか。それはAdam(1902［1903］ad loc.)が指摘するように、画家を大工よりも序列的に低く、批判的に論じるためであろう。仮に樹木が描画対象であるとしたら、イデアを製作する神と画家しか製作者は存在しなくなってしまう。その場合、画家の対象についての認識を、手仕事職人の場合と比較しながら論じることができなくなってしまう(cf. 601b–602b)。

とりわけ寝椅子と机が具体例として論じられていることについては、いくつか興味深い意見が提出されている。古代のギリシア人は、饗宴(συμπόσιον)という社交の場において、飲食を通じて交流し、貴族的なマナーを身につけ、ときに政治的に重要な問題を議論していた。そうした饗宴では、参加者たちは寝椅子に横たわり、酒や食べ物を置くテーブルを前にし、リラックスしながら話す。Burnyeat(pp.232–236)は、そうした饗宴の場で歌われる詩が、神々や英雄についての物語や、諸徳、価値観、信念、知識を伝えるものとして、言わば通貨ように知識人の間で取り交わされていたことを強調する。プラトンの『饗宴』篇は、貴族の子弟や詩人たちがエロースを順番に讃えて、意見を交わす構成を取っているおり、またそこでは寝椅子が人間関係を照らし出すためにちょっとした小道具として印象的に機能している。Else(1972, pp.36–7)は、プラトンの学園アカデメイアのメンバーたちも、饗宴で、テーブルを前に、寝椅子に横たわりながら議論することがあったと考えている。プラトンは実際に目の前の寝椅子と机を事例にしながらミーメーシスを論じていたのであって、『国家』篇のここでの議論は、そうしたプラトンの経験が反映されているという。またGriswold(1981, p.143)によれば、寝椅子とテーブルは、性欲と飲食を象徴するものである。よってそれらはそうした欲望の座である魂の非理知的部分に働きかけるものとして、模倣家が描く対象として相応しいものであるという。

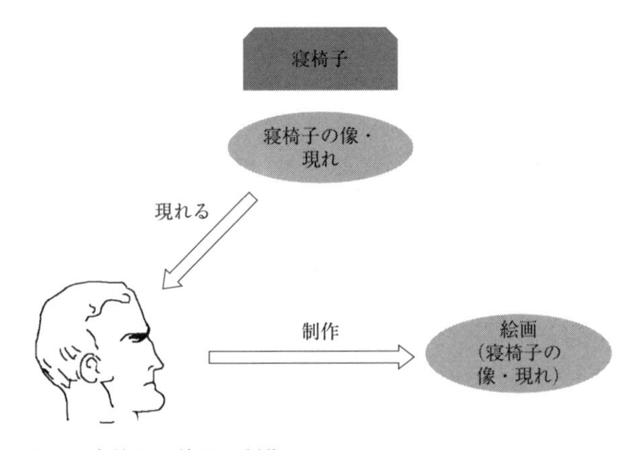

図1　寝椅子の絵画の制作

職人が製作する「あるもの」とは異なるということである。プラトンは、模倣家の認識活動があやふやであるということを、個々の事物の「ほんのわずか」（598b7）にしか触れていないこと、そしてそういったものが「像」であると述べて強調している。

それではプラトンはどうして「現れ」・「像」を模倣家と「あるもの」の間に挟み込んだのか。Vernantが報告するように、古来からの用法として、「像」という用語は何か本物であるものの代替物を表すために用いられてきた17)。像の存在はいつも、実物、あるいはオリジナルに依存し、それを

＊16　対象としては598b3, 8。産物としては599a8, d4, 600e5, 601b9, 605c2。Nehamasはこれらのテクストにもとづいて、模倣家は何かを模倣する者（imitator）と像を作り出す者（maker）の間で揺れ動いていると指摘した。第1章 pp.39–40を参照。Harte（2010, p.78）は598b3の ‘φαντάσματος … οὖσα μίμησις’ を「（対象としての）現れの模倣」ではなく、「（産物として）現れを模倣製作すること」として、模倣家を「現れ」の makerとしての側面に統一して解釈しようとしている。しかし598b8において、像は現れとときに互換的に模倣家の「模倣対象」として描かれており、これは明らかにimitatorとしての側面を記述している。もしHarteのように「現れ」は一貫して模倣家の製作物であり、モデルではない、と主張するのであれば、「現れ」と「像」が互換的に用いられることを否定しなければならない。だがそれは困難である。

＊17　たとえば、アポロンはアエネアスを戦いから救い、代わりにアポロンの像を戦場の最中に戻す（『イリアス』5.445–453）。アテナはイプティメの像を作り、嘆き悲しむ姉ペネロペのところへ送る（『オデュッセイア』4.795ff.）。cf. Vernant, pp.167–168.

見たものに対して、不在であるオリジナルなものへの関心・想起を引き起こす。これは像の重要な特徴であって、像は不在（すなわち、オリジナルの不在）と存在（すなわち、代替物の存在）の間を変動するのである。有名な例として、エウリピデスの『ヘレネ』を挙げられる。そこで「像」という言葉は、神が遣わしたヘレネの幻影のために用いられており、トロイア戦争の責任はその像に負わされ、ヘレネ本人は戦争中エジプトに匿われていたとされる（34, 582, 684, 1136）。興味深いことに、プラトンもまた像という言葉を用いながらこの逸話を紹介しており、こうした像についての一般的な理解は、プラトンも共有していたと考えるのが自然である[18]。像という概念の背後には必ず、像がそれの像であるところの——あるいは像がそれを参照するところの——「あるもの」がひかえているのである。

他方「現れ（パンタスマ、φάντασμα）」という名詞は、「見えるようなる、現れる（パンタゼスタイ、φαντάζεσθαι）」という動詞に由来している。これは、「〜であると現れる（パイネスタイ、φαίνεσθαι）」という動詞と、その名詞化された分詞で第10巻ではパンタスマと同義に用いられる「現れるもの（ト・パイノメノン、τὸ φαινόμενον）」と同族語である。英語の appear という動詞がそうであるように、パイネスタイという動詞は「〜の目に現れる」という仕方で視覚との関連でしばしば用いられる一方、「〜であるように思われる」というように心的な内容を指示することもできる。だが絵画制作の比喩において、画家は寝椅子をある特定の角度から「見る（θεᾷ, 598a7）」ことで絵画を制作すると言われる。この「見る」という表現は、画家が描画しようとする「現れるもの」や「現れ」は視覚的対象であるという解釈をサポートする。

この「現れ」とは何かという問題はそれと対置される「あるもの」とは何かという問題とも連動している。なぜなら画家の製作活動の対象となる「現れ」が、視覚的に把握可能な対象に限られるのであれば、それにもとづいて製作される「あるもの」とは目で見られる「実物」にならざるをえ

＊18　587c4.

ないからである。

したがって、「詩人追放論」において論じられる画家とは、視覚的な把握した「実物」をコピー製作する存在であるとする伝統的な解釈は、一定のテクスト的な根拠を持っている。そしてこうした解釈を強力に補強してきたのが、鏡の比喩にほかならない。

Ⅱ．鏡の比喩

さて、いよいよ鏡の比喩に解釈にとりかかることにしよう。ソクラテスは寝椅子やテーブルなどを製作する専門職人の他に、ありとあらゆるものを作り出す職人がいると考えている。

> 「というのも、この同じ手仕事職人は、あらゆる家具を作ることができるだけではなく、大地から生えるあらゆる植物を作り、またあらゆる動物を、とりわけ自分自身をも作り、これらに加えて、大地と、天空と、神々と、すべての天体と、地下のハデスにあるいっさいのものも作るのだ」（596c4–c9）

こうした職人の存在をにわかには信じることができないグラウコンに対して、冒頭で引用した鏡の比喩によって、ソクラテスは説明を続けるのである。「鏡を取って全ての方向にかざして回せ（596d8–e1）」ば、困難なく上記の全てのものを作り出すことができる。ただし、そこで作り出されるものはそのように「現れる」ものであり、本当に「ある」ものではない。この議論はそのまま画家に適用され、「画家もまたこうした職人に含まれ」、彼が作るのは寝椅子と「現れる」ものであるとされる（596e）。

絵画というミーメーシスの産物を鏡に結びつけたことはおそらくプラトン独自のアイデアではない。少なくとも詩について言えば、ピンダロスは詩が「鏡」として人間の輝かしい業績を照らすと考え、また前4世紀前半に活躍した弁論家のアルキダマスは『オデュッセイア』を「人間の生の美しき鏡（καλὸν ἀνθρωπίνου βίου κάτοπτρον）」とたとえたことは有名である[19]。これらの言葉は、鏡を明らかにポジティブな文脈で用いており、プラトンのような軽蔑的なニュアンスは含んでいない。したがって、プラトンがこれらの言葉を知っていたのであれば、彼はそれまで用いられてきた鏡の比喩を逆転的に用いていたと言える。問題は、鏡はどのような仕方でそのような軽蔑的な表現として機能しているのかである。

鏡の比喩をなるべく文字通りに受け取ろうとする場合、次の二つのことが帰結する。すなわちまず第一に、画家が描こうとする対象は鏡に映すことができるような現実の実物である。それはあくまでもこの世界に存在するものであって、画家の自由な想像の入り込む余地はない。第二に、絵画が文字通り鏡に映り込む像のようなものであるとすれば、それはモデルとしての実物を正確に投影することによって成立する。そのとき鑑賞者は、画家が視覚的に認識したものを反映した写しを、絵画のうちに見るということになる。

他方、画家が描こうとする対象とは「実物」に限らないと論じる解釈者たちは、第10巻以外のテクストを相対的に重視し、画家は鏡に映る視覚的な「現れ」以外のものも対象として描きうると理解してきた[20]。たとえば、『クラテュロス』篇においては、「男」や「女」の肖像画が言及されている(430a-31d)。こうした肖像画が個々人ではなく抽象的な人間の種類を意味しているとすれば、画家はある特定の「実物」を描いたわけではないということになる[21]。また、『ソピステス』篇においては、模倣術（あるいは像製作術）が「似像製作術（εἰκαστική）」と「現れ製作術（φανταστική）」に分割されているが、前者は原物が持つ真正な「均整（συμμετρίαι）」を作品に作

＊19　ピンダロス『ネメア』7.14; アリストテレス『弁論術』1406b12-13.

＊20　本章注7を参照。

＊21　Hallwell（2002, n.22）は、ここでは「男」や「女」のトークン、さらにはタイプが言及されているとも理解可能であると考えている。だが、この箇所で議論になっているのはあくまでも肖像画であるので、個々人の絵を想定する方が自然な理解であるように思われる。実際、430e3-7では明らかに個々人と対応する肖像画について言及している。

りこむのに対して、ほとんど全てのミーメーシスが属するところの後者は、視覚的な効果を狙って、原物を歪めて作品製作をすると言われる（235d–6c[22]）。すなわちこの箇所は、模倣家が「実物」をそっくりそのままコピーしようとしているわけではないことを示している。また『国家』篇でも、第３巻において絵画や機織り、刺繍、建築その他あらゆる製作物には「性格（エートス）」が反映されていることが述べられている（401a–d）。そしてここでの議論は明らかに、絵画を含めた文化的産物が、倫理的な影響力を有していることを示している。言い換えれば、絵画とはこうした倫理的な価値観が表現されたものであり、それは必ずしも視覚像の忠実な再現ではないかもしれない[23]。さらに第５巻では、ある種理想的な人間の像を描く画家が言及されており、彼はそのような理想的な人間が実際に存在することを証明できなかったとしても、画家として劣ることにはならないとされる（472c–d）[24]。これらの全てにおいて視覚像のコピーとは異なった形でのプラトンの絵画理解が現れているとは判断できない。むしろ以上に紹介した箇所はそれぞれ個別に解釈が必要である。だが少なくとも、画家は視

＊22　この箇所については、第５章２–３節にて詳しく論じる。

＊23　少なくとも詩については、第10巻においても、倫理的な影響力を持っていることが論じられている。Halliwell は絵画の分析が詩に適用されるのと同様に、詩の分析が絵画にも適用されうると考え、実は第10巻においても、プラトンは絵画が倫理的な価値を持つことを認めていると論じる（2002, pp.140–142）。

＊24　これはプラトンが最も肯定的な文脈で画家に言及している箇所の一つである（cf. Demand, 1975,pp. 8 –10）。他には、哲学者がイデアを認識し、それを「範型（パラデイグマ）」として用いて理想国家を建国し、人々を立派にする過程が、画家がモデルを見ながら製作活動をすることにたとえられている箇所（484c–d, 500e–1c）が非常に有名である。これらの箇所は、画家がイデアという理想的なモデルを把握して、それにもとづいて絵画を制作できることを示す根拠として引かれることがある。しかしいずれのテクストも、画家を直接論じたものはなく、画家がモデルを見て絵画制作する過程を比喩として用いて、哲学者による国家建設を説明するものである。よってこれらの箇所を根拠に、『国家』篇第10巻とは別の絵画観がプラトンにはある、とまで主張するのは無理がある。そういった解釈者たちの一覧については、Keuls（1978, pp.48–58）を参照。

覚だけでは十分に捉え切れない対象を描くことがあるとプラトンは考えていたと言ってよいだろう。

それではプラトンには、一方で視覚像をコピーするだけの絵画制作、他方で単なる視覚的対象以外のものを把握した上で描くという、「別個の絵画理解」が存在するのだろうか。もしそう主張するのであれば、第10巻の議論を何らかの仕方で限定的に理解しなければならないだろう。すなわち、第10巻における議論はプラトンの絵画理解の一側面を示しているに過ぎないと[25]。だがこうした論調は、ミーメーシス、あるいはミーメーシスの技術を全般的に規定しようとする議論の目的（595c8, 603a10）とは、異なった方向を向いてしまっていることを我々は指摘しなければならないだろう。

これに対して私は、鏡の比喩にしても、「現れ」を対象として捉えた上で別の「現れ」を生み出すという絵画制作のプロセスにしても、プラトンの基本的な絵画理解を示していると主張したい。そこで私が提案する解釈とは、「現れ」を単なる視覚像だけではなく、心的像も含めるというものである。「現れ」をそのように理解したとき、『国家』篇第10巻の議論は上に紹介したようなテクストとも十分に整合的になると私は考える。

鏡の比喩は一見したところ、画家は鏡に映し出すことができるような「実物」しか制作対象にできないことを述べているように見える。だが実際は、鏡の比喩の内部でさえ「実物」以外の描画対象をプラトンは認めている。というのも、鏡に映し出されるものとしてソクラテスが挙げている具体例に着目してみると、そこには神々やハデスの世界のことなど、およそ我々の持つ鏡では物理的に捉えることができないものが言及されているからだ。仮に絵画が鏡のようにモデルの視覚的な見かけを写しているものに過ぎないのであれば、画家が直接的に感覚知覚できないこれらの事物は極めて奇妙な具体例である。むしろこれらの題材は画家の思考によって捉えられ、絵画に作り込まれたとしなければ説明がつかないだろう。

＊25　Halliwell（2002, pp.133-142）によれば、たとえば鏡の比喩は絵画制作や詩作を貶め反論を引き出すための「レトリカルな挑発」なのであり、対話篇に通底したプラトンの正式な理論として理解すべきでないと考えている。

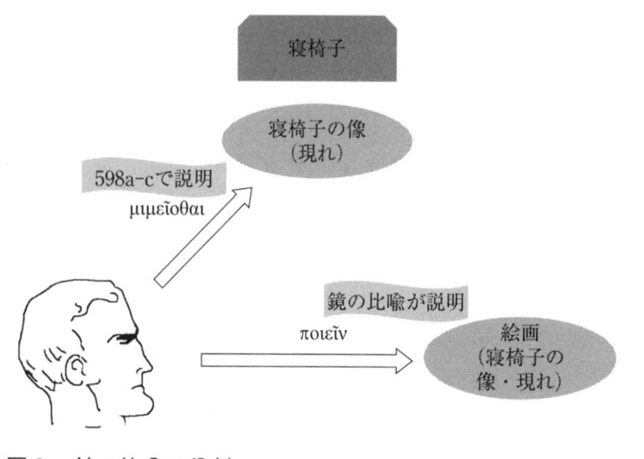

図２　鏡の比喩の役割

ここで我々は、鏡の比喩が何を説明するものであるかをあらためて確認する必要がある。従来あまり明確に言及されてこなかったように思われるが、鏡の比喩は画家の絵画制作プロセス全般を説明するための比喩ではない。それは画家が絵画を「作る」ことの説明に焦点を当てたものだ。本書で既に論じたように[26)]、『国家』篇においてプラトンは、画家などの模倣家が、絵画などの模倣物を「作る（ποιεῖν）」という側面と、ある対象・モデルを「真似る（μιμεῖσθαι）」という二つ側面を持つものとして論じている。そして両者はミーメーシスという活動の、一連のプロセスのうちに包含されるが、プラトンは模倣に関連する用語を周到に使い分けながらこれらを混同することはない。実際、「作る」系の用語は必ず、ミーメーシスの結果生まれる産物を目的語として取っており、他方「真似る」というという動詞は模倣される対象・モデルを目的語としてとっていたのであって、たとえば当然のことながら「（モデルとしての）大工を作る」、「（ミーメーシスの産物としての）絵画や詩を真似る」といったような用語法は見られない[27)]。他方鏡の比喩は、手仕事職人の一人一人が作るところの「全てのものを作る（πάντα ποιεῖ）職人」をどのように呼ぶのかという、ソクラテスの問いによって導入されている（596b10–c2）。ソクラテスは家具や植物、ハデスのことなど具体的な

＊26　第１章Ⅳ節。
＊27　第１章、pp.39–40。

事物をあげながら、その職人がまさに全てのものを「作る（596c5: ποιῆσαι, c6: ποιεῖ, c9: ἐργάζεται）」のだと続ける。このような職人の存在をにわかには認められないグラウコンに対して、「君自身ですらある仕方であればそういった全てのものを作る（ποιῆσαι）ことができる」（596d5）とソクラテスは言う。まさにその「ある仕方」こそが、鏡をぐるりとかざすやり方である。ただし、鏡を使ったやり方は「本当にあるもの」ではなく、「現れるもの」を「作る」ことに過ぎないという但し書きが加えられる（596e4）。そして画家も同じような仕方で「現れるもの」としての寝椅子を「作る」ことが同意されるのである（596e9–11）。このように、鏡の比喩は画家（そして摸倣家）の活動の製作の側面——すなわち、「あるもの」ではなく「現れ」を作るということ——を説明するためのものであった。言い換えれば、何をモデルとして把握するかという、摸倣対象の認知のあり方を説明するものではないのである。実際、画家の摸倣対象について考察が加えられるのは、598a 以降のことである。そこからは、画家が「模倣しよう（ἐπιχειρεῖν μιμεῖσθαι, 598a3）」とするものが、イデアではなく職人の製作物であること、しかも製作物の「現れ」であることであることが論じられる。言い換えれば、この段階ではじめて、画家が「模倣しよう」とする対象を設定する局面が問題となっており、その対象が現れであると固定されているのである。こうした議論の展開もまた、鏡の比喩が絵画を「作る」ことを説明するために導入されたという理解と一致する。

さて、画家や模倣家たちが「作る」ものとしてハデスのことや神々が挙げられていたが、それらは鏡に映るような「実物」ではないために、不自然な例に思われたのであった。しかし、鏡の比喩の主眼が、画家や摸倣家の特殊な製作のあり方、すなわち、どんなものでも「現れる」ものとして非常に容易に「作る」ということを説明することであるとき、これらは特に問題の無い具体例として理解できる。

鏡に映る対象を「実物」に限ろうとする思考には、鏡の比喩の説明が及ぶ範囲は、一連の絵画制作プロセス全体にまで拡張するという前提がはたらいている。すなわち鏡の比喩は、(A)画家が絵画を「作る」ことと(a)鏡に像を映して見せることの間に成立するアナロジーであるが、これに加えて、(B)画家が模倣対象を認知することは、(b)鏡を何らかの対象に向けることと類比的であるという前提が存在するのだ。もし(B)と(b)の間でアナロジーが成立するのであれば、画家が認知し設定する模倣対象は鏡に映るような事物であると理解する方が自然であろう。だが実際は、鏡の比喩はあくまでも画家が「作る」方法を説明するためのものであり、(B)のための議論ではない。むしろそこで言及される具体的な事物は、多くの画家によって「鏡をかざす」ように「現れ」として制作されてきた様々な絵画作品を念頭に置いて言及されたものに過ぎないだろう。だから、この比喩を通じて、絵画に描かれる対象を「実物」に制限しようという意図はプラトンにはないのである。

では画家はどのようにして神々やハデスのことを認識し模倣対象として設定することができるのか。それは視覚に限らない思考上の認知、言わば「心的に思われるもの」あるいは「心的像」に基づいて、それらの絵画を制作すると言うべきではないだろうか。寝椅子の絵画制作では、画家は視覚的に個物の寝椅子を見て、その「現れ」を模倣するということが言われていた。私の考えでは、その「現れ」とは心的に「思われ」ることでもある。このことは、錯覚によって引き起こされる魂内部での認知的な葛藤について、プラトンが行った分析からテクスト的に支持される（602c–603b）。まっすぐな棒は水中に入れることによって曲がって見えるが、こうした「現れ」によって引き起こされる視覚的な混乱を利用して、画家たちは陰影画などを描く。対して、我々の魂のうちの理知的な部分は、測ったり数えたり秤にかけることによってこうした錯覚に対抗しようとする。にも関わらず、プラトンは次のような認知的な葛藤が起こると述べている。

「ところが、この理知的部分が、測定の結果として（μετρήσαντι）、あるものが他のものよりも大きいとか、小さいとか、等しいとか告げているのに（σημαίνοντι）、その同じものが同じときに、測定と反対に現れる（φαίνεται）ことがしばしばある」（602e4–6、藤沢訳を改変）。

だがこうした事態において、「同じものが同じものについて同時に反対の判断を持つ（δοξάζειν）ということは、不可能」（602e8-9）であるので、「測定に反した判断をもつ（δοξάζον）ような魂の部分は、測定と一致した判断をもつ部分とは、同じではありえない」。したがって、同一のものについて同時に相反する判断が可能になるように、プラトンは魂を分割することになる。魂の分割についての解釈上の困難をひとまず措けば[28]、ここでプラトン「現れる」という認知を、「判断をもつ」という認知に言い換えているように見える[29]。この点について考えてみよう。魂の理知的部分は測定するだけではなく、「あるものが他のものより大きいとか、小さいとか、等しい」ということを告げるのであると言われている。このことは、あるものが大小などの属性を持っているという、言わば命題を含んだ判断

＊28　この箇所では魂が理知的部分と非理知的部分の二つに分けられているが、第4巻では魂が理知的部分、気概的部分、欲望的部分に分けられる、いわゆる魂三区分説が論じられていた。Nehamas（pp.64-66）は第4巻における理知的部分が、この第10巻でさらに二つに分割されているという解釈を提案するが、これは説得的でないと思われる。Halliwell（2005, pp.134-135）、さらにはLorenz（2006, ch.5）を参照。

＊29　Ganson, pp.182-185。ただしGansonの想定では、ここでプラトンは真理志向的な判断ではなく、感覚知覚に起因して動物や幼児でも持てるようなごく単純な信念のことを言及している。

ただし、少なくとも摸倣家の製作物としての像の性質については、それが現れるものであり、かつ心的な判断内容として「思われる」ものであると描かれていると言える。すなわち、画家はモデルとして靴作りを取り上げる際、「靴作りであると思われるもの（σκυτοτόμον δοκοῦντα εἶναι, 600e7-601a1）」を作ろうとすると言われている。この記述は、598b-cにおける画家が大工を描いた場合の議論を振り返ったものであり（600e6-7）、そこでは画家は観衆に大工であると思われる像を描くとされていた。つまり、これらの箇所では、鑑賞者にとって、絵画が像として視覚的に現れるものでありながら、思われるものとしても言い換えられている。言い換えれば、像が視覚的に現れることは、信念・判断として心的に思われることとも連絡しているのである。もしもこうした事態について、像がそれを認知する主体に対して引き起こす基本的な性質として認めることができるのであれば、摸倣家がモデルとして認知する像についてもまた、知覚的に把握することは心的に把握することと連絡していると言える。

内容までも、理知的部分が担うことができることを示していると思われる。他方、魂の非理知的部分が担う認知が、こうした理知的部分の行う認知と、「判断をもつ」という仕方で同列に論じられるようなものであれば、この認知もまた命題的内容を含んだ判断であると言える。もしそうであるとするならば、「あるものが他のものより大きいとか、小さいとか、等しい」という判断を含んだ魂の理知的部分の認知と並べて語られるところの、「現れる」という魂の非理知的部分の認知は、「あるものがより大きいとか、小さいとか、等しい」などといった、認知対象についての命題的内容までも含んだ知覚判断であると言うべきである。つまり、ここでの「現れる」という語は、単に感覚対象が目に映るというよりは、認知対象についての心的判断も含みこんだ認知の状態を指しているのである。だからこそ、「現れる」は「判断をもつ」というふうに、心的な言葉によって言い換えられうるのだと思われる。

もっとも、当該の箇所は模倣家が働きかける観衆の魂について論じたものである。すなわち、模倣家は魂の測定する部分、すなわち理知的部分ではなく、そうした測定に反した判断を持つ非理知的かつ低劣な部分に働きかけるように、模倣物を生み出すといわれる。この模倣物は観衆に「思われ」るという仕方で、彼らの心理に影響を与えるだろう。この点については次章で論じる。私がここで強調したいのは、こうした議論は、「現れ」が人間の心理一般に対して引き起こす作用についての分析によって導かれている以上、その分析自体は「現れ」を認識する際の模倣家の心理にも適用されうるということである。

画家がモデルとして認識する対象に視覚的像のみならず「心的に思われるもの」を含めることができるのであれば、「**ある**もの」と彼が認識する「像・現れ」の関係を、実物と視覚像として理解する必要もなくなる。なぜなら神々やハデスの世界、あるいは「山羊鹿」(488a6) のような架空の生物なども、視覚的に見なくとも心的に思い浮かぶことがあれば、画家は——我々の常識からすれば当然のことだが——それらを描くことができるからである。模倣家と本来のモデルとの間に「像」という存在をプラトンがあえて挟み込んだ理由はここにあると思われる。すなわち、結局のところ画家も含めた模倣家は、「あるもの」に直接関わることがなくとも、模倣製作に携わることができるのである。像が像であるためには、あくまでも「像がそれの像であるところのもの」という存在を想定することができれば十分であり、その存在が現実に存在しないという事実は像の成立を防げないのである。

Ⅲ．絵画と騙り

次に、我々は絵画が鑑賞者にどのようにはたらきかけ、鑑賞者は絵画に対してどのように接しているのかを考察する。端的に言えば、画家は絵画によって鑑賞者を「騙す」のだとプラトンは考えている。だが問題ははたしてどのような意味でそのような騙りが行われていると理解できるかである。その解釈によっては、プラトンの絵画に対する批判的考察の深刻さや、彼の議論の妥当性が大きく左右されることになる。

画家は寝椅子の「現れ」を模倣して、その「現れ・像」としての絵画を制作することが確認されると、今度は鑑賞者に論点が移る。すわなち、鑑賞者は像と「あるもの」の取り違えるのだという。画家が優秀でさえあれば、子どもや愚かな大人に大工の絵を見せて、それが本当に大工であると思わせ、騙すことができることすらできるのだ。

> 「我々の主張では、たとえば画家は、我々に靴職人や大工、その他職人たちを描いて見せるが、そういった技術の何一つ知ってはいない。にもかかわらず、もし優れた画家であれば、大工を描いて遠くから見せて、それが本当に大工であると思われることによって（τῷ δοκεῖν ὡς ἀληθῶς τέκτονα εἶ-ναι）、子どもたちや無思慮な大人たちを騙してしまうだろう」（598b8–c4）

画家が絵を描くことで、その絵が「本当に大工であると思われること」ということ、あるいは子どもや無思慮な者を「騙す（ἐξαπατεῖν）」とは一体どういう事態であるのか。Shorey や Cornford の翻訳に見られるように、多くの解釈者たちは、ここでは鑑賞者が大工を描いた絵画を実物の大工であると取り違えてしまう状況が描かれていると考えてきた[30)]。すなわち像である絵画が、「実物」としての〈あるもの〉だと勘違いされるという状況である。たとえ極めて写実的な絵画であってもそれが実物と取り違えるとは、なかなか想像できない事態である。だが、Murray はプリニウスを引用しながら、最も優秀な画家の作品はこの上なくリアルであるということは当時の「一般的見解」であるとして、この解釈を擁護している[31)]。もっとも、たとえどれだけ精巧なものだとしても、絵を本物と間違えさせるような騙し方は、まさしく子ども騙しで、深刻に問題視する必要があるようには思われない。

こうした解釈に対抗する形で、Belfiore は次のように論じた[32)]。芸術作品が観客に誤りを起こさせるケースは二つに分類される。一つは存在論的な意味での誤りのケースである。これは偽物・コピーと本物・オリジナルを間違えるような場合であり、子どもが演劇の役者を本物の登場人物だと思い込む例を挙げられる。大工の絵画を本当の大工と勘違いする事態を念頭に置く解釈は、この存在論的な誤りのケースを想定している。これを A 解釈と呼ぼう。他方、もう一つの解釈では、真理性にかかわる(veridical) 誤りのケースが想定されている。これはある芸術作品が、道徳的、科学的、歴史的な事実や真実に対応していなかったり、十分に含んで

＊30　Shorey, "…but nevertheless if he were a good carpenter, by exhibiting at a distance his picture of a carpenter, he would deceive children and foolish men, and make them believe it to be a real carpenter."

Cornford, "…and yet, if he were a good painter, he might deceive a child or a simple-minded person into thinking his picture was a real carpenter, if he showed it them at some distance."

＊31　Murray (1997), p.200. プリニウスは『博物誌』(35.65) において、ゼウクシスとパラシウスの絵画競争という有名な逸話を伝えている。ゼウクシスが描いたブドウには、鳥たちがやってきた。勝利を確信していたゼウクシスが、さあカーテンを引いて絵を見せよと要求すると、それはパラシウスが描いたカーテンの絵であったという。Cf. Pollitt (1974), 63f.

いない場合に生じる誤りである。たとえば、創作に満ちた時代小説を歴史的に正しいものだと信じてしまうケースを挙げられる。これをB解釈と呼ぼう。Belfiore自身はB解釈を採っているが、これは議論が置かれたコンテクストに一致するように思われる。実際、598c1での「にもかかわらずὅμως」という表現は、直前にある、画家が諸々の技術について理解していないのに、それらを用いる職人たちを描くという記述に対応している。「にもかかわらず」、子どもたちや無思慮な大人たちが騙されるのであれば、直前の記述とは矛盾したことを彼らは信じていなければならない。すなわち、画家が諸々の技術について理解しているのだと。なぜそう信じるのか。描かれた大工が実物の大工だと子どもたちが信じるのではなく、その大工の絵画が、大工の技術について知っていなければ作り出すことが難しいほど、精巧に描かれているからである。この解釈は要するに、大工を知らないような人にとって、絵画の大工がもっともらしく、あるいは大工について理解を深められるほど「リアル」に思われてしまうということである[33]。このような絵画を描ける人間こそが、ソクラテスが言う「優れた画家」である。

私もまたB解釈を採る。すなわち画家は絵画によって鑑賞者を存在論的にではなく真理性において騙すのだと考える。だがB解釈にはいくつかの難点が指摘されており、それに対して応答する必要がある。その作業を通じて、この解釈の特徴や意義もまた明らかになってくるだろう。

＊32　Belfiore（1984）. Belfioreの論文を引いていないが、Burnyeat（1997, pp.302–305）の主張も同じものであると考えられる。彼は当該箇所を次のように翻訳している。“…But, nevertheless, if he was a good painter,he might have painted a carpenter which he displays at a distance, and he might deceive children and foolish persons by its seeming to be a real carpenter.” 彼によると、「‘by its seeming to be a real carpenter’ は騙す内容ではなく、騙すための手段を示している」（p.303）。すなわち、絵画をあたかも本当の大工に見せることではなく、リアルな大工を見せた上で、自分が大工の技術を知っていると騙すのが、この箇所のポイントである。近年ではMoss（2007, pp.422–423）が同じ立場を採っている。

第一に、絵を「遠くから（πόρρωθεν）」見せるという表現が問題になってくる。「遠くから」見せることが、大工の絵画を本当に大工に見せるためにどうして有効なのか。それは、非常に離れた距離が原因で絵画と実物の区別がつかなくなるという状況を想定するのが自然に思われるかもしれない。したがってその場合、鑑賞者は絵画と実物の取り違えという存在論的な誤りを犯していることになる。だが、この表現の問題についてはBurnyeatの議論によって解決できるだろう[34]。まず素朴に考えて、「遠くから」という表現は、鑑賞者から絵画までの距離が（たとえば数十メートルも）非常に遠いことを意味するわけではないだろう。なぜならもしそのような距離を想定した場合、鑑賞者にとってそもそも絵画が何を描いているかが判然としなくなってしまうからである。よってここでの「遠くから」というのは、絵画と実物が判断つかないほど遠くという意味ではなく、602d3で言及される陰影画（σκιαγραφία）のように、立体感を感じられる適切な距離——当時、多くの絵画は室内に置かれていたと推測される——であると考えるのが妥当である。さらに『ソピステス』篇では、『国家』篇におけるここでの記述をほぼそのまま引き受けた形で、画家は「年端のいかない子どもたちの中でも無思慮な子たち」を騙して、「自分は何でも望むものを実際に（ἔργῳ）作り上げる」と思い込ませると言われる（234b）。ここで騙される内容とは、あるものの絵画を見ることで、画家がその絵画に描かれている実際のものさえも作る能力・技術知を持っていると思えてしまう、ということである。したがって『ソピステス』篇と『国家』篇が、画家の欺きについて同じような事態を描写しているのであれば、騙される内容も一致していると考えるべきである[35]。

＊33　テクストでは子どもや無思慮な大人たちにとって、「本当に大工であると思われる」とされており、絵画制作の文脈でも「現れる」と記述されていないことに注意したい。これは「本当に大工である」というのは心的な判断であり、実物とコピーの取り間違えという、視覚的な誤り、つまり実物と絵画の取り違えを説明しているわけではないことを示唆している。δοκεῖν の同様の用例は、600e7。

＊34　Burnyeat, ibid.

第二に、B解釈の困難として指摘されているのが、画家によって騙される対象が子どもや無思慮な大人に限らず、それ以外の多くの思慮深い大人にまで拡張するのではないかという点である[36]。教養ある人の中には、たとえばジョルジュ・ラ・トゥールの《大工聖ヨセフ》における大工の肉の付き方、精巧に描かれた工具や、工房の雰囲気を見て取って「これこそが大工の真の姿である。この画家は大工の技術をよく知っているからこういった作品を作り出せるのである」と思う人もいるだろう。このように、画家の騙りを真理性の点で理解すると、プラトンのテクストに反して思慮深い大人でさえ画家に「騙される」こととなってしまう。他方で、騙りが存在論的な点で行われているとすれば、このようなテクストとの齟齬はなくなるだろう。少なくとも、子どもや無思慮な大人ではない人、言い換えれば、まともな大人であれば、絵と実物を取違えて、存在論的な誤りを犯すとは思われないので、A解釈の方がテクストに沿っているように見える。だが、このような推論でA解釈を採った場合、画家によって騙される「子どもたちや無思慮な大人たち（παῖδάς τε καὶ ἄφρονας ἀνθρώπους）」についてある想定が働いていることに注意したい。すなわち、A解釈は「子どもたちや無思慮な大人たち」をほとんど年端もいかない子どもと、そうした子ども並みの認識能力しかもたない、大人であると理解している。だがこれでは非常にトリヴィアルな議論をプラトンが展開していることになってしまう。なぜなら、A解釈を採ると、画家に騙されるのは幼い子どもと、ごく例外的な極めて愚かな大人だけになってしまい、こうした例外的な事

＊35 「遠くから」という表現について、Else（1972, p.38）は三つの選択肢を提示している。すなわち、この「遠くから」は、⑴実物と模倣物の距離（597e3, e7, 598b6などで言われる、「真実」を基準にした存在論的な距離の違い）、⑵模倣物と鑑賞者の距離、⑶実物と鑑賞者の距離（実物を認識する能力の欠如から生じる、認知的距離）の可能性があるという。これまで模倣物がイデアから遠く離れているとは言われていたが、実物と模倣物の距離が遠いことは特に論じられてこなかったので⑴は文脈上唐突に見える。また⑶についても、認知力の欠如を距離の遠さとして比喩的に理解するのは、やはり唐突な印象を受ける。

＊36 Janaway（1991）, p.7.

例によって、模倣家が規定されていくということになってしまうからである。直後の記述において、「全てのこのような人々」(598c6–7) によって、模倣家が知者だと思い込まれていることが確認されているが、A 解釈を採ると、「全てのこのような人々」はごく小さい子どもや特殊な大人だけしか指示しないこととなり、模倣家はえせ知者であるにも関わらず信奉されているという議論は、こうした例外にもとづいたものになってしまうのである[37)]。

そこで我々は、「子どもたちや無思慮な大人たち」と言われるとき、具体的にどのような人々が念頭に置かれているかを確認する必要がある。『国家』篇において、プラトンがある人々に対して「無思慮な (ἄφρων)」という形容をするとき、それはごく一部の知的に極めて劣悪な人間を指しているわけではない。むしろより一般的に、ある技術に長けていなかったり、まだ十分に教育を受けていなかったりする人々が想定されており[38)]、また我々人間の大多数はその形容に当てはまりうる[39)]。他方、対照的に「無思慮な」の対義語である「思慮ある (φρόνιμος)」という形容詞は、ある特定の技術に長けている人[40)]、あるいはごく少数の賢明な哲学者や知者たちに用いられる[41)]。さらに、第10巻においても「思慮があり平静を保つ性格」とは「常に自己と一貫性を持ち」、詩劇において模倣して描き出すのが簡単ではなく、たとえ模倣したとしても劇場に集まってくる種々様々な人々にとっては理解しづらいと言われる (604e)。というのも、そうした模倣は彼らにとって「他人ごとのような経験 (ἀλλοτρίου πάθους)」だから

＊37　Halliwell (2002, pp.134–136) は、当該テクストにおいて、画家は子どもと無思慮な大人し̇か̇騙せないという、アイロニカルな議論が展開されているのだと考えている。だが、詩人はより多くの大衆から知者の評判を得ているとプラトンが考えていたのは明らかであるので (598d–599a; cf.『弁明』篇22b–c)、A 解釈を採ると、絵画についての議論と詩についての議論の間で断絶が生じる。

＊38　349e3, 5, 6; cf.『リュシス』篇210d7

＊39　586c3; cf.『クラテュロス』篇386b12, c4.

＊40　349e3, 4, 6, 521b8.

＊41　412c12, 583a5, 583b4; cf.『パイドン』篇62e6.

である。反対に、多彩で高ぶらせる性格の方が模倣しやすく、大衆の好評を得ることができる（605a）。要するに、プラトンが言及する無思慮な人々とは、少数の哲学者と対比されるような、大多数の非哲学的な人々であり、模倣家の中でも詩人たちはこういった人々を喜ばすような詩作を行うのである。同様に画家によって騙される無思慮な大人とは、こうした大衆のことを指しているように私には思われる。そのように理解すれば、プラトンが例外的な事例にもとづいてトリヴィアルな議論を展開しているというA解釈の問題を回避できる一方、ここでのプラトンの画家の分析には、非常に痛烈な批判が含まれてくることになる。なぜなら、大多数の大衆は画家に騙される「無思慮な大人たち」であるとプラトンに見なされているからだ。卑近かつ具体的に言うとすれば、新聞の挿絵に政治の真実を見る一般の人々から、《大工聖ヨセフ》に大工の何たるかを見出す「教養人」にいたるまで、プラトンにとっては、無思慮な大衆の一部に過ぎないのである。もしこの解釈が正しければ、ここで言及されている「子どもたち」は絵画と実物の区別もつかないような年端もいかない子のことではないだろう。むしろ理想国家において、守護者になるべく教育を受けなければならない「無思慮な若者（ἄφρονάς τε καὶ νέους, 378a3）」のような人々を指していると思われる。いかなる「子どもたち[42]」も、まだ十分に教育を受けていないがゆえに哲学者と呼べるような存在ではなく、大衆と同様、極めて優れた画家の手にかかれば、絵画の鑑賞において真理性において誤りを犯しうるのである。

B解釈の第三の難点は、必ずしも全ての大工の絵画において、大工の技術が誤って描かれているわけではないということだ。言い換えれば、画家は大工の技術を知らなくとも――たとえば大工のマニュアルの挿絵のような形で[43]――大工を満足させながら、大工の技術をリアルに描き上げることができる。この場合、無知な画家によって描かれた絵画によって、鑑

＊42　『国家』篇においては、ムーシケーや体育、数学的諸学を受ける若者たちは、「子どもたち」とも呼ばれる。

＊43　Janaway（1991）, p. 7.

賞者は大工の技術について真理性において正しい判断を下すことも十分ありうる。そのとき、このような画家は模倣家として糾弾されるべきではなく、むしろ国家において有為な存在であると我々は考えるだろう。

このような技術を正確に伝える「善い絵画」、あるいは国家における「善い模倣家」を直接論じるテクスト的な根拠は第10巻の議論にはない。ここでの難点はむしろ、そういった「善い絵画」がありうるだろうという我々の通念にもとづくものである。そしてこの難点を指摘する論法は、次のようなものとなっている。すなわち、もし「善い絵画」が存在するとすれば、B解釈はそうした「善い絵画」を認めていないと思われるので、プラトンの議論は絵画の役割を適切に理解していないことになってしまう。他方、A解釈は絵画の有益性には無関係なものなので、プラトンの議論の妥当性を守るのであれば、A解釈の方が望ましいのである。しかしながら、仮にA解釈を採り、当該テクストにおいて「善い絵画」の可能性を保留したとしても、別の箇所で同じような問題を抱えることになる。というのも、画家が職人たち技術者の知識にもとづいて創作することは、明確に否定されているからである。

実際、ソクラテスたちは、模倣家が対象とする事物についてどのような認知状態にあるかを、道具の使用者とそれを作る職人との対比で次のように述べている（601c–602b）。すなわち、馬の手綱や馬銜（はみ）などそれぞれのものについては、使うための技術（χρησομένη τέχνη）、作るための技術（ποιή-σουσα τέχνη）、模倣するための技術（μιμησομένη τέχνη）という三つの技術がある。アウロス吹きと楽器職人の関係がそうであるように、使うための技術を持った使用者こそが、それぞれの製作物に最も熟練しており、彼は製作者にどの点で善くできていて悪くできているのかを告げる人となり、製作者の方はそれに従う[44]。このとき、アウロス吹きはアウロスの善し悪しについて知識（ἐπιστήμη）を持っているのであり、職人の方は彼と交わり話を聞くことで、正しい信念（ὀρθὴ πίστις）を持つことになる。だがそうした対象を描く模倣家については、描く対象についての知識を持ちあわせていないし、それを職人から教わることもないと言われていた。それどころか、職人たちですら知識を持っているわけではなく、使用者によって指示されることによって、正しい信念を持つのみである[45]。これが事物の実践知についてのプラトンの基本的な理解だとすれば、職人の技術知にもとづいた「善い絵画」を想定するのは不適切であると思われる。したがって、A解釈を採った場合でも「善い絵画」の可能性を否定するこうしたテクストについて説明しなければならない。他方B解釈は、模倣術を批判する文脈でプラトンは断じて「善い絵画」を認めてはいないとすることで、主張の一貫性を保つことができる[46]。

以上がB解釈を採った際に想定される主要な批判に対する応答である。この解釈を採った場合の最大のメリットは、プラトンが絵画制作の分析にもとづき、模倣家やミーメーシス概念を規定すること、そしてその規定を詩作の分析に当てはめるという議論のプロセスを一貫したものにできることである。

実際、直後の箇所では、画家が行う騙りについての分析が模倣家一般に適用されているが、その適用は、画家の騙りが真理性において行われていると理解してはじめて妥当なものになる。

「もし誰かがある人について我々にこう告げたとする。すなわち、彼はあ

＊44　使用者こそが最も道具に熟練していて、知識を持つ理由は、「道具や生き物や行為それぞれの徳や美しさと正しさは、他ならぬ使用に関わっており、その使用のためにそれぞれのものは作られたり、生じたりしている」(601d4–6) からである。だがそもそも、ものや行為の成立を使用との関係で理解する根拠は、ここでは特に述べられてはいない。関連する箇所として事物の徳（優秀性）とその機能・はたらき（ἔργον）の関係が352e–353eにおいて議論されている。すなわち、それぞれのものには「ただそれだけがあるいは、他のなによりもそれが最も立派に果たすというはたらき」(353a10–11) が定まっており、それに応じて徳が存在する。あらゆる製作物は機能を果たすべく作られており、その機能は使用の際に最も良く果たされるという前提がここでははたらいているかもしれない。

当該箇所が、ある種アリストテレスの議論の先取りであることは、注解者たちが指摘する通りである（cf.『ニコマコス倫理学』1094a1–18; Murray (1997), Halliwell (2005), ad loc.）。

らゆる職人技術や、ひとりひとりが知っている他のどんなことでも知っており、何においても極めて正確に知っている、そのような人間に自分は出会ったと。そのような人にはこう返答すべきなのだ。君はお人好しの人間で、どうやら何か魔術師や模倣家に出会って騙されたようだ。だから君には全知の人であると思えてしまったのだね。というのも君自身は知識と無知と模倣を区別することができないのだからね」(598d7-d6)

ここでは、あるお人好しの人が、一種の「魔術師(γόης)」や模倣家に騙されてしまい、その人を「全知の人(πάσσοφος)」――むろんこれは皮肉が込められている――であると思い込んでしまっている事態について述べられている。「魔術師」という表現は、『国家』篇第2巻において既に見られる(380d1, 383a3)。そこで引用されているアイスキュロスやホメロスにおいては、神々は魔術師のように変身し、我々を「騙しては魔術をかけ(ἐξαπατῶντες καὶ γοητεύτες, 381e10)」、自分たちがあらゆる様々な姿で現れるよう思い込ませる存在として描かれている。そこでの魔術師の特徴は、(1)何かを別の姿に見せて、(2)誰かを騙すということであり[47]、上のテクストでも、模倣家が(1)′自分自身を技術や諸々のことについて知っていると見せて、

＊45　先には、職人はイデアを見ると言われていたが(596b)、ここではなぜか知者としての資格が認められていない。前者のケースについては、寝椅子のイデア、実際の寝椅子、寝椅子の絵画という製作物の存在論的序列とそれぞれの製作方法についての議論であったが、ここではアウロスや馬具などを例に、存在論的に同じものについての認識論が語られているので、そもそも議論の焦点が異なるのは間違い無い(cf. Annas(1981, p.337). Halliwell(2005, p.129)の言う「最も経済的な説明」によれば、先においては事物それ自体の知識が問題となっていて、ここでは事物をどのように行い、使うかという実践知について論じられている。ただこの場合でも、職人が馬具とは何かを知りながら、どうして馬具の良し悪しを知りえないかは不明である。

いずれにしても、どちらの議論においても、模倣家が知者としての性格やその評判が剥奪されている点では共通している。

＊46　これが模倣家についての議論の基本線であるが、実はプラトンは、国家にとって必要かつ善い模倣物や模倣家が存在することを(第10巻においてですら)例外的に認めているように思われる。これについては、第5章で論じる。

⑵′お人好しを騙して信じこませていると言われている。ここでの模倣家についての議論は、模倣家の種である画家の議論を経て導出されている以上、優れた画家による大工の絵画制作とは、⑴″自分自身を大工技術について知っているように見せて⑵″「子どもたちや無思慮な大人たち」を騙して信じこませる作業であると、あらためて理解できよう。大工の技術とは、それを知らない愚かな大多数の人々にとって、画家がその知を持っていると装うことができることの一例なのだ。A解釈のように、「実物」と絵画を騙して取り違えさせるだけでは、画家は大工の技術について知っていると認められることはないだろう。

模倣家はあらゆることがらについて、知を持っていると見せかけることができるとプラトンは考えていた。それでは、どうして人々はそれを信じてしまうのだろうか。プラトンはこの点について、ここまでの議論を詩人に適用しながら説明している。

Ⅳ．知識の剥奪

摸倣家が様々な事柄に知を持っていると、人々が判断してしまう際の思考について、プラトンは、典型的に知者とされてきた詩人を例に次のように述べている。

> 「それでは」と私は言った、「この次に悲劇と、悲劇の指導者たるホメロスを吟味しなければならない。ある人々から我々がこういうことを聞いている以上はね。つまり、これらの詩人たちはあらゆる技術を、また徳と悪徳に関する人間のことすべてを、さらには神のことまでも知っている。というのもすぐれた詩人は、トピックが何であれ、それについて立派に詩作しようとするならば、知識を持った上で詩作するのが必然だ。さも

＊47　また602d3では陰影画がそのような魔術的力を持っているとされる。本書pp.147-148を見よ。

なくば詩作は不可能なのだから」(598d8–e4)

詩人が何らかの事柄を詩で立派に語るのであれば、その何かについて知識を持っていなければならない、そしてホメロスがあらゆることについて詩作しているのであれば、彼は最高の知者である。こうした考え方は、当時のギリシアにおいて特別なものではなかったが[48]、プラトンはこれに批判を加えている。議論を簡単に再構成すると次のようなものとなる。

(1) 詩人たちはXについて立派に詩作する。
(2) Xについてよく知ることは、Xについて立派に詩作することの必要条件である。
(3) したがって、詩人たちは、自分たちが詩作するどんなことについても、知っている。

プラトンは(1)については否定していない。むしろホメロスは批判するには躊躇を禁じることができない敬愛の対象であり(cf. 595b–c)、詩人の中でも最上の詩人たる(ποιητικώτατον, 607a2)存在である。彼が受け入れないのは(2)である。すなわち、鏡の比喩などの絵画制作の吟味を通じて、模倣家が作るものは「現れ」にすぎず、真実を知らずとも容易に作れるものがわかっている。したがって模倣家である詩人もまた、知識を持たない事柄についても詩作ができるはずである(599a)。

本当に詩人は知識を持たずに詩作をしているのか、これについてプラトンは二つの論証を行っている。第一の論証は、詩人が知を持っていないことを論じたとりわけ重要なテクストであるので、そのまま引用する。

＊48 類似した推論は、『イオン』篇536eff.に見られる。そこではラプソドスのイオンが、自分は知識が持っているがために、詩を立派に物語ることができると考えていることが示唆されている。

クセノポン『饗宴』4.6では、登場人物のニケラトスが、ホメロスは最高の知者(σοφώτατος)であり、彼の詩には人間に関わる全てのことが描かれているという見解を披露している。

「それでは、もしある人が模倣される対象とその像と両方作ることができるのであれば、その人は像の製作に懸命になって身を捧げ、これを最上の所有物と考えて、自分の生の前に打ち立てるだろうと、君は思うのか」
「いいえもちろん」
「私が思うにむしろ、いやしくも彼が自分の模倣する対象について本当に（ἀληθείᾳ）知っているのであれば、模倣物よりは実際の事柄にいっそう懸命になるだろう。そして立派で優れた業績を自分の記念碑として残そうとし、讃える人であるよりは讃えられる人であろうと努めるだろう」
「そう思います」と彼は言った。「名誉ももたらされる利益も比較になりませんから」（599a7–b8）

模倣対象について知る者は、像よりも実際の模倣対象の方が貴い以上、像製作ではなく模倣対象に直接関わる活動に没頭する。よって像製作に向かうのは、模倣対象に知識を持っていないからである。詩人の無知についてのこのあまりに簡潔な議論は、疑わしくかつ強引なものであると、解釈者によって考えられている[49]。なぜなら「プラトンには、詩作がこのような明白に低い価値の活動であると仮定する正当性は無く[50]」、「ある活動を芸術作品に描写するよりも、実際の活動の方を人が好む理由が明らかでない[51]」からである。なるほどたしかに誰かがある技術について知識を持っていながらも、詩作や絵画制作は重要な活動であると判断して、それに従事することがあるかもしれない。

二つ目の論証も同様に疑わしいとされており、それは次のようなものである。もしホメロスやヘシオドスが、医術や統帥術、政治術について知を持っていたら、そのような分野で成果をあげ、教師として引っ張りだこになり、優秀な弟子を残したはずである。だがそのような事実は伝わってはいない。それは、彼らが知識を持っておらず、実際は役立たずだったから

＊49　Janaway (1998), pp.138–139; Halliwell (2005), p.122.
＊50　Janaway, ibid.
＊51　Halliwell. ibid.

なのだ（599b–600e）。この議論はあまりにも少ない経験的な事実や伝聞に基づいたものに思われるため、やはり不十分に感じる。医術や政治に十分な技量を持ちながら詩作に生涯を費やした例外的な詩人がかつていたかもしれない[52]。

だが、解釈者たちはある基本的な点を見落しているように思われる。それは、詩人が関与するものとして比較して論じられているのは、ある特定の「模倣対象」とその「像」であるということだ。言い換えればここで問われているのは、ある詩人が詩作術に長けていながら他の技術についても同時に知識を持っているとき、彼は詩作術に向かうか否かという問題ではない。正確には、個別的なケースが問題になっているのであって、ある技術について知識を持ちながら、まさにその技術についての詩作を行うか否かである。実際、「詩人たちのうちでも医術に長けており、ただ医者の言葉を模倣するだけではない者」（599c1–2）が知識と模倣術の両立の具体例として挙げられており、そこでは具体的な技術（の行使）とその描写が念頭に置かれている。対して、詩作術などの模倣術と他の技術が、技術という身分において相互に比べられるのは、600c–602b における使う技術、作る技術、模倣術の比較においてである。

この比較対象を厳密に捉えたとき、詩人が知識を持っているならば像製作には向かわないとされるときの根拠――実際の事柄の方が模倣物よりも立派で優れた業績である――は、一般的な技術行使の成果と詩という表現作品を比べたものではないと理解できる。むしろ比べられているのは、ある特定の技術行使の成果とまさにその技術行使についての詩行――もっともそうした詩行の集積として、様々な内容を内包した詩全体があるのだが――である。つまりここでは、医者の医療行為・言論かそれを模倣した言葉のどちらが有益で立派なのかが問われているのであって、人は医者とホメロスのどちらになるべきかが問題となっているわけではないのだ[53]。医者が医術の知識を持って、患者を治し後進を育てることと、そうした様子

＊52　Janaway, ibid.

についての個別的描写（詩作品そのものではない）のどちらが後に残す業績として優れているのか、答えは明白である。医者が医療行為を通じて患者を治し、正確な知識に裏付けされた言論によって後進を育てることの方が、医者を真似た言葉を語るよりも、名誉と有益さにおいて比べ物にならない。なぜなら、医者を真似た言葉は、医者のように患者を治したり優れた医者を育てたりしないからだ。

第二の論証は独立的ではなく、こうした議論の延長線上に位置している。すなわち、模倣対象と像の両方を作り、実行できる者がいるならば――技術知をもった詩人ならば――、模倣対象の方が業績として優れているがゆえに、模倣対象である技術の行使を通じて徳ある人物の育成を行ったはずである。しかしホメロスやヘシオドスなどの偉大な詩人ですら、そういった業績は伝わってきてはいない。したがって、彼らはやはり模倣対象についての知識が無かったということになる。

また、プラトンが詩人に対して要求している知識とはある種厳格なものであることを付け加えておこう。それは、彼が模倣対象について単に知るではなく、「本当に（ἀληθείᾳ, 599b3）」知っていることが要求されていることから示唆される。ここでは、知るべき対象の一つとして「技術」が例に上がっているが、技術については第1巻におけるトラシュマコスに対する論駁において既に論じられていた。そこでは、技術を行使する「それぞれ

＊53　Adam（1963）は「（詩人が知識を持っているとすれば）讃える人であるよりは讃えられる人であろうと努める」（598b6–7）という記述について、「彼はホメロスよりもアキレウスになる」という注を付している。その上で、「偉大な仕事を成し遂げられる人で、良い詩を書く人などいないということをほのめかしているが、これが不当なのは間違いない」と述べている（藤沢（1979）も当該箇所の訳注でこの解釈に従っている）。だがここでポイントになっているのはそのような英雄と詩人の比較ではなく、あくまでも、アキレウスのように行為をすることと、その行為の物真似とどちらがより有益で讃えられるべきものであるか、ということである。ホメロスの詩には百科事典的にあらゆることがらが描かれているので、それと比較されるべき技術者・有徳の人とは、アキレウス一人の能力どころかまさしく全ての技術を持つ人、あらゆる徳を備えた人である。

の専門家とは、我々がまさにその名で呼ぶ者であるかぎり、決して誤らない」(340d8-e1) という、「厳密論」(340e1-2) によって技術が論じるべきであることが同意されている。この厳密論によれば、技術者は医者にとっての患者、船長にとっての船乗りというように、それぞれが働きかける固有の対象に利益をもたらす存在である。そして技術それ自体は欠陥を抱えていないがゆえに、それを補完するような別の技術を必要としないのであって、技術が追求する利益は、その技術が働きかける対象以外の利益ではないとされていた (341c-342b)。したがってたとえば、医者が医術を用いて、固有の対象である患者に健康をもたらすとき、彼がそれによって報酬を得たとしても、それは医術固有のはたらきによって報酬を獲得したのではなく、言わば「報酬獲得術」によってそのような利益を得ているのである。技術を行使する支配者 (e.g. 医者) は、支配者自身の利益ではなく被支配者 (e.g. 患者) のために利益をもたらさなければならない (345e-347a)。もし模倣家に求められる知が、このように技術の対象や益への厳密な理解を含み、決して誤りえない完璧なものであるならば、ホメロスが全知の知者であるという評判は到底受け入れられないことであったであろう。

このようにプラトンはある特定の技術の描写という個別的なケースに焦点を当てながら、詩人からまさにその知を剥奪している。他方複数の技術に携ることが困難であることは、理想国家における人々はそれぞれ一つの「仕事 (エルゴン、ἔργον)」に従事すべきであるといういわゆる「専業原則」の議論において既に明らかにされていた。この専業原則は次のようなことから導き出されていたのであった。すなわち、「我々の一人一人は、決して同じようには生まれておらず、素質的に異なっており、それぞれが別の仕事を行うのに向いている」(370b1-3)。「一人が一つの技術を行使する」(b6) 方が、「一人で多くの技術を行使する」(b5-6) よりも立派に仕事を成し遂げるのであって、仕事の時期を逸しないためにも、「片手間」(370c2) に従事してはならないのだ。そしてこの専業原則は理想国家のあらゆる人々に当てはまるものであり、靴職人や農夫や織物工、大工、そして何よりも戦士や国の支配者たちも、生涯を通じてその仕事に打ち込むべきであるとされたのである（374b–e）[54]。私の解釈が正しければ、プラトンは詩作を批判するために専業原則の例外をあえて仮定したのではない、ということになる。なるほどたしかに、ある技術について知を持ちながら像製作をするのは、専業原則に反するように思えるかもしれない。しかし既に確認したように、プラトンにとって像の製作それ自体は鏡をかざすようにすれば極めて容易にできることである。模倣術とは医術や政治術と同列視されるような真剣に取り組まれるべき技術ではないのである[55]。

V．小括

本章では、プラトンの絵画観・詩作観を左右するいくつかの重要な問題について考察しながら、「詩人追放論」の議論のプロセスを確認・再構成してきた。そのとき取り組んだ問題の一つが、プラトンにとって絵画制作とは「実物」のコピーであるという理解を強力に支えてきた、いわゆる「鏡の比喩」の解釈である。一般に「鏡の比喩」は、画家の絵画制作過程

*54　教育に用いるべき「詩の語り方」の議論において、守護者が「模倣に長けた（μιμητικός, 394e1）」人間になって、多くの仕事に手を出すことはあってはならないとされている（394e–395d）。この箇所は、守護者でありながら詩作にも従事するいわゆる「哲学詩人」のような存在を、プラトンが『国家』篇において認めていないことを示す強力な典拠である。

*55　模倣術は他の技術とどのような関係にあるのか、プラトンは微妙な判断を下している。模倣家は「あるもの」ではなく「現れるもの」については知っているとプラトンは述べており（601b9–c1）、模倣家が知者であるとも、あるいはいかなる意味での知も持ち合わせていないという診断も下さなかった。無知にも関わらず、様々なことを立派に見せることができるという極めて特殊な似非「技術」――これは医術や統帥術のような通常のものとは身分を異にする奇妙な技術である――を認めることで、決着をはかったのである（601c–602b）。

他方、アリストテレスは、詩作術の本質的な誤りと付帯的な誤りを分類し、政治術などの他の技術がそうであるように、詩作術特有の正しさが存在することを述べている（『詩学』第25章）。これは詩作術を他の技術と根本的に区分しながら貶めた、プラトンの議論への応答であると考えられる。

全体を説明するものであると考えられてきたが、むしろそれは、あくまでも画家が模倣物を「作る」やり方に焦点を当てたものであり、画家の認識能力を説明するものではないことを、ミーメーシスの構造を背景に明らかにした。その上で、画家は模倣対象を視覚的に見て把握するだけでなく、心的な像として認知しうることを、「現れ」という用語は許容していると論じた。次に、画家が絵画を通じて鑑賞者をどのよう騙すのかを考察した。この問題については、絵画と実物の取り違えという存在論的な騙り、そして絵画を通じてモデルについて理解を深めるという真理性における騙りという二つの解釈がありうることを提示し、後者の方が適切であることを様々な面から論じた。最後に、画家や詩人たち模倣家たちが、どのようにして知者の地位を奪われているかを、従来疑わしいとされてきたプラトンの論証を蘇らせながら論じていった。

本章で扱った議論のそれぞれは、絵画制作のアナロジーにもとづいて模倣術や詩作を理解しようとするプラトンの議論のステップの正当化に貢献するものである。寝椅子の例や鏡の比喩によって絵画制作を論じることは、物体としての絵画がモデルの視覚的再現である側面を強調しているように見える。そしてそれは実物のモデルを必要としない詩作との齟齬を生むという誤解を招きやすい。だがそもそもプラトンからすれば、画家は必ずしも実物のモデルを認識しているわけではないし、そういったモデルを必要としていないのである。逆接的ではあるが、この状況を描くために、寝椅子という極めて卑近な例は非常に有効であると思われる。我々が日常的に接している寝椅子のようなものでさえ、模倣家は正しく認識してはいないのだ。

プラトンにとって問題なのは、模倣家を知者だと認める人々においては、立派に見える像を通じた擬似的学びが成立してしまうということである。模倣家たちは言わば像を、像が表象する「あるもの」を理解させるための「窓口」として提供し、像と「あるもの」の序列を転倒させることができる。画家は大工の技術を「全く知らなく」(598c1) ても、もっともらしい大工の絵を描くことができる。そうした製作の起点となるものが、画家が心的に想定したり視覚的に捉える「像」である。『ソピステス』篇において像の典型例として絵画や彫刻と並べられて水や鏡に映った像が挙げられているように（239d)、像とは本来、何かの像なのであって、その何かに影のように付随して生じるものである。そうした像は、存在論的議論においては、像がそれの像であるところのものより存在論的に劣ったものという意味を担うことになる。実際、知識ではなく信念の対象として感覚世界における事物に言及する際や、真実に比して低劣なものに言及する際に、プラトンはこの像という用語をしばしば用いる[56)]。しかしながら模倣術は像から「あるもの」を想起させるという仕方で、こうした存在論的な序列を転倒させる力を持っている。我々は神々やハデスのことを知らずとも、絵画を通じてそれらを知ることができるのである。むしろ像を通じてハデスの世界を認識することで、我々の知識を構成されていくと言ってもよい。そしてこうした事態は詩においてもそのまま当てはまる。観衆は叙事詩や悲劇を鑑賞しながら、そこで現れる徳の像を見て、その像がまさにそれの像であるところのもの、すなわち本当に有徳である人物とはどのようなものかを想定することができる。本来、「あるもの」である実際の有徳の人物や行為によって、徳についての理解を深めることが可能になるにも関わらず、そうした人物や行為の像によって騙されて、観衆は徳とは何かを定めてしまうのである。こうした像という存在を「あるもの」との対比で規定するために、絵画制作のアナロジーは極めて有効に機能している。

現代の我々からするとプラトンがなぜ執拗に詩人から知者であることを否定してきたのか、疑問に思うかもしれない。そもそも詩人は、自分たちが描き出す対象について知悉している必要はないのではないか。詩人たちは詩作の技術についてのみ知っていれば十分であり、その詩作の技術の優劣によってのみ彼らは名誉あるいは不名誉をこうむるべきではないか。詩作の対象についての無知は詩人の評価に影響しないという考え方は、現代の我々にとってむしろ自然である。プラトン議論の背景には、ホメロスが

＊56　534c5, 586b9, c4, 587d6. Cf. 532b7, c3.

「ギリシアを教育してきた」(606e2) という事実があるだろう。詩人たちは知識を持っていないにも関わらず、人間の徳や政治術や統帥術など、人々にとって非常に重要な問題において強い影響を持ち、彼らの信念を広い範囲で拘束してきた。こうした詩人の影響力の強さは、模倣術が全体として批判されながらも、結局詩人のみが理想国家から追放されており、画家は名簿から除外されているという措置にも現れていると思われる。

それではどうして模倣家は「あるもの」の探求に向かわず、ただその「現れ・像」にばかり関わるのか。これは模倣術の本質に関わる問題である。そしてその本質とは、模倣家のみならず、観衆をも巻き込んでいる。この問題については次章で論じよう。

第4章

模倣家と観衆の共犯関係
——詩劇における観衆の心理学

プラトンは『国家』篇第10巻において、詩作の本性を様々な観点から批判した後、詩に対する「最大の告発」の中で、観衆が被る心理学的な悪影響を批判的に検討する（605c–608b）。観客たちは悲劇の鑑賞において、英雄たちが苦難に遭うのを見て、「共感しながら（συμπάσχοντες, 605d3）」その英雄たちに付きしたがっていく。そうした共感を繰り返すことで、魂のうちの「十分に泣き嘆いて満たされることを飢え求める部分」（606a4–5）が、魂全体を支配してしまうまでに育まれていく。同様に喜劇においても、もし観衆が魂の「ふざけて滑稽なことをしたがる部分」の「手綱を緩め」、滑稽な事柄に耽ってしまえば、その人は自分の実際の人生において喜劇役者になってしまうと言われる（606c）。詩の持つこうした心理学的な悪影響についての議論を経て、プラトンは、被告人の詩はもちろん、それを愛好する人々もまた、詩の「保護者（τοῖς προστάταις, 607d4）」として詩を擁護するための「弁明」をする責を負っていると考えている。

『国家』篇第10巻における観客の心理の分析は、第3巻における詩劇の役者の心理分析を強く想起させる。そこでは、理想国家を将来支配する若き守護者たちの教育について論じられており、彼らがどのような人々の「真似（ミーメーシス）」をして、いかなる語り方を身につけなければならないかが語られている。具体的には、彼らは詩（劇）という教育メディアを通じて[1]、優れた人々を「真似・演じる μιμεῖσθαι」ことを推奨され、反対に劣悪な人々を演じることは禁じられる。というのも、人間はそうした「真似」を通じて、自らが演じる対象に自己類同化（self-identification）し、魂が形作られていくからである（395c−d）。プラトンにおいて詩、あるいは詩の内容の倫理的な教育効果について述べられた箇所は多いが、まさに演じられている詩劇が、演者の魂にどのような影響を与えるかについて深く述べたのはこの箇所のみである。

近年の有力な研究は第10巻における観衆の心理的状況と第３巻における演者の心理を明確に区別している。というのも、第３巻で描かれる演じる役者は、演じる役や行為に没頭しているがために、まさに壇上においては、そうした役や行為に対して批判的な視点は欠如している。他方第10巻で描かれる観衆はそうした視点を維持していると考えられるからである[2)]。

これに対して私は、役者も観衆もともに、演じられている内容についての批判的視点を持っていると主張する。プラトンは詩人の心理と観衆の心理をパラレルなものとして描いており、彼らは詩劇において同様の心理的影響を被っているのと考えている。こうした詩人と観衆の心理のパラレリズムを背景に、観衆たちは詩劇という営みに携わる際に詩人との一種の共犯の関係にある。だからこそ、詩人が追放される際、観衆もまた傍観者ではなく当事者として詩を擁護するための弁明を強いられるのである。以上のことを論じていきたい。

Ⅰ．二つの像と現れ

『国家』篇第３巻における役者の心理状態の分析と、第10巻の「詩人追放論」における観衆の心理分析を比較検討するためには、詩作という営みがどのようなものであるかを確認しなければならない。

詩劇を心理学的に論じる箇所において、詩人（あるいは詩作術）が模倣す

＊１　「はじめに」pp. 2－3 を参照。

＊２　Halliwell（2002）, p.78-81。他方 Gould（1992, p. 3）は特に論証することなく、パフォーマーの心理を観衆の心理に関連づけている。

るもの、そして観衆がそれを見て感情を動かされるものとは、「人間が自発的あるいは強制されて行為しているところ、行為の結果として幸福あるいは不幸と思っているところ、そしてこうしたあらゆる状況下で苦しんでいるところ」(603c5-9) であると言われる。こうした詩作術の模倣対象についての記述は、ここでの議論が詩の具体的な場面を念頭に展開されていることを示している。これは模倣術を存在論的に規定しようとした第10巻冒頭からも一貫している。既に前章で触れたように、模倣術を規定するために提出された鏡の比喩では、画家が模倣対象として描くものとして、手仕事職人の作り出すものや植物、動物、神々、天体など、具体的なモチーフから出発して、その活動全般を論じようとする (596b-e)。絵画と比較して詩作を論じる際も同様である。彼らが模倣するのは「医者の言葉」(599c2) や「戦争や戦争の指揮、国家の統治や人間の教育」(599c6-d2) などが挙げられる。そしてこうした具体的な場面の描写を念頭に、「ホメロスからはじまって、あらゆる詩人たちは徳や彼らが詩作する対象の像の模倣家であり、真実を把握していない」(600e4-6) という、詩作術の規定に関わる批判が展開されたのである。以上のように、プラトンは模倣術を論じるために、いつも詩や絵画における具体的な描画対象を念頭においているが、このことからは次の三つのことが認められてよいと思われる。

第一に、模倣術の一般規定をこうした詩や絵画の具体的な描写についても読み込んでも良いということである。詩を存在論的に批判する際の議論の流れは、模倣術が絵画制作との類比で規定され、その規定が詩作術にもあてはまる、というものであった。そして模倣術は絵画制作のように、「像 (εἴδωλον)」や「現れ (φάντασμα)」あるいは「現われるもの (τὸ φαινόμενον)」を製作する技術として規定されている。もし絵画制作の具体的な事例から模倣術が規定され、さらにその規定が詩作術における具体的トピックにおいて確認されているのであれば、「像」とは、詩や絵画などの一般的なジャンル、あるいは個別の作品だけでなく、「大工の姿」「医者の言葉」など、絵画や詩の中で具体的に描写された個々の対象のことを主に指していると考えることができる[3)]。また「医者の言葉」など一つ一つの叙述が「像」であるのならば、一つの詩劇においては、それぞれの演者、場面やセリフに応じて、その都度無数の像が生み出されていると理解することができる（もっともそうした無数の像の総体として、詩が「像」であると語っても良いだろう）。

第二に、第一の点が認められるならば、観衆への心理的影響についての議論に模倣術の規定する要素である「像」や「現れ」などのタームを適用して解釈することができる。なぜなら観衆は、壇上の登場人物の行為や状態などの具体的なことがらから心理的影響をこうむるからだ。たしかに、観衆が詩人の演じる苦難の英雄に共感する場面を説明する際、プラトンは「像」や「現れ」などのタームは使用していない。しかし、そこでの議論が模倣術やそれに携わる詩人について分析を踏まえている限り、「像」や「現れ」が何らかの機能を果たしながら、観衆に心理的な影響がもたらされていると考えるべきである。

第三のポイントとして、第10巻の観衆の心理学だけでなく、第３巻において詩人や役者など模倣行為を行う主体の心理を解釈する際にも、「像」や「現れ」の概念を適用することが可能であると言えよう。第10巻において、模倣家は模倣対象ではなく模倣対象の「像」「現れ」を模倣する。だが「像」や「現れ」は存在論的な文脈の中で「あるもの」との対比で導入されたタームであり、第３巻での議論には直接出てこない。しかし詩劇が無数の像によって構成されていると理解したとき、苦難の英雄や劣悪な奴隷など詩人や役者が模倣する具体的な対象は「像」であり「現れ」であるとわれわれは理解できる。第10巻における模倣術における「像」や「現れ」についての理解を、そうした詩人や役者の模倣行為についての議論に適用できるのである。

プラトンの詩劇における心理学を考察するため、本論が採るこうした基本的な解釈アプローチについて、正当性に欠けると考える人がいるかもしれない。たとえばある解釈者は、第10巻の像製作のミーメーシス概念は、

＊3　本書第３章 p.122も参照。

第3巻で論じられていた演技・物真似のミーメーシス概念とは変わってしまっていると考えている[4]。そういった立場を取った場合、像製作を基盤としたミーメーシス概念についての議論は、演技などの活動には適用しえない、ということになる。しかし第10巻のミーメーシス、あるいは模倣術の議論は、模倣家のミーメーシスに全体的に関わるものであると言われていた（595c8, 603a10）。したがって、第10巻における議論は全体として模倣術に適用されるのであり、詩人や役者の演技や物真似などの活動も例外ではない[5]。第10巻でのミーメーシス概念が、劇における演技という、詩人にとって主要な活動をカバーしなければ、詩人批判の議論は説得性を失うだろう[6]。実際、第10巻においても、観衆の心理分析が行われる箇所で、役者や詩人の演技活動に言及したミーメーシス関連語の用例をわれわれは見出すことができる[7]。模倣術が「像」「現れ」などの概念によって存在論的に規定された直後の議論で、そうした規定が演技や物真似に適用されないのは非常に奇妙である。

＊4　Murray, 1996, p.198.

＊5　演技や物真似のミーメーシスがなぜ像製作の活動として理解できるかは、既に第1章Ⅳ節にて論じた。

＊6　第10巻では詩人の活動の全体がミーメーシスと考えられている。他方、第3巻では単純叙述と対比的にミーメーシスが導入されていた。だとすると、単純叙述を用いた詩人や朗唱家のパフォーマンスはミーメーシスではないと思われるかもしれない。実際、ソクラテスはミーメーシスを排する形で、『イリアス』の一節を単純叙述で語っている。

　これについては、詩人のパフォーマンスは全てミーメーシスであり、ミーメーシスと対比される単純叙述もまた、ある意味でミーメーシスであると答えることができる。というのも、単純叙述であろうとミーメーシスであろうと、詩人の言語である限り韻律を伴っている。そしてその韻律とは、詩作術に属しているからである（601a4–b4, cf. 393d7）。なるほどたしかに単純叙述については、それが物真似としてのミーメーシスと対比される意味ではミーメーシスではない、と言える。しかし、それが韻律を伴った詩のパフォーマンスであるという意味では、ミーメーシスなのである（Cf. Lear, pp.203–205）。第10巻のミーメーシス概念は、演技・物真似・単純叙述など詩人の語り方に関わらず、彼の描写活動すべてに適用できると思われる。第5章注5も参照。

＊7　603c6, 604e3–4, 605c10.

以上に述べた根拠をもってわれわれは、詩人や役者が何かを具体的に演じ、それを観衆が見ている場面について、『国家』篇第10巻における像製作のミーメーシスの概念を適用して考察できるとしよう。古代ギリシアにおいて詩作とは、劇場や酒宴など、人々が集う前でのパフォーマンスを前提として行われる営みである。なるほどたしかに、『国家』篇の第10巻は、演技などのパフォーマンスにおける個々の局面を分析するというよりは、むしろ詩人の詩作の活動（ποιεῖν, ποίησις）全般を全体として批判することを目的しながら議論を進めていると言えるし、私もそうした見方に同意する。ここで私が強調したいのは、詩劇の個々の具体的な場面や個別的な絵画の分析によって、詩全体、絵画全体、そして摸倣術全体の規定が行われている以上、そのように抽象化された規定を利用しながら、詩劇の具体的場面を論じても良いということである。

ここで像製作のミーメーシスとはどのような活動としてプラトンは理解していたか、再確認することにしよう。プラトンはミーメーシスという行為を、模倣主体、彼が模倣対象とするモデル、そして絵画のような模倣産物の三項関係で明確に描いている。ただ前章で検討したように、詩人や画家などの模倣家が模倣するのは「現れるものを現れるがままに」であり「真実（ἀληθείας, 598b3[8]）」ではない。そしてそのように「現れ」るものは各事物の「像」でもある（598b）。プラトンにとって、模倣家が模倣しようとするモデルは、実際のものごとではなく、それらの像に過ぎない。なぜなら、模倣家は模倣対象についての知を持ちあわせてはおらず、模倣物を製作する際に「真実」に触れる必要がないからである（600e–601a）。したがって、このことを詩劇におけるパフォーマンスに当てはめるとすれば、模倣家として詩人や役者たちは「現れるものを現れるがままに」模倣するのであり、彼らが演技する対象の真実に触れることはない。模倣主体が模倣しようとするモデルは、実はモデルそのものではなく、その「像」であ

＊8　ここでは、この語はプラトンのイデアについて言及するものではない。600e6も見よ。

り「現れ」なのである。そして、この「現れ」についてプラトンは、ドクサに関わる用語を互換的に用いることで、単に視覚的な像としてではなく、心的像としても理解していた[9]。また、模倣家が作る絵画や詩などもまた「像」であり「現れ」であると呼ばれていた。そしてこの「現れ」もまた、観衆の視覚にだけでなく心的にも作用する「思われるもの」としてプラトンは理解している。

ではどうしてプラトンは、模倣家の模倣対象と模倣産物の両方に、「像」・「現れ」という用語を用いているのだろうか。これについてはいくつかの理由を指摘できるだろう。第一に指摘できるのは、両者とも「あるもの」ではないという仕方で、低劣であるという点で共通しているということである。「像」という用語は、詩人の活動とその製作物を批判的に評価するのに効果的に作用する。実際「像」という言葉は洞窟の比喩における影を生み出す「像」を強く想起させる[10]。他にも、知識ではなく信念の対象として感覚世界における事物に言及する際や、真実に比して低劣なものに言及する際に、プラトンはこの「像」という用語を用いている[11]。また、「現れ」という用語にしても、線分の比喩の可視界に属するもの、すなわち「見られるもの（ホラートン）」としての「現れ」を思い起こさせる（510a1）。そして可視界とは、真実性の度合いにおいて可知界とは異なるとされていた（509d–510a）。このように、プラトンにとって摸倣家が認識する対象も、作り出す摸倣産物も存在論的に劣悪という意味で等しいと言えよう。第二に、模倣家のモデルとする像と生み出す像の内容が同じであることも示唆されていると思われる。たとえば、Nehamas は次のように述べている。すなわち、「彼（プラトン）は模倣の対象と生産物が、同じものであると考えている…（中略）…あたかも、プラトンは画家が対象の表面を取り上げて絵画に移植するものだと考えている、と思えるほどである[12]」。Nehamas の言う「対象の表面の移植」とは、模倣対象が持つ色や

＊9　第3章Ⅱ節。

＊10　532b7, c3.

＊11　534c5, 586b9, c4, 587d6.

形などの属性をそのまま絵画に描き込むということにほかならない。模倣対象を視覚的に見た場合（あるいは架空の存在であっても、その姿かたちを想定した場合）と、同じような視覚像が絵画に現れるようにするのだ。類比的に詩人や役者についても考えてみよう。彼らが何らかの登場人物を真似てパフォーマンスを行う際、そうした登場人物の姿・形や言動を観客に見せようとする。そのとき、役者が思い浮かべる像と、壇上で観客に見せようとする像の内容が同じであるならば、壇上に実際に表現された言葉や姿かたちは、彼が想定したモデルを忠実に再現しているということを意味する。実際、プラトンは模倣家が模倣対象とするものと、模倣産物という2つの像の性質や内容の違いについては全く考慮していない。言い換えれば自分が見たとおりの、あるいは想定したモデルを精確に描き出せないような稚拙な模倣家を、プラトンは考察の対象から除外しているのだ。さらに、内容の同一性に加えて私が指摘したいことは、模倣対象としての「像」や「現れ」が何かそうした存在特有の機能を持っているのであれば、「模倣産物」としての「像」と「現れ」も、同じような機能を果たしていると思われるということである。この点は、詩劇における詩人・役者と観衆の心理を考える上でとても重要であるので、次節で詳しく論じることにしよう。

Ⅱ．詩人・役者の心理と観衆の心理

詩人や役者などの演者が演技などのパフォーマンスを行うとき、彼らはそうした模倣行為を通じて心理的な影響を受けているとプラトンは考えている。それは模倣対象への「類同化」という仕方で起こる。プラトンは理想国家における教育プログラムを論じる際、ムーシケー（文芸・音楽）を通じた教育を取り上げて、若者たちは詩を語り演じながら、様々なことを学び、自分たちの性格を育んでいくことを述べている。そしてそこでは、

＊12　Nehamas (1982), p.62.

語るべき詩の内容に加えて、詩をどのように語るべきか、ということが議論となっていた。その語り方の区分として提出されたのが、自分自身の語りで展開される単純な叙述と、何かに成りきって語る語り方、すなわちミーメーシスである[13]。将来支配者になる若者たちは、陣痛で苦しむ女や、船を漕ぐ人々などの不徳で卑しい人物たちや動物のいななきなどのミーメーシスを避けるべきであるとされていた（395d–396b）。なぜなら「ミーメーシスというのは若いときからあまりずっとし続けていると、身体においても声においても思考においても、習慣と本性において定着してしまう」（395c9–d3）からである。ミーメーシスによるパフォーマンスとは肉体・姿かたちにおいても魂においても、模倣主体が自分自身を模倣対象という「型に嵌めて形作る」（396d7–8）ことであり、対象に類同化する行為でもあるのだ。だからこそ、魂が柔らかく影響を受けやすい若者たちは、不徳な人物や人間以外のものの真似を忌避すべきであり、むしろ優れた人物の型に自分を嵌め込むべきなのである（396c–e）。

この議論は演技がもたらす、詩劇を演じる若者たちへの長期的な影響について述べられたものであるが、「ずっとし続ける（διατελέσωσιν, 395d1）」という動詞からわかるように、模倣対象への類同化は、繰り返し行うパフォーマンスを通じて達成されるものであると言えよう。ではより具体的な個々のパフォーマンスの場面では、演者はどのような心理的影響をこうむっているのか。

パフォーマーたちが演技や物真似をする際、まさにその演技の最中に模倣対象からどのように影響を受け、どのような心理状態にあるかを、プラトンはトピックとして取り上げて直接論じてはいない。しかし考察の手がかりはある。プラトンは個々の実際の活動とそれを模倣する個々の活動を比較している。若者たちは気の狂った者を真似することも、実際に狂った振る舞いをしてしまうことも禁じられている（396b7–8, cf.396a5–6）。狂った

＊13　単純叙述とミーメーシスをどのように理解すべきかについては、本章注6、五章第1節を参照。

者を演じることが、実際に狂うという行為と等置されて語られうるものであるならば、ここでは、模倣対象から声や姿振る舞い、そして思考が影響を受けてしまうほどの強い感情移入（empathy）を、演技者たちは経験していることが示唆されているだろう[14]。

ここで我々が思い出さなければならないのは、模倣家一般がモデルとする模倣対象とはあくまでも「あるもの」そのものではなく、その現れ・像だということである。そして、詩人や役者などの演者が模倣対象に没入するのであれば、模倣対象が現れ・像である以上、彼がそのような感情移入をしているものは「あるもの」そのものではなくその現れ・像であると考えられる。プラトンは、画家がモデルとして描く像を、たとえば寝椅子の「現れ」として視覚的に受け取られるものとして描く一方、「思われる」という心的な対象としても描くことによって、模倣家が模倣する対象は視覚的像のみならず心的な像でもありうると考えている[15]。したがって、詩人や役者が模倣対象としての像を模倣しているのであれば、彼は寝椅子の現れのような実物の像だけではなく、心的な像を模倣する存在であると理解することができる。演者たちは自分たちが想定した心的像に没入し、感情移入しているのである。たとえば演者がアキレウスという人物をモデルとして演じようとするとき、彼が実際にモデルとしているのは、アキレウスその人ではない。そうではなくて、アキレウスのように自分に思われるもの、すなわちアキレウスについての像・現れである。「苦難の中で悲しみに暮れて長いセリフをまくしたて、歌いながら悲嘆に胸を叩く」（605d1-d2）英雄を演じるとき、彼はそうした具体的な場面や仕草を全て想定した上で、その自分の作り上げた像に強烈に感情移入と没入をしている。プラトンは模倣家の模倣対象が「あるもの」であるとは決して認めない以上、詩人や役者の活動はこのようなある意味自己完結的な、自らが捉えた「像」から影響を受けながら、同じような「像」を生み出すものとして理

＊14　アリストテレスによれば、こうした感情移入をしている者こそが、その感情を最も説得的に表現できる（『詩学』1455a30-32）。

＊15　第3章Ⅱ節を参照。

解されなければならない。

詩人の活動は、模倣対象への没入の末に、たとえば実際に涙を流すほど激しい感情移入を伴う。しかしその一方で、彼らは自分たちの行為を冷静に見るような、クリティカルな視点を失っていないように思われる。このことは、まさに物真似をしている詩人の思考についてソクラテスが「もし詩人がどこにおいても自分を覆い隠さないとしたら、彼の詩作と叙述の全体は、ミーメーシス無しでなされたことになるだろう」(393c10–d) と述べていることからもわかる。物真似をしている最中の詩人は、自分が真似ている対象に類似するために、自分自身を消すという作業を行っている。なぜなら、そうしなければ観衆にとって下手な真似として映ってしまうからである。それがたとえ、役柄に成りきっている場合でもそうである。彼は常に観衆の目を気にしながら、この覆い隠しを実行するのであって、そのためには自分を似せようとする対象に本当に忠実に似ているのか、似ていないのかを逐次判断しなければならない。その意味において、詩人たちは演技中であっても、自分の行為の成否についてクリティカルな視点を失ってはいない[16)]。こうした詩人の活動最中の心理についての理解は、詩劇のパフォーマーたち一般に当てはまるだろう。たとえば『イオン』において、当時最も名高い朗誦家(ラプソードス)であったイオンは、何か憐れなことを語る際は目は涙で一杯になり、怖いことや恐ろしいことを語る際は髪は真っ直ぐ逆立ち、心臓は動悸打つのだと述べている (535c5–8)。しかしそのように語る内容に本気で没入しているときですら、「その都度、演台の上から大勢の観衆が嘆いたり、怖いものに目を向けたり、語られたことに肝を潰すところ見下ろして」(535e1–3) いるという。このイオンの発言は詩劇の演じ手一般の心理状態を説明するものとして理解していいだろう[17)]。模倣対象に没入し激しい感情に乱れることと、自分自身から距離を置

＊16　この成否は自分の模倣行為の成否であって、たとえば馬具や笛などの模倣対象の善し悪しについて詩人は判断するわけではない。こうした善し悪しの判断は、知者か、知者に監督されて真なる信念を持つ技術者しかできないことが明言されている(第5章Ⅰ節参照)。

き、観客を観察し、自らを隠した上で、模倣対象を作りごととして提示する冷静な視点は、詩人の中では両立しうるのである。その意味で彼らは、半分は詩劇の世界に身を置き、半分は現実の論理に身を置いた存在である。

観衆もまたこうした感情的な没入と観察者としてのクリティカルな心理状態を両立しながら観劇している。彼らが「我を忘れる（ἐνδόντες, 605d3）」ほど苦痛や嘆きに突き動かされて、そのような感情に浸ったとしても（604d）、この状態は現実と劇場でのできごとを区別できないという種類のものではない[18]。このことは、彼らは壇上で起こっていることを「他人ごと（ἀλλότρια πάθη, 606b1）」として捉えていることからも明らかである。普段、立派な人々は魂の「嘆き悲しみ満たされることを求める部分」という魂の非理知的部分の監視を怠らないがゆえに、たとえば肉親を失うような悲運にあっても、悲しみに抵抗し、戦い、耐えることができる。だがそういった人々でさえも、劇場においては壇上のできごとを「他人ごと」として理解しているがゆえに、魂の「最も優れている部分」である理知的部分は監視をゆるめてしまう。そして彼らは「共感して（συμπάσχοντες, 605d3-4）」普段人前では見せないような態度を示してしまうのである。こ

＊17　Murray（1996, ad loc.）はこれが役者たちのパフォーマンス時の心理状態のみならず、詩人が詩を創作する際の心理状態にも当てはまると考えている。

ところで、イオンの発言はこの対話篇の重要なトピックである「神がかり」の議論の解釈と密接に関わる。ソクラテスはイオンに対して、詩人や朗誦家も含め、詩を語る人々は技術ではなく神的ないわゆる「神がかり状態（ἐνθουσιάζειν: 533e5, 535c2, 536b3）」になることで、立派なことを語れるのだと説得する。これに同意しながら、観衆を冷静に見ていると述べるイオンはソクラテスの話すことを理解していない愚か者であり、議論が空転してしまっているという解釈がある。この解釈についての検討は、Murray（1992, p.38）。また、プラトンに至るまでの神がかりなど詩的インスピレーションの歴史についてはTigerstedt（1970）とMurray（1981）を参照。

＊18　夏目漱石は文学が極めて強烈な感情を喚起した例として、『オセロ』を観劇している観客が、デスデモーナが殺害されそうになると、主人公を狙撃してしまったというエピソードを紹介している（『文学論』第二篇第三章、pp.228–229）。プラトンは観衆をこのように現実と詩劇の区別がつかないような存在としては、描いてはいない。

のように観衆は登場人物に共感して激しい感情を持ったとしても、それはあくまでも登場人物に起こったできごとであるとわかりきっているという点で、観察者あるいは無関係な傍観者としての役割を果たしているのである。こうした感情に突き動かされた自分から一歩退いた視点を持ちえるという点で、詩人と観衆の心理状態は類似している[19]。

それでは観衆は何に「共感」しているのか。既に論じてきたように、演技、物真似という活動は、絵画制作などと同様に三項関係において理解できる構造を持っており、プラトンもそのような理解を前提としている[20]。そのとき観衆が共感するのは、模倣家その人ではなく登場人物などの模倣物である[21]。この模倣物とは、役者たちが表現する具体的な行為・場面において目まぐるしく変化「現れ」のことである。そしてこの現れはまた、「像」とも呼ばれていた。既に触れたように、「像」というタームは、プラトンの存在論的な思想を背景に、詩人の活動とその製作物を批判的に評価するのに効果的なものであった。ただプラトンは、詩人たちの活動を単に否定的に扱うためだけに、彼らの製作物や彼らのモデルを像と呼んだのではないと考えられる。

像の性質として重要なのは、それが像である限り何かの像であるということである。したがって、ある像を像として認識している主体は、それがオリジナルや実物でないことを知っており、言い換えれば、オリジナルが不在であることを前提としている[22]。こうした像の性質は、詩劇におけるパフォーマーの模倣対象としての像と、役者が演じる壇上の登場人物、す

＊19　Halliwell（2002, p.80）によれば、役者の心理とは強度の没入のあまり、感情的・批判的に距離を置く余地がないほど、ほとんど完全に「当事者（participant）」のものであるという。しかし、Halliwell は私の議論の根拠である、詩人・役者が模倣演技する際の覆い隠しの工夫については触れていない。また『イオン』におけるイオンのパフォーマンス中の「忘我」（535b7）状態に言及する一方で、そのイオンが述べる観衆への気配りについては、「別のポイント」として特に論じていない（p.80, n.18）。

＊20　本書第1章Ⅳ節。

＊21　605d2-5.

なわち模倣産物としての像の両方において見られうる。模倣対象を思い浮かべて演技・物真似している最中、パフォーマーは「あるもの」あるいは自分がモデルとしている実際の人物が不在であることを知っている。その一方で、像は彼の思考に思い浮かぶものとして存在する。壇上の登場人物としては、像はオリジナルの代替物として存在し、観衆に対して現れる。だがオリジナルそのものは現れないという意味では不在である。要するに、パフォーマーも観衆も像をオリジナルの代替物として認識する主体なのである。ここに、模倣家が模倣するモデル、そして模倣家が観衆のために作るものという二つのものを、同じ「像」とプラトンが呼ぶ理由があると私は考える。つまり像は詩人にとっても観衆にとってもオリジナル・実物などの代替物としての機能を果たしている。こうした「あるもの」の代替物という意味において、モデルも模倣物も像なのだ。

「現れ」、「現れるもの」というタームにしても、模倣家の認識対象や模倣製作物が、感覚知覚対象として知性の対象よりも劣っているという批判的含意を持っている。その一方で、後に触れるように、「現れ」がそれを認識する主体に働きかけるという機能を持ったものとして描かれていることもまた強調する必要がある（602d8）。言い換えれば、「現れ」は、それ単独で存在するものではなく、誰かにとって現れるものとして、その概念のうちに知覚認識する主体を巻き込んでいるのだ。模倣対象は模倣家にとってまさにそのように現れるものなのであり（598b3）、彼が生み出す模倣製作物も、観衆にとってまさにそのように現れ、働きかけてくるものなのである。

かくして、模倣家がモデルとする対象も、彼が生み出す模倣製作物も、像でありかつ現れであると呼ばれることが相応しい存在である。そしてこの像と現れという概念の含意に着目したとき、模倣家によるミーメーシスとは、模倣物を生み出すことで完結するものではなく、模倣製作物が観衆によって認識されるところまでも含んだ一連の活動であるということがわ

＊22　第3章 pp.98-99を参照。

かる。というのも、模倣家の像の製作とは、観衆に現れる像の製作であるのだからだ。そして、観衆に現れるという仕方で認知された像は、そもそも模倣家がそうした像を生み出そうとして彼の思考に現れた像であった。言い換えれば、ミーメーシスとは、模倣対象として現れる像がその活動の起点となり、模倣産物としての像が結節点として、観衆に現れるという仕方で彼らを巻き込んだ活動なのだ。二つの「像」と「現れ」はこのように、ミーメーシスという営みの中で、模倣家の知覚認識が模倣産物を介して観衆の知覚認識までリンクしていくという構造が成り立っていることを含意しているのである。

こうしたリンク構造が、模倣家の心理と観衆の心理の関係を、どこまで説明するものであるかについては解釈が分かれるだろう。まずその中でも弱い解釈というべき解釈を考えたい。弱い解釈は、模倣家と観衆のリンク構造は、単に観衆の心理的経験が模倣家の心理的経験に由来しているという因果関係のみを説明する、というものである。たとえば、ある鑑賞者が寝椅子の絵画という像を見るという経験は、画家が実物の寝椅子を見るという経験を経た上で、その像を製作しなければ、成立しないものである。同様に、詩劇の観衆が悲劇の英雄を見て強烈に共感するという経験は、模倣家である詩人が自分の描きたい英雄を思い浮かべ、没入した上で表現しなければ、成立しない。このように、模倣家がモデルとしての像を認識するということが端緒となって、観衆が像を見るという経験が起こるという意味で、模倣家と観衆の心理的経験は一連の因果関係のもとに捉えることができる。このときプラトンは、模倣家の心理的経験と観衆の心理的経験を個別の事態においてではなく、ミーメーシスという枠組みの中で全体的に理解しようしていると言えよう。「詩人追放論」において、ミーメーシスを像と現れの概念によって分析する存在論的・認識論的考察（595c–602c）と、模倣術による観衆への心理的な悪影響を論じた心理学的考察（602c–607a）は、どのように連結されるかはこれまで十分に論じられてこなかったので、ミーメーシスを分析する際のこうしたプラトンの意図は十分注目に値するだろう。

これに対し強い解釈では、模倣家が模倣対象から心理的な影響を受けるのと同じような仕方で、観衆が模倣産物より心理的な影響を被るというものである。この解釈では、模倣対象と模倣製作物が等しく像・現れと呼ばれている際の「等しさ」を、可能な限り文字通りに理解しようとするものだ。既に論じたように、模倣家がモデルとする模倣対象と模倣の産物は、像・現れという存在論的身分とその機能において、同じものであるとプラトンは考えている。ただし、模倣家にとって模倣対象と模倣産物が同じであっても、観衆が模倣家と同じように模倣産物を認識しているとは限らない。ある画家が人間の徳を絵画作品に作り込んだとき、その徳が画家の狙い通りに鑑賞者に伝わらないことは当然ありえる。だが強い解釈においては、同じ「あるもの」の代わりとなる像は、それを認識する主体に同じように現れ、他方、それを認識する主体は同じように心理的な影響を被る。たとえば、画家が神々やハデスを描くためには、それらの像を思い浮かべなければならない。そのとき、画家は自分が描こうとする像が、正しく神々やハデスのあり方を反映していると信じている。同様に、画家に欺かれていている鑑賞者は、神々やハデスの絵画を見て、それが正しく神々やハデスを表してしていると信じこむ。場合によっては、画家や鑑賞者は、心的に浮かび上がる神々に神々しさを感じ、感動するだろう。詩劇のケースでは、詩人や役者が英雄などの模倣対象を思い浮かべ、そこに強烈に感情移入をしながら、壇上に登場人物として実現する。優秀な演者であるならば、壇上の登場人物として実現された像は、模倣対象としての心的像が完璧に再現される。模倣対象と模倣産物という像は同じように現れとして機能するので、観衆たちはそれらを認識し受容する過程で、詩人たちが感情移入するのと同じように登場人物に共感する。言い換えれば、観衆は詩人たちが被る心理的影響をなぞるようにして共感し、追体験しているのである。詩劇において観衆は、登場人物に「共感しながら（συμπάσχοντες）」（文字通りには「共に被りながら[23]」）、「ついていく（ἕπομεθα）」とき（605d3）、もしその登場人物が模倣対象と同じ像・現れであるならば、彼らは詩人の思考上に浮かんだ像・現れに「共感しながらついていっている」と言えよう。このようにして、模倣家がミーメーシスに携わり、観衆に模倣産物を見せるというとき、模倣家と観衆は同じような心理的影響を被っているのである。

プラトンは像と現れという言葉を用いて、模倣家と観衆がリンクしたミーメーシスの構造を示しているが、詩劇において両者の心理がどのようなものであるかを比較し、詳しく論じたわけではない。だが私は、プラトンが模倣家の心理と観衆の心理をパラレルに捉えている、言い換えれば強い解釈の立場を取っていると考える。詩劇において、プラトンが観衆の心理と模倣する主体の心理があたかも重なり合うかのように、両者を区別なく論じていることは、その根拠の一つになる。

『国家』篇第3巻は第2巻に引き続き、守護者の教育について論じている。そこでは理想国家において詩人が語るべき語り方、ひいてはそれが若き守護者にもたらす影響を吟味するために単純叙述とミーメーシスという二つの語り方が区別され、考察されていた。議論の端緒としては、詩人や物語作者がどのように語るべきかが問題になった一方で、守護者が語るべき語り方に議論がスライドしていく（394e ff.）。すなわち、詩人の叙述がミーメーシスを含むべきか否か、という問題から、将来の守護者が真似に達者であるべきか否かという問題に移行しているのである。守護者は国家の守護という重大な任務に専任すべきであるため、沢山のものを真似て、学ぶべきではない。真似るべきは、立派な徳を備えた人々に限られるとされる。もっとも、こうした議論のスライドは、古代ギリシアにおける詩による教育のあり方を考慮に入れればそれほど不思議なことではない。なぜなら古代ギリシアにおいて、読み書きや朗唱を学ぶためには詩が用いられ、市民は教師のところに通うことで、それをパフォーマンスとして実践をしながら学んでいたからだ[24)]。またさらに、実際の劇場で演じられる悲劇や

＊23 『カルミデス』篇では、目の前の人間のあくびが伝染することについて、同じことを「共に被る（συμπάσχουσιν, 169c5）」という表現で描写している。συμπάσχειν という動詞はこのように、異なる主体が何らかの同一の経験をこうむることを描く際に用いられると思われる。

喜劇を鑑賞することで、そこで演じられる登場人物を一種のロールモデルとして学んだ（395a, 598d–600c[25]）。こうした背景をもとに、プラトンは詩人の模倣を論じることが、それを鑑賞して、あるいは実際に朗唱して学ぶ守護者の模倣のあり方に、直結すると考えている。言い換えれば、観衆である若者がそこから学ぶところの登場人物と、詩人が模倣対象として実現しようとする登場人物に特別な差異を設けていないのである。実際、多彩な人物・性格については、守護者が詩人の語りをもとに学んでそこに類同化するのを禁じられているが、そうした性格は同時に、詩人が真似てはいけない対象である（397d–398a）。なぜなら、多彩な性格を真似しているうちに、「真似に達者な」（394e1）人物に若者たちが成長してしまうからである。こうした、詩人の模倣対象についての議論から、若者たちが鑑賞し真似る対象についての議論へとスライドする展開に対して、プラトンは全く説明を行っていない。そうした議論の展開の中でプラトンは、詩劇の鑑賞者としての若者を、パフォーマンスを演じながら学ぶ主体と同一線上に論じながら、模倣産物から受ける心理的影響と、パフォーマーが受ける心理的影響を区別していないのである。

このようにして、観衆が模倣物より心理的影響を被ることが、模倣家の心的活動に由来していることだけではなく、模倣家の心理を踏襲することでもあるとプラトンは考えていた。このときミーメーシスの心理的な作用とは、自分に現れ、そこから心理的な作用を被った経験を、観衆において再現、共有することだと言えよう。それではなぜプラトンは、観衆の心理を模倣家の心理と連動するように描いたのだろうか。一般的に言って、詩や絵画などに対する心理的な反応のあり方は、必ずしも作家の感情移入・没入と一致することは無いだろう。むしろ現代の我々からすれば、鑑賞者たちは、作家の心理とは独立的に、あるいは「自由に」その作品に向き合うことが可能であろう。またその影響は様々であると同時に、そもそも作

---

*24　第２章第１節を参照。

*25　第２章Ⅰ節とⅢ節を参照。

品から影響を受けないことも多々あるように思われる。模倣家と観衆のどのような関係のもとに、ミーメーシスの心理学は成立するのかをわれわれは考察する必要がある。

Ⅲ．模倣家と観衆の共犯関係

プラトンは、画家や詩人をはじめ、模倣家一般を無知な存在として描いていた。たとえば画家は大工や靴職人について、彼らの技術について知りはしない。しかし彼が描いた絵画は、無知な人にとっては知を持っている人物にしか描けないもののように見えてしまう。このようにして画家は鑑賞者を騙す。他方観衆は、「知識と無知とミーメーシス」について区別ができずに、模倣家に騙されてしまうお人好しの人物として描かれる（598c–d)。「知識と無知とミーメーシス」について区別できないということは、観衆も無知であるということである。これはある意味当然のことであるが、画家が絵画という現れ・像によって鑑賞者を騙すためには、鑑賞者の無知がその背景に存在しなければならないとプラトンが考えていたことを示している点で重要である。

こうしたミーメーシスと鑑賞者の認識の関係について、プラトンは「人間の成り立ちのどの部分に対して、それが持っている働きかけの力を与えるのか」(602c4–5) という問いを立てることで、分析をしている。その際に具体的に検討されるのが、以下の錯視の例である。

> 「……同じものは近くからと遠くからでは、我々に対して、視覚を通じて大きさが等しくあらわれないだろう」
> 「そうですね」
> 「また、同じものが、水の中や外で見てみると曲がってたり、真っ直ぐでもあるし、さらに色彩について視覚が惑うがゆえにへこんでたり、出っ張ってたりもして、この種[26] のあらゆる混乱は我々の魂に内在している

のは明らかだ。陰影画（スキアグラピアー）も我々の本性のまさにこの性質を利用することで、魔術には事欠かないのだし、手品とか、他の多くの似たようなからくりもそうだ」(602c10-d4)

画家が製作する陰影画[27]は我々に視覚的な混乱を引き起こして、魔術的な効果を発揮するものであり、その仕組みは手品やからくりなどと同列に語られる。だが、「こうしたものに対して、長さを測ったり、数えたり、重さを量ることは、最も喜ばしい助けとして発明された」(602d6–7)。この測定を司るのが魂の理知的部分である。この部分は測定を通じて、「現れるもの」(602d8) の代わりに我々を支配することになるという。他方、このような測定に反して判断をするのが、魂の非理知的部分である。そして「絵画術や全般的に模倣術」(603a9–10) はこの魂の非理知的部分と、「何ら健全でも真実でもないもののために交わり合い妾であり友である」(603b2–3) のだと言われる。つまり、ミーメーシスがはたらきかける対象は、魂の非理知的部分と結論付けられている。

なぜミーメーシスがはたらきかける対象とは魂の非理知的部分でなければならないのだろうか。これについては、ミーメーシスが行われている際に、魂の理知的部分がどのような役割を果たしているかを確認する必要がある。

＊26　Slingsのように αὐτὴ ではなく、Adam, Halliwell, Murray, 藤沢に従い αὕτη で読む。

＊27　「陰影画（スキアーグラピア σκιαγραφία）」は文字通りには「影の絵」であるが、人影のような「スケッチ」・「外形を描いた絵画」を意味することもあれば、色による陰影法を利用した絵画を指すこともある。またおそらくこの陰影画の技法が用いられていたことが理由となり、「舞台背景画（スケーノグラピア σκηνογραφία）」と同一視されることもあった。用例も含めて Pollitt (1974, pp.247–254) と Keuls (1978, p.72ff.) を参照。スキアーグラピアとスケーノグラピアの混同について論じた最近の研究は Summers (2007, chap.1)。

解釈者たちが指摘する重要なポイントは、陰影画に描かれる対象とは距離を取って見て明らかになるものであり、近い距離からでは把握できないということである (Murray, p214.; Halliwell, p.133)。

注意すべきは、魂の理知的部分が行う測定は、錯視などの例に見られるような魂の混乱を解消するものではないということだ。魂の理知的部分が計測を行い正確に大きさがわかったとしても、その計測結果に反するものが現れるとプラトンは述べている（602e4-6)。たとえばミュラー・リヤー錯視においては、たとえ計測によって二つの線分が同じ長さであることが知られていても、矢羽根が外側に向いている線分の方が、内側に向いているものよりも長く見える。まさにこのように、理知的部分による計測が、我々に対して生じる相反する現れそのものを消失させることはない[28)]。我々は陰影画が二次元上のものであるとわかっていても、そこに奥行きを感じざるをえないのだ。こうした魂の理知的部分の限界は、倫理的な場面でも見られる。たとえば息子を失うなどの悲運に遭遇したとき、我々の魂において、十分に泣いて悲嘆にくれて満たされることを貪欲に求める非理知的部分と、悲しみに耐えてはよくよく取りはからい、非理知的部分を監視する理知的部分の対立が顕在化する（603e-604a, cf. 606a-b)。しかし、いくら理知的部分が優れていて我々が不幸に耐えることができても、悲しみの感情そのものがなくなることにはならないのだ。そして悲劇はまさに人間の不幸を描くことによって、我々の魂の嘆き悲しむ部分にはたらきかけるのである（603b-605c)。

むしろ魂の理知的部分のはたらきで重要なのは、水中で曲がったように見える棒や、あるいは一見不幸な出来事に引きずられることを、測定や「熟慮（βουλεύεσθαι, 604c5)」と呼ばれる活動を通じて妨げることである。現れを生み出して観衆を騙す模倣術にとって、そうした現れをあるがままに受容することを阻害する魂の理知的部分は、大きな障害になる。このことは、非理知的部分が「我々の思慮とは遠い」(603b1）と言われていること、裏を返せば、理知的部分とは思慮に近い部分であると示唆されている

＊28　Cf. 中畑（1992, p.47)「たとえば水中に在るか否かによって左右されるものの見え方の相違は、われわれが任意に変更したり抹消できるものではないのである」。

ことからも伺える。魂の理知的部分とは、模倣術が騙す人々、すなわち「子どもや無思慮な大人たち」(598c2) とは反対の性質の人間を支配している部分なのだ。

思慮を持った人間にとってみれば、(まさに議論を行っているソクラテスたちにとってそうであるように) 絵画は一見「あるもの」には見えるものの、あくまでも現れ・像に過ぎず、これを製作する模倣家は「ペテン師」(598d4) に成り下がる。魔術的な力を持っていた絵画が、そのからくりを明かされて、「あるもの」とは存在論的に本質的に異なった現れ・像として取り扱われることになるのである。そうならないためにこそ、ミーメーシスは魂の非理知的部分と「交わり合い妾であり友」(603b2) であらねばならない。

そのとき、魂の非理知的部分は、単に理知的部分の測定に抗ってミーメーシスの影響を受容する以上の重要な役割を担っている。なぜならミーメーシスにとっては、その力を十分に発揮し鑑賞者を騙し通すには、魂の非理知的部分の協力は不可欠であり、必須の条件と言えるからだ。反対に、「あるもの」を装った絵画を現れ・像に解消してしまう理知的部分はなるべく喚起してはならない。魂の非理知的部分を「呼び覚まし育て、強大にしては理知的部分を破壊する」(605b2-3) ことができれば、結果的に模倣物が魂の非理知的部分に最も強い影響を与える状況を整えることにつながる。

したがって我々は次のように言えるだろう。絵画の鑑賞者達は、画家を知者だと思い込みそして絵画を現れ・像ではなく「あるもの」として味わうためには、ミーメーシスの作用を魂の非理知的部分によって受容し騙されなければならない。その意味において彼らは子どもであったり無思慮な人々である必要がある。一方で画家達が模倣術を生業とし、現れ・像を作り出す存在である以上、彼らは常に鑑賞者の魂の非理知的部分の友となって、それを虜にするものとしての絵画を製作しなければならない。彼らは描く対象に関して無知な人々であったが、むしろ無知であらねばならない存在だとも言えよう。なぜなら彼らが鑑賞者を騙すような現れを産み出す存在であるかぎり、その現れの源泉としてのモデルの現れを認識し、対象として模倣せざるをえないからだ。言い換えれば、「優れた現れ」を産み出すためには、「あるもの」ではなくまさに「現れるもの」にこそ知悉していなければならないのである[29)]（601b9–c2）。画家は、魂の非理知的部分を喜ばそうとする限り（cf. 605b7–c3）、無知から脱することはできないのだ。このことは同じ模倣家である詩人についても、類比的に当てはまるだろう。ソクラテスが画家の無知に基づいて詩人の無知を論じるとき、詩人とはあたかも画家のように、彼が模倣する対象について知りはしないし、さらに本質的に知ろうとすることもない。なぜなら彼らは聴衆の魂の低劣な部分を満足させるためにこそ現れ・像を認識しなければならないからだ。それこそがミーメーシスが最も成功する状況であるとプラトンは考えている。

模倣家が描こうとする対象の現れ・像を捉えて、同じ現れ・像としての模倣物を作るとき、その絵画が本質的に鑑賞者の魂の低劣な部分に交わるものであるのならば、模倣家と観衆の無知は非常に根深いものとなる。まず、絵画のような模倣物が魔術的な力を十全に発揮するためには鑑賞者の魂の非理知的部分に向けて描かれなければならない。その意味では、絵画は魂の非理知的部分に依存すると言える。一方で、画家がそのような絵画を制作するために、現れ・像を見て取ろうとし、「あるもの」の知的把握に向かおうとしないのであれば、観衆の魂の非理知的な部分が彼の認識行為を拘束しているとも言えるのではないか。画家は鑑賞者を騙すために絵画のモチーフとして現れ・像を認識しているが、実は鑑賞者の方でも、現れ・像がもたらす快楽に耽る一方で、画家に「あるもの」の知的認識を許さないのである。その場合、ミーメーシスとは画家の個人的な活動にとどまらず、鑑賞者もその根本から関与しているとも言えよう。ミーメーシスとは言わば、思慮に向かわせる魂の理知的部分を排除しながら模倣家と観衆が紡ぎ上げる、共犯的な営みであるのだ。

以上のような、模倣家と観衆の共犯性は、詩作のケースにおいてより顕

＊29　模倣家が「現れるもの」についてだけは、専門家としてよく知っていることをプラトンは認めている（601b10, cf.601c10）。

著である。模倣家によって騙された人間は、彼が「あらゆる職人技術や、その他一人ひとりが知っている限りの全てのことをも熟知している人間」(598c8-d1)、「全知の人」(598d4-5)であると思い込む。こうした全知の評判は詩人についても同様で、彼らは「あらゆる技術を知っているし、徳や悪徳に関わる人間のことや、神のことまでも知っている」(598e2-3)と言われている。しかしこうした評判をソクラテスは徹底的に斥けて、詩人に無知の烙印を押す。実際、詩人達は医術について語っていても、彼ら自身が誰かを健康にしてはいないし、医者の弟子を後世に残したわけではない。戦争や軍の指揮、ポリスの運営にしても同様である。彼らにそういったことができないのは、語ろうとする対象についての「徳や美しさや正しさ」(601d4)を知らないし「正しい信念」(602a4)を持っていないからに他ならない[30]。

このように詩人が無知であるのは、詩人の認識能力の欠如のみによって説明されるものではない。なぜなら、詩人が模倣する対象の認識と決定は、観衆に左右されているからである。

> 「ところで、激しやすい性格といえば、多く様々なミーメーシスを許すけども、思慮深く平静な性格は、常に自己自身に一致しているから、(詩人達が)模倣することは容易ではないし、模倣した場合に(観衆が)よく理解するのも難しいのではないか? とりわけ劇場に集まる雑多な人々にとってはね。なぜならそのミーメーシスは彼らにとっては他人事になっているからだ」
> 「まったくもってその通りですよ」
> 「したがって明らかに、真似に達者な詩人は魂のそのような部分に本性的に(πέφυκε)向かってはいないし、彼の知恵(ἡ σοφία)はそれを満足させるようにできてはいないのだ。もしも大衆の間で好評を博したいのならばね。むしろそれがよく真似しやすいという理由で激しやすく多彩な性状に彼は向かうのだ」(604e1-605a5)

＊30　Cf. 601b9-602b10。

この記述は詩人が模倣しやすい内容と、しにくい内容があるということと、それが同時に観衆の理解のしやすさに連動していることを告げている。前者は激しやすい性格であり観衆の好評を得る。後者は思慮深く平静な性格であり観衆にとっては「他人事」である。重要なのは、詩人という存在は、こうした観衆の評判と関わりあいながら、「本性的な仕方で（πέφυκε）」向かう方向が決まっており、同様に彼の「知恵（ἡ σοφία）[31]」も観衆を満足させるようにできている点である[32]。詩人達は英雄の悲運を描いて、非理知的部分を満足させて喜ばす（cf. 606a6–7）。それがうまくできる詩人ほど我々は「優れた詩人として真剣に賞賛する」（605d4）のである。

以上のように、詩人の活動は観衆の魂の非理知的部分を満足させることを目的としている。そのとき詩人が語るもの、すなわち模倣物としての像・現れは、鑑賞者の魂の非理知的部分のために生み出されなければならない。模倣物としての現れ・像が観衆に快楽をともなって受け入れられるとき、詩人はそれを生み出すためのモデルとしての像・現れに向かい、「あるもの」を知ろうとすることもない。他方観衆の魂の理知的部分は、

＊31　398a1–2ではポリスに受け入れるべきではない詩人とは、「知恵によって、どのような人にもなれて、あらゆるものごとを模倣する人」だと言われている。無論これらは、アイロニカルな表現である。

＊32　観衆の評判と詩作の連動性は第3巻において既に示唆されている。「しかしグラウコン、（詩の）混合された様式も楽しいものではあるし、君の選択とは反対の様式なんて、子どもや教育係、そしてほとんどの大衆にとってもこの上なく楽しいものなのだよ」（397d5–7）。また倫理的悪影響の懸念から検閲すべき詩に関して次のように語り、優れた詩作が大衆の快楽に向かうことが述べられている。「……以上の詩句やまた似たような全ての詩句を我々が削除しても、怒ったりしないようにホメロスや他の詩人達にお願いしよう。これらには詩的情緒があって大衆にとって聞くのが快いのを否定するわけではないということでね……」（387b1–3）。また第6巻では、大衆の好みを知る画家や音楽家たちは知を持っていると考える者について言及がある（493d）。
　さらに『ゴルギアス』篇においては、悲劇の目的は、快楽を与え観衆を喜ばせることであり、観衆にとって有益なこと語ることではないと言われる（502b）。この箇所についての Trivigno の解釈は独特で、観衆の有益性を目指す言わば「善き悲劇」が除外されているわけではないと理解している（2011, pp.129–131）。

詩作が立派になされるためには、観衆にとっても詩人にとっても防げである。なぜならその部分は、詩を味わうことを「監視」(606a8) して阻害し、詩の効力を弱めてしまうからである。

かくしてミーメーシスという営みは観衆をも巻き込んだ仕方で行われる。詩人は観衆を喜ばすために「あるもの」について無知でなければならない[33]。他方観衆は、詩を鑑賞するために思慮を持ってはならない。そして詩人が観衆の魂の理知的部分を破壊して知恵を失わせるが、観衆もまた詩人が本当の知恵に向かう機会を奪うのである[34]。というのも観衆は、自分の魂の非理知的部分を満足させる模倣物を要求し、そのような模倣物を提供してくれる詩人こそを評価するのだから。優れた詩人であろうとする限り、その人は観衆の魂の非理知的部分のためにひたすら現れ・像を追い求めなければならないのである。「ホメロスの賛美者たち」(606e1) や、詩を愛好する「保護者たち」(607d7) は詩人に騙されるだけの一方的な被害者ではない。ミーメーシスとは、模倣家と観衆の双方が互いに知へと向かう機会を失わせるという、言わば知的に閉じた系を築き上げる共犯的な営みなのである。

Ⅳ．小括

本章ではまず、ミーメーシスにおいて、像や現れという言葉をプラトンが用いる際にどのようなものを念頭に置いているのかを検討した。それらは単に詩や絵画一般という「ジャンル」というよりは、英雄の行為などの

＊33　もしかしたら何らかのきっかけで、ミーメーテースもまた「あるもの」を認識する可能性はあるはずだと、主張する人がいるかもしれない。しかしその場合、ミーメーテースは自らの生業を放棄して、何らかの仕方で「あるもの」の関わる仕事をするとプラトンは考えるだろう。第3章Ⅳ節を参照。

＊34　第4巻の魂の三区分説においては、魂の理知的部分によって人が知者になることが語られていた (441sqq.)。

具体的な題材・場面を指示している。このことは、そうした具体的な場面に言及する観衆の心理についての議論を、現れ・像というタームに基づいた存在論的な議論と結びつけて解釈することを可能にする。

次に模倣家にモデルとして現れる模倣対象と、模倣家が作る模倣物がともに現れ・像と呼ばれる意味について考察した。これらの用語は、模倣家が自分の心に浮かんだ像を模倣物に作り込むという製作行為を説明すると同時に、彼がモデルから心理的な影響を受け、そして観衆が模倣物から影響を受けるというパラレルな関係を示すものである。そしてそうしたパラレルな構造において、観衆は模倣物に共感しながら、模倣家の没入的感情移入を追体験している。

プラトンは『国家』篇において、全ての芸術作品、あるいはより広く表象一般が鑑賞者の情動を引き起こすメカニズムを説明することを意図したわけではない。プラトンにとって、模倣家が作ろうと思ったことをうまく表現できないケース、あるいは観衆に伝わらないケースは、言わば失敗したミーメーシスであって、そこに批難の矛先は向けられてはいないのである。彼が論じているのは、ミーメーシスが最も成功するケース、すなわち模倣家が観衆を騙し「あるもの」と像・現れを存在論的に転倒させるような状況についてであり、私が本章で論じたミーメーシスの心理学は、そのような状況を支える背景的装置である。模倣家は魂の非理知的部分にはたらきかけることで観衆に幻覚的な現れを受け入れさせ、理知的部分の「測定」を阻害しなければならない。他方詩劇における観衆は、たとえ立派な人でも、測定を行う魂の理知的部分の活動を停止して、嘆きや悲しみを喚起されることに快楽を感じ、そうした感情を促す現れを詩人に求める[35]。そのようにして言わば詩人の活動を拘束し、自分たちが知には向かわない状況を共犯的に肯定しているのである。

*35　コールリッジは、言わばフィクショナルな世界がはらまざるをえない数々の矛盾に目をつぶる観衆の心理状態を、「喜んで疑念を差し止めること（willing suspension of disbelief）（Coleridge, *Biographia Literaria,* 2.6.）」という概念を提出することで描いたことは有名である。プラトンによる観衆の心理についての説明は、この“willing suspension of disbelief”についての先駆的な議論であると言えるかもしれない。詩劇における幻覚的な現れに対して魂の理知的部分の監視を緩めるということは、「測定」によって容易に露見してしまう詩劇の世界の矛盾やおかしさを問題にせず、騙されたままでいるということに他ならない。プラトンはさらに踏み込み、なぜ観衆が現れに疑念を挟んで真実を明らかにしないのかについて、「他人ごと」であるという理由で説明している。我々の魂は元来、嘆き悲しむなどの強烈な感情に浸ることを飢え求めているが、現実ではそうした感情に振り乱されることは恥であると考える（603c–604a）。しかし詩劇においては「他人ごと」であるがゆえに、こうした感情に突き動かされることに恥を感じる必要は無いのである。この箇所における「恥」とそれを支えるロゴスの働きの分析については中畑（2005）を参照。コールリッジの“willing suspension of disbelief”の解釈については、Abrams（1953, p.324）を参照。

第５章

詩人批判の射程
――『国家』篇と『ソピステス』篇における模倣術の検討

これまで我々は、『国家』篇第10巻の「詩人追放論」において、詩人が批判される理由について様々な観点から検討してきた。それはたとえば、詩人の知的認識が劣っている点、詩人が生み出すものが劣悪である点、また詩人が携わる模倣術が我々の魂の劣った部分に働きかけそれを育む点がそうであり、こうした観点から理想国家には「詩作のうちで模倣をもっぱらとするものを決して受け入れはしないこと」（595a5）が検討されていたのである。第10巻での議論が、ミーメーシスや模倣術に全体的に（ὅλως, 595c7, 603a10）関わる以上、そこへの批判は詩一般に適用されると考えるのが自然である。だが他方で、第３巻においては「より渋くて、より快楽を喚起しない詩人と物語作家」（398a9–b1）が理想国家の教育のために採用されていたことを思い出さなければならない。第３巻で国に受け入れなかった詩人とは、どんな人物にでも成り代わって詩作できる楽しい詩人である（398a–b）。他方、優れた人物のミーメーシスのみを行い、劣悪な人間についてはミーメーシスではなく、単純叙述によって語る詩人は理想国家に受け入れられていた（396c–e）。こうした詩についての正反対とも思える扱いについて、我々はどう理解すれば良いのだろうか。

『国家』はある特定の時期に一気に書き上げたものではなく、書き直しや、書き足しをした上で完成したことで知られているが、ある解釈者は、第10巻の議論は補足的な付け足しとして書かれたのであり、だからこそ第３巻の文芸論との一貫性が欠如しているのだと考えている[1)]。しかしながら、仮に第10巻の文芸論が付け足しとして加えられたものだとしても、そのことは、第3巻までの議論の成果を破棄したり、議論の一貫性を損なうことを正当化しない。むしろ一見齟齬に思われる記述の背景を解き明かし、可能な限り合理的な解釈を施すことが我々には求められるだろう。実際、第10巻の冒頭においてソクラテスたちは、理想国の建国の仕方が正しかったことについて、中でもとりわけ詩作を念頭に置きながら、次のように確認している。

> 「たしかにわれわれのこの国については」とぼくは言った、「ほかの多くの点でもこの上なく正しい仕方で国を建設してきたと思うけれども、しかしぼくは、とりわけ詩作についての処置を念頭に置いてそう言いたい」(595a1-3)

ソクラテス達はこれまでに語られた詩作についての議論の意義を再認識し、再び文芸論を展開しようとしている。その限りにおいて、詩作やミーメーシス概念についての吟味は、これまでの議論を踏襲しようとしていると考えるのが自然である。

そこで解釈者たちは、様々な仕方で『国家』第2-3巻と第10巻の文芸論の齟齬を解消しようとしてきた。中でも最も有名なのがTateによる、ミーメーシスを良いものと悪いものに分類するという解釈である[2)]。Tateは、『国家』篇の第3巻で国家に受け入れられるようなすぐれた人物の語り方のミーメーシスは良いミーメーシスであり、第10巻で議論になっているものは道徳的に有害な悪いミーメーシスであると論じている。

ある特定の詩を受け入れ、またある特定の詩を斥けるというプラトンの扱いをどう理解するかという問題は、『国家』篇に限らず、他の対話篇におけるプラトンの文芸観、あるいは模倣術の扱いとも連関した形で解釈さ

＊1　Nettleship (1922), p. 340. Cf. Else (1973) p. 7; Annas (1981), p.335. むしろ第10巻が『国家』篇の中でも最初期に完成し、その後他の巻とともに書き直されながら完成していると考える近年の研究もある(Tarrant, 1994)。

＊2　Tate (1928).

れることも多い。こうしたアプローチで有名なのは新プラトン主義者のプロクロスの解釈である。彼はプラトンの『ソピステス』篇における「似像製作術（εἰκαστική）」と「現れ製作術（φανταστική）」という模倣術の区分に言及し、第10巻における詩作に対する批判的議論の焦点は後者の現れ製作術にあり、似像製作術的な詩作は国家に受け入れられるものであると考えている[3)]。言い換えれば、模倣術には良いものと悪いものがあり、「詩人追放論」は悪い模倣術のみが論じられているというものである。

以上の二つの解釈アプローチがあるとき、我々はプラトンの詩の扱い、そして模倣術の扱いについて、同様に二つの観点から検討をする必要があるだろう。すなわち、『国家』篇の内部において一貫的なプラトンの文芸論やミーメーシス概念を見出すことができるかどうか、そして『国家』篇における文芸論やミーメーシス概念は『ソピステス』篇などの他の対話篇におけるそれとどのような関係にあるかを考察しなければならない。

Ⅰ.『国家』篇におけるミーメーシスと文芸論

Tateの議論は、ミーメーシスという活動全体を、善いものと悪いものに分類した上で、優れた詩作が前者に属し、劣悪な詩作が後者に属すとしている（図１）。この解釈は、『国家』篇の詩作についての議論に一貫性をもたらすが、ミーメーシス概念理

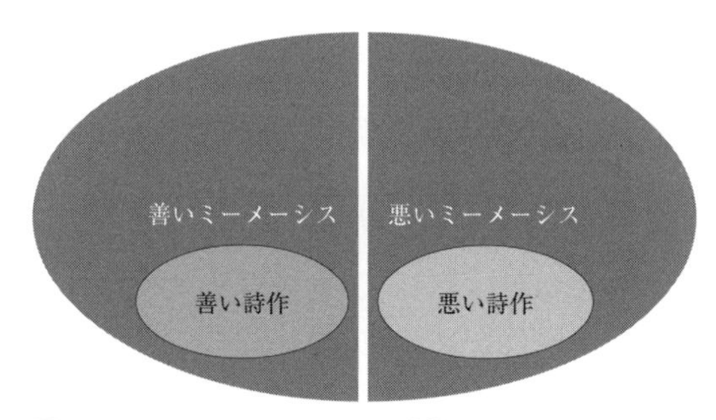

図１　Tateのミーメーシスの分類

＊３　1. 189. 2–3, 190. 26–27, 196. 18ff, Kroll.

解についての齟齬を解決していない。Tate は第 3 巻において国家に受け入れられる語り方で構成される詩、あるいはそういう詩を語れる詩人が詩作したものを善いミーメーシスの例としている。すなわち善いミーメーシスとは、優れた人物が有徳の仕方で行為をする場合は積極的に真似をして、他方劣った人物については真似をせずできるだけ単純な叙述で済まし、「ミーメーシスと単純な叙述の両方のやり方を含みはするけれども、ミーメーシスが占める部分は、長い話のなかで少ししかない」(396e4-7) という語り方で詩作された作品である。他方、悪いミーメーシスとは、劣った人物や動物や騒音などありとあらゆるものの真似をして、詩作の全体は真似で一杯か、単純な叙述を含んだとしてもごくわずかに過ぎないような語り方によって詩作された作品である (397a-b)。

そもそも注意しなければならないのは、第 3 巻の議論はミーメーシス概念自体を分類するものではなく、叙述の分類として「単純な叙述」との対比でミーメーシスを提出しているということである (図 2)。言い換えれば、詩劇における単純な叙述との対比で提出されたミーメーシスは、詩作全体を包括できるような概念ではない。そして有徳な人々のミーメーシスはこの叙述形式としてのミーメーシスを実行する際の一具体例に過ぎない (図 2 の右側に属する)。もし詩作が全てミーメーシスであり[4]、かつ第 3 巻の分類における「善いミーメーシス」と「悪いミーメーシス」で全ての詩作のあり方を尽くせるとすれば、ミーメーシスではない単純な叙述は詩作には含まれないという非常に奇妙なことになってしまう[5]。なるほどたしかに、優れた人物のミーメーシスか劣った人物のミーメーシスか、という仕方で真似をする対象の違い

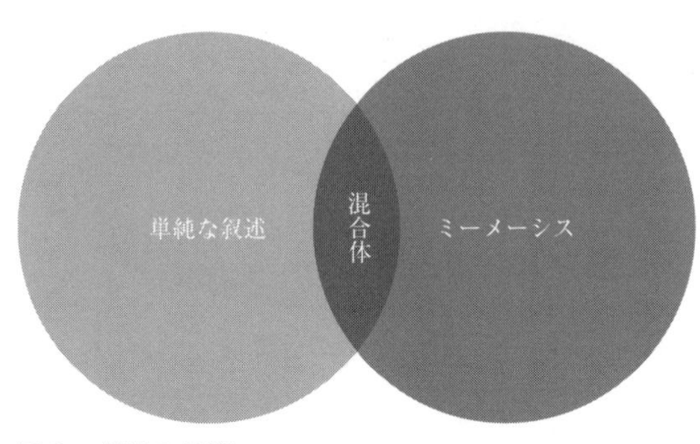

図 2　叙述の分類

については論じられている。しかしNehamasが指摘するように[6)]、そうした真似の対象に応じて、ミーメーシスの活動自体が質的に変化すること、言い換えればミーメーシスという活動それ自体が善いか悪いかの判断は下されてはいない。結局のところTateの議論は、国家に受け入れられている詩を「善いミーメーシス」と呼び、批判的に扱われている詩を「悪いミーメーシス」と呼ぼうとしているに過ぎない。詩が全てミーメーシスであるならば、たしかに優れた詩を善いミーメーシスとし、劣った詩を悪いミーメーシスと分類することは可能であるしプラトン自身もこうした分類を認めるだろう。しかしこのときのミーメーシスは、詩という個々の「模倣活動による産物（ミーメーマ）」を指すものであり、第3巻における物真似・演技という叙述法におけるミーメーシスと対応するものではない。

ここで、『国家』篇第2–3巻において、詩人たちがどのように詩作につくことになっていたのかを再確認しよう。詩についての議論は守護者の教育が発端となっており、そこでは詩人たちが語るべき内容と語るべき語り方が示される。たとえば、神々は善きものの原因であること、変身し虚偽をはたらく存在ではないこと、立派な人々があの世を恐れたり、英雄が悪事をはたらくことはないことが、詩作に反映すべき内容である。というのも、真理（389b2）を大切にするソクラテスたちにとってこういったこと

＊4　アリストテレスは『詩学』の冒頭で「叙事詩篇や、悲劇の創作、さらには喜劇、ディテュランボス創作、また笛や竪琴の音楽の大部分、これらすべては、全体として見れば、ミーメーシスにほかならない」（1447a13-16）と述べており、詩作をミーメーシスとして理解することは、当時のギリシアにおいて自明であったと思われる。Cf.『国家』373b.

＊5　小池（2005, pp.148-149）は、単純な叙述もミーメーシスになりうるという議論を展開することで、独自の仕方でこの批判を避けている。すなわち、ミーメーシスとは語りにおける「メタ性」によってもたらされるものであり、単純な叙述という自分自身の語りでさえ、詩とは離れた自分の日常的な語りから後発的に生じるという意味で、メタ的である。よって単純叙述も「メタ性」に与った語りであるという意味で、ミーメーシスであると考える。第4章注6を参照。

＊6　Nehamas (1982), p.49.

は真実（378c1, 391c1）でも敬虔でもないからである。他方、語るべき語り方とは、優れた人物を真似て、大部分は単純叙述（392d5）で済ます語り方であって、こうした語り方をする「渋くて楽しくない」詩人をソクラテスたちは採用したのであった。

それでは理想国家に受け入れられる詩人は、どのようにして語るべきすぐれた事柄を、すぐれた語り方によって語れるのだろうか、第2－3巻においてソクラテスたちが強調しているのは、詩作の内容や語り方を決める自由が詩人たちには認められていないということである。彼らはあくまでも理想国家における「立法者（νομοθέτης）」が定めた「法（νόμος, 380c7–8, 383c7）」や「型（τύπος, 379a1–2, 383a2, 387c10, 398b3）」に沿って詩作することが求められている。さらに彼らは立法者たちによって、「優れた品性の似像を詩に作り込むように、そうでなければ、立法者のところで詩作をしないように監督されるべきで（ἐπιστατητέον）、強制されるべきだ（προσαναγκαστέον）」（401b1–3[7]）と言われている。

このことは、第10巻における詩人批判の観点の一つである、模倣家が知的認識が劣っているという点と関わり、模倣家の欠落点を補完する可能性を示唆する。次のテクストを確認してみよう。プラトンは知的認識のあり方を基準としながら、模倣術と他の職人技術に区別を設けている。

> 「それぞれのものについては、何かこうした三つの技術があるのではないか。つまり使うための技術、作るための技術、模倣するための技術という」
> 「そうです」
> 「そうするとそれぞれの道具、生き物、行為の、徳と美しさと正しさは、他ならぬ使用に関わっており、その使用のためにそれぞれのものは作られたり、生じたりしているのではないか」
> 「その通りです」
> 「とすると全く必然なことだが、それぞれのものを使う人が最もそのもの

＊7　また377c1においても理想国家において語られるべき物語の内容について、物語作家は「監督されなければならない（ἐπιστατητέον）」と言われている。

に熟練していて、それを使用するにあたっては、製作者がどの点で善くあるいは悪く作っているかを、彼に告げる人になるのだ。たとえば、アウロス吹きは、アウロス職人に対し、どのアウロスが吹くのに役立つかについて告げて、どのようなものを作るべきかを命じ、職人の方はそれに従うだろう」

「もちろんです」

「したがって、笛の善し悪しについて、一方の人は知りながら告げ、他方の人は信じながら作る」

「そうです」

「では同じ道具について、製作者はその良さと悪さに関する正しい信念を持つことになり、それは知っている人と付き合って、知っている人から聞かなければならないからだ。他方、使う人は知識を持つということになる」

「その通りです」（601d1–602a2）

プラトンは、手綱や馬銜（はみ）などの馬具、それに笛などを挙げながら、こうしたそれぞれの物に関わる技術は、「使用のための技術」と、「作るための技術」と、「模倣するための技術」の三つあるとしていた。そして使う人こそが、そのものがどのようなものであるべきかを知っている。なぜなら、「道具や生き物や行為それぞれの徳や美しさや正しさは、他ならぬ使用（πράξεως）に関わっている」（601d4–5）からである。彼は作り手に対して、自分が使うものの善し悪しを伝える。これによって作り手は、道具の善し悪しについて「正しい思惑（ὀρθὴ πίστις）」を持つ。対して、模倣家は描く対象の知識を使用によって持つことがないこと、加えて次のようなことが同意される。

「…それとも、模倣家は正しい思惑を持つことになるだろうか。強制によって（ἐξ ἀνάγκης）知っている人と交わり、どのようことを描かなければいけないかを命令されることによって」

「違います」（602a4–7）

ここで模倣家は、知を持っている人と交流したり、命令を受けるよう強制されるような存在ではないとされる。これは立法者の定めた法に則り詩作することが求められ、監督を受けることになる第2－3巻の詩人たちとは、状況が全く異なると言えよう。ここで、理想国家の建設は第9巻までの議論で完了していたこと、そして第10巻は再開という形で文芸論に着手していたことを思い出したい。第10巻で批判対象として具体的に言及されているのはホメロスや悲喜劇の作家、つまり既に存在する詩人や既存ジャンルで評判高く活躍する人々である（598d-e, 605d, 606c, cf. 394d）。ここで私が提案したいのは、理想国家から追放されるのは既存の、あるいはこれからも理想国家の監督下に入りえない詩人たちであるということである。言い換えれば、理想国家の建国過程には理想国家専用の詩人が組み込まれており、その国の支配者の監督に従うという条件付きで、プラトンは詩人の詩作活動を認めていたのではないだろうか。

追放される詩人たちをよそに、支配者の命令に即した詩作が認められることは、第10巻「詩人追放論」の内部でも示唆されている。というのもホメロスをはじめとする詩人たちを追放する際、「神々への賛歌」や「優れた人への頌歌」のみが例外的に理想国家に残されているからである（607a）。神々への賛歌は、ソクラテスが最初期に建設した「豚の国家」（372d5）にも見出せるし（372b7）、理想国家においても、儀式（459e7）や優れた人々に栄誉を与える際（468d8）に用いられる。これらの記述は、第10巻において例外的に認められる詩は教育や宗教的儀式などという理想国家建設の過程で必要とされた詩と一致するという主張を支持する。つまり、支配者の厳密な管理の上で作られる詩は、彼らの目的に即する形で、言わば「テーラー・メイド[8)]」として理想国家の秩序と体制に組み込まれている

＊8　Nehamas（1982）, p.69.

＊9　Keuls（1978, p.29）はこうした賛歌や頌歌が理想国家に残される理由は、それらが物真似を含まないからであると考えている。既に述べたように、詩が物真似を含むことそれ自体は、『国家』篇第10巻におけるプラトンの詩人批判のポイントではない。また第3巻においても物真似としての叙述は、詩作の語り方から不適切なものとして排除されてはいない。

のである[9]。

もっとも、既存の詩人たちはときには独力でも優れたことを言い表すことがあるだろう。実際、指揮官に対して従順であるべきことや敢然と行軍する軍勢の様子、そして英雄の忍耐強さを描いたホメロスの詩句は、理想国家の教育において語られるべき詩の内容の事例として挙げられている（389e, 390d）。だが、こうした詩句を含んでいたとしても、ホメロスなどの既存の詩人たちを教育のテクストとしてそのまま採用する理由にはならない。なぜなら彼らは、対象について知識を持っていることが理由で、優れたことを描けたというわけではないからだ。事実、詩人たちは不敬虔なことや真実ではないことを多く語っているし（378b–c, 380c, 391d–e）、さらにプラトンは、第10巻においては、詩人たちが知者ではないこと、また知者になりえないことを執拗に論じている。彼らは知識の探求ではなく、むしろ、観衆の魂の非理知的部分を歓ばすことに向かう存在なのであった（605b–c, 606a–d）。

ところで、第10巻「詩人追放論」の議論は、冒頭での「ミーメーシスとは全体として何であるのか」（595c8）という問いから出発していた。実際その後、ミーメーシスという営みが絵画などの例を通じて批判的に検討される。したがって、詩がミーメーシスである以上、様々な観点からの模倣術への批判は、あらゆる詩に当てはまると思われるかもしれない。だが、「ミーメーシスとは全体として何であるか」という問いには注意が必要である。なぜなら『国家』篇の第10巻における実際の議論は、ミーメーシスという語が関わる行為や営みの全てが検討されているわけではなく、詩作や絵画制作、舞台上のパフォーマンスなどの営みに限定されているからである。このことは「ミーメーシスは全体として何であるのか」という探究が、「模倣術全体」（603a10）を扱うものに置き換えられていることからも確認できる[10]。すなわち、実際のところ、『国家』篇の第10巻では専門的・職業的な模倣家の営みのみが扱われているのである。したがって

＊10　この点についての、Belfiore（2006, p.95）の指摘は正しい。

「ミーメーシスとは全体として何であるのか」という発言にもとづいて、『国家』篇の第10巻において、ミーメーシス概念が適用される全ての営みが規定されていると考えるのは誤りである。言い換えれば、ミーメーシスという概念それ自体が『国家』篇で問題とされているわけではないのである。快楽を目的とする詩作術がミーメーシスと言い換えられていることからも示唆されているように（607c5[11]）、快楽をもたらすという仕方で観衆を巻き込む、専門的な詩作術としてのミーメーシスが「詩人追放論」ではターゲットになっている。

したがって、第10巻の冒頭で確認された、「詩作のうちで模倣をもっぱらとするものを決して受け入れはしないこと（Τὸ μηδαμῇ παραδέχεσθαι αὐτῆς ὅση μιμητική 595a5[12]）」とは、詩はミーメーシスであるから受け入れるべきではない、ということを意味しない。むしろ本書において我々が確認してきたように、観衆を喜ばせ、「あるもの」と「像」を転倒させるような詩作——しかもそれは詩作術の本質的な性質である——を追放していると、解さねばならない。「神々への賛歌」や「優れた人々への頌歌」を作ることは、詩作である以上たしかにミーメーシスではあるが、立法者という知者の監督下で行われる限り、観衆の快楽への要求に応えたものではないのだ。

以上のことを踏まえて、第3巻におけるミーメーシスと、第10巻におけるミーメーシスの関係をまとめると、次のようなものとなる。第10巻において批判的に論じられていたのは、政治術や統師術、医術などの他の専門

＊11　ἡ πρὸς ἡδονὴν ποιητικὴ καὶ ἡ μίμησις. この記述は一般的に「快楽を目的とする詩作術、すなわちミーメーシス」という言い換えが行われていると理解されているが、例外的に Halliwell（2005, ad loc.）は hendiadys であると文法的に理解し、「快楽を目的とする詩的ミーメーシス」と解釈している。この解釈は快楽を目的としないミーメーシスが存在する可能性を担保することを目的としている。だが、ここでの記述だけでは、批判を受けるミーメーシスとそうでないミーメーシスが、プラトンの中で分類されているかどうかは判断できないだろう。

＊12　本書第３章注11を参照。

技術と対比される模倣術という技術と、その技術によって遂行されるミーメーシスという営みである。既に論じてきたように模倣術は、観衆の快楽を喚起しながら像を「あるもの」ととりちがえさせて騙す技術であり、その意味において、ここでのミーメーシスという営みが内包する事象は限定されている。つまり、ミーメーシスという言葉で描写される事象全般や、模倣行為全般（そこには次章で触れる神真似びも含まれる）が議論の対象となっているわけではない。理想国の支配者のもとで行われる詩作は、詩作である限りミーメーシスではあるが、第10巻におけるミーメーシス論の範疇外にあるのである。

他方、第3巻で論じられたミーメーシスは、「叙述」という物語や詩におけるパフォーマンスとしての発言様式の一形態であり、「真似る」という語り方を意味している。そこで、ミーメーシスについて懸念されていた点とは、パフォーマーにおける真似る対象への類同化作用であった。そうした観点から、優れた人々のミーメーシス、劣った人々のミーメーシスというように、類同化していく対象とひも付けされた形で一方は推奨され、他方は禁じられている。叙述の形式として、単純叙述はミーメーシスと対立する概念であったが、詩作の意味でのミーメーシスとは矛盾する概念ではない。詩作の意味でのミーメーシスによって作られた詩が、たとえばディテュランボスのように、単純叙述だけによって構成されていても何も問題はないのである（394c)。第3巻でのミーメーシスの善し悪しは、詩の善し悪しを直接的に決定づけるものではない。実際、詩の善し悪しには、そうした語り方とは別に、「何を語るべきか」という詩の内容もまた決定的に重要であるからだ。

Ⅱ．『ソピステス』篇における模倣術

プラトンは『国家』篇の他に、『ソピステス』篇においても模倣術について吟味する議論を展開している。プロクロスの解釈によれば、模倣術の

下位区分である「似像製作術」と「現れ製作術」のうち、実は後者の現れ製作術が『国家』篇で批判にさらされていた。この解釈は、プラトンは『国家』篇において模倣術を包括的に論じたわけではない、ということを含意する[13]。はたして本当にプラトンは『国家』篇に提示した模倣術理解を、『ソピステス』篇において変更したのだろうか。もしそうであれば、必然的にミーメーシス概念、そして模倣術についての議論に基づいた『国家』篇の「詩人追放論」、そしてその一部をしめる絵画についての理解も変わっていなければならない。プラトンの思想における文芸論あるいは模倣術理解を明らかにするためにも『ソピステス』篇の議論を我々はたどっていこう。

『ソピステス』篇の主題はソフィストの技術の規定である。エレアからの客人は、いわゆる分割法を用いてソフィストを定義していくが、その過程で、ソフィストの技術は様々な形として現れてしまい、単一の名で呼ぶことができないことに彼は困惑する（232a)。そこでエレアからの客人が着目するのが、ソフィストが論争に長けており、その技術を他の人々に教えるという特徴である。彼らはあらゆるものの論争に長けており、実際には知識を持っていなくとも何でも知っていると言われる。こうした問題を把握するために、例として持ち出されるのが絵画制作術であり、この絵画制作にもとづきソフィストの技術はさらに説明される。画家は動物や天地神々にいたるまで何であっても、彼が描こうとするものの模倣物（μιμήματα, 234b6）を遠くから見せて、知恵のない若者達に何でも作れるのだと思わせることができる。同様にソフィストもまた言葉における像を作り出し、若者を欺いて自らを知者に思わせることができる（234c-d)。この画家とのアナロジーによってソフィストは、「一種のいかさま師であり、模倣家である」(235a8）と言われるのである。これらの議論は、『国家』篇において論じられていた内容と酷似していることが一見して気付く。

＊13　Halliwell（2002, chap. one-Ⅲ, chap. four-Ⅱ, とりわけ pp.128-131）は『ソピステス』篇の「似像製作術」を一つの根拠に、『国家』篇のミーメーシスについての議論が決定的でないとし、哲学的模倣家を想定する。

『国家』篇において、模倣術は絵画制作術にもとづいて規定されていた。そして『ソピステス』篇においても、類としての模倣術、そしてその同義語である「像製作術（εἰδωλοποιική）」は、絵画制作術を例に説明されている。そして、『ソピステス』篇における模倣術の議論は、『国家』篇における模倣術についての多くの基本的な論点を相続している[14)]。その限りにおいて、プラトンの『国家』篇における模倣術についての理解が、大枠においては『ソピステス』篇においても変化していないと想定するのが自然であると思われる。

しかし『ソピステス』篇においてこの模倣術がさらに似像製作術と現れ製作術に分割されたとき、こうした理解が困難になる。エレアからの客人は、像製作者が作り出す像の原物に対して持つ均整と色彩のふさわしさという観点から、模倣術をさらに分割する。

> 私がこの技術のうちに見るものの一つは、似像を作る技術なのだ。これが成立するのは、とりわけ次のような場合である。すなわち、似たものを作り上げるにあたって、長さと幅と深さにおいて原物がもっている均整（τὰς τοῦ παραδείγματος συμμετρίας）にこれを合致させ、さらに加えてそれぞれの部分にふさわしい着色をほどこすというやり方をとる場合がそれだ（235d6–e2）

この似像製作術に対して、現れ製作術は実際の均整ではなく、美しいと思われる均整を像の中に作りこむと言われる（236a4–a6）。というのも実際の均整を作りこむと次のようなことになってしまうからである。

> いや、少なくとも、何か巨大な作品を塑像として作ったり、画に描いたりする人たちは、そうではないはずだ。なぜならそういう場合、もし美しい原物のもっている真正の均整（τὴν τῶν καλῶν ἀληθινὴν συμμετρίαν）を

＊14　納富（pp.132–133、また Notomi, 2011, pp.311–313）は、『国家』篇における詩人についての議論と、『ソピステス』篇におけるソフィストについての議論の類似点を詳しく列挙している。

そのまま作品に与えるならば、君も知っているとおり、上方の部分は小さく見えるだろうし、下の部分は大きく見えすぎることになるだろうから。一方はわれわれによって遠くから見られ、他方は近くから見られるためにね（235e5-236a2）

他方現れ製作術が作り出す像は、見るものの視点を利用して、美しいモデルに本当は似ていないが美しく思われる現れを作るのである[15)]。

議論の経過からすると、ソフィストの技術は現れ製作術に属すると言われ、もう一方の似像製作術は批判的に検討されていない。似像製作者はモデルとの真正の均整[16)]を模倣製作物に与え、適切な色彩を施すとすれば、これは『国家』篇における模倣術の描かれ方と異なるようにも見える。なぜなら、『国家』篇において模倣家は、実物をモデルとして精確に模倣するというよりは、実物の現れを模倣するに過ぎないと言われているからである。たとえば、画家は寝椅子を描くとき、寝椅子の現れを正面や斜めから現れるままに描くのであって、実物そのものに考察を加え、その均整を表現するようなことはない。そのとき、『ソピステス』篇における類としての模倣術は似像製作術を含むように、『国家』篇の模倣術よりも広い概念であると解釈者によって理解されることになる。

この広がりの程度は、似像製作者が似像に作りこむ真正の均整をどう解釈するかにかかっている。『ソピステス』篇において似像製作術についての記述は非常に少ない。ある解釈者は「真正な均整」を、抽象的かつ理想的な比だと理解して、そこに哲学的な活動の介在を読み込む[17)]。『ピレボ

＊15　現像製作については、絵画などの2次元の芸術についても当てはまることが言及されている（236b9）。模倣対象が2次元的なものであれば、似像製作術による絵画があるだろうとHalliwell（2002, p.63）は考えている。

＊16　『法律』篇では均整は等しさ（ἰσότης）とも呼ばれている（668a1）。

＊17　似像製作術が作りこむ均整という概念の、美術における重要性を指摘する際、ポリュクレイトスの『カノン』に言及するのが通例で、そこでは美とは諸部分によって成り立つ均整に宿ると言われており、抽象的で完璧な形象に関わる均整が語られている（Galen, *De Placitis Hippocratis et Platonis*, 5:45. Cf. Pollitt, 1972, pp.14-15; 神埼 , 1999, pp.72-74.）

ス』篇において「適度（μετριότης）や均整は、結局、美と徳ということになる」（64e）と言われ、また『国家』篇においてそれらは真の天文学者の考察対象とされ（530a）、計測（μετρεῖν）が理知的部分の思考と密接に語られていること（602c–603b）に鑑みれば、『ソピステス』篇における均整もまた知識や学に基づき、現象的なものごととは異なった「真実」（236a4）に関わると言えるかもしれない。真正の均整に形而上学的な、あるいは哲学的な意味合いが込められているとすれば[18)]、似像製作者は哲学的な考察を行ない、それによって把握した真理を製作物に作りこむ哲学的模倣芸術家とも解釈されうる。

実際にPollittはそうした解釈の可能性を示している[19)]。彼は『ソピステス』篇における似像製作術を、『ティマイオス』篇のデーミウールゴスによる恒常不変なモデルに基づいた製作に結び付けた上で、偉大な芸術家がイデアの発出としての作品を生み出すという解釈を示し（28a6–b1）、また実際にこの路線を取る者もいる[20)]。このように直接的に関連付けなくとも、『ティマイオス』篇においては模倣概念が拡張されていると捉え、その拡張の萌芽が『ソピステス』篇における似像製作にあるのだとする解釈もある[21)]。以上のような解釈は、『ソピステス』篇における類としての模倣術やそれについての理解が、『国家』篇のそれから、大きく変化していることを認めていると言ってよい。『国家』篇の議論は「現れ製作術」に関わるものであるというプロクロスの理解も、こうしたプラトンの文芸論・芸術論の多面性を示すために解釈者によって注目されるものである。

＊18　納富（2002, pp.158–160）は哲学者を念頭に置きながら、似像製作者は実物の真理に関わり、現像を似像から区別する能力をもつ人だと理解している。

＊19　Pollitt（1972）, p.47.

＊20　Joly（1974）, p.50, pp.227–228. 他方 Philip（1961, p.459）は似像製作術と『ティマイオス』篇との関係を否定した上で、似像製作術は現れ製作術との単なるシンメトリーのために導入されたものであり、それに対応するような製作物は存在しないと考えている。

＊21　Halliwell（1998）, pp.117–118, Halliwell（2002）, pp.61–71.

Ⅲ.『国家』篇と『ソピステス』篇における模倣術の関係

これまで、我々は似像製作術が『国家』篇の模倣術の議論では捉え切れないという解釈を確認してきた。これに対して私は、『国家』篇と『ソピステス』篇の模倣術は基本的には一致すると考える。もちろん『国家』篇で議論された模倣術と『ソピステス』篇における模倣術が全く同じものであるとまで言うつもりはない。既に確認したように、『国家』篇の第10巻で議論された模倣術は、基本的に詩人や画家などの模倣芸術家が用いる技術である。そこではソフィストは模倣家というよりはむしろ——皮肉を込めてだが——模倣術を扱う詩人とは対比的に描かれている（600c-d）。したがってその限りで、ソフィストの技術を内包する『ソピステス』篇の模倣術の議論は、『国家』篇よりも広い領域を形成している。

加えて、『国家』篇の第10巻と『ソピステス』篇の議論の目的が同じではないということも、確認する必要がある。プラトンが『国家』篇で詩人たちを批判したのは、ギリシア世界において詩人、とりわけホメロスが知的権威として扱われ、彼らの詩がギリシアの人々に対して倫理的に重大な悪影響を与えていることへの危機感からであった。そして『国家』篇における模倣術の分析は、詩人から知者としての資格を奪い、彼らの創作物が低劣であることを示すという目的に向いている。他方『ソピステス』篇において、ソフィストの技術は模倣術の一種とされるが、このことは単にソフィストを批判的に扱うのみならず、現れの真偽性を問えること、さらには虚偽があることの論証という中央部の議論の端緒となっている。というのもそもそも、「あらぬものがある」ということを前提としなければ虚偽は成立しえず、影像・似像・現れなどの「本当にあるのではないが、何らかの仕方であるもの」（cf. 239e-240c）がありえなくなってしまうからである。

だが、こうした模倣術が占める領域の拡張や、議論の目的の相違は、『国家』篇と『ソピステス』篇の模倣術理解に共通の基盤を求めることを不可能にさせるほどのものだろうか。『国家』篇において、模倣家が哲学的な活動とは無縁な存在として描かれているのは明らかである。彼らは実際のものごとに知識を持っているわけではない。なぜなら誰かが本当に模倣される対象についても知識を持っているのであれば、その人は模倣物の製作に熱心になるということはないからである（599a-b）。そして、模倣物は真実から遠く離れているがゆえに、まがいものとして非難されていたが、こうした非難は、単に模倣家が無知であることを前提するのではなく、模倣家の認識論的な限界も明らかにすることで展開されている。実際、彼らが製作するものの存在が、像・現れを見て取る主体に本質的に依存するものである以上、模倣家は鑑賞者の魂のうちの、影像や現れに影響を受けやすい部分（すなわち魂の非理知的部分）に向かわざるをえないと言われていた（602c-605c）。

では、『ソピステス』篇の似像製作術に携わる人々は、鑑賞者に向けて像を製作するにもかかわらず、こうした現れについての理解を超えて知を追求し・把握する哲学的模倣家たりえるだろうか。私にはこうした解釈は困難であると思われる。

まず、テクストとしてはそのような似像製作者の哲学的認識について何ら述べられていないということをあらためて確認する必要があるだろう。似像の成立要件として言及されているのは、似たものを製作するための、「長さと幅と深さにおいて原物がもっている均整」と適切な「着色」という言わば原物への忠実性に関わる要素のみである。こうした要素を備えた像が特殊なものではない、つまりとりわけ厳密な哲学的な活動の産物ではないことは、対話者であるテアイテトスが、あらゆる像製作活動がそのような像を作るのではないかと返答していることからも示唆されている（235e3-4）。そして続く議論では、特殊な像を製作するのはむしろ現れ製作術の方であり、より説明が必要とされているのである（236a-b）。

また似像製作術が作品に作りこむ、「美しい原物の持っている真正の均整」の扱われ方についても注意しなければならない。これはたしかに似像製作術のみが像に作りこむ要素である。だが現れ製作術もまた、真正の均整と密接に関わっていると私は考える。たとえば、巨大な塑像を製作する際は、こうした均整をそのまま塑像に与えると、上が小さく下が大きく見えてしまうと言われる。こうした事態に対して、我々の錯視を利用することで、原物のようにそのまま美しいと思われる均整を作り込むのが現れ製作術である。したがって、現れの製作者は「美しい原物の持っている真正の均整」を事前に認知した上で、錯視的効果を用いて、たとえば巨大な塑像の上方を大きく、下方を小さく作る人々であると考えなければならない。その場合、「真正の均整」が仮に哲学的な探求と関わりがあるとすれば、ソフィストがそこに属することになる現れの製作者もまた、そうした探求と関わることになってしまい、これは対話篇の展開からして明らかに不合理である。おそらく現れの製作者も知ることができるという「真正の均整（ἀληθινὸς συμμετρία）」とはおそらく「ほんものの均整」「実物が持っているそのままの均整」という意味に過ぎないと思われる[22]。

またさらに、似像製作術と現れ製作術の分割には似像と現れの相違はもちろん、欺きという行為も重要な基準となっている。ソフィストの技術を似像製作術と現れ製作術のどちらに入れるべきかエレアからの客人たちは困惑に陥った（236c-d）。しかし、中央部での議論で虚偽、そして虚偽の言表と判断があることが明らかになったので、「欺きの技術（ἀπατητική）」が可能になり、ソフィストの技術は現れ製作術に入れることができることになる（263c-264d）。他方、似像製作術がこうした欺きに関与しないことは、現れ製作物のみが欺きの技術と言い換えられていることから示唆される（240d）。もちろん「あらぬものを**ある**」とする虚偽の判断自体は像一般について成立しうる。しかしとりわけ現れ製作術は、モデルに似ていない現れをモデルに似ていると鑑賞者に思わせるのである。他方、似像製作術にはそのような欺きはない。なぜならどれだけ巨大に再現された似像で

＊22　ἀληθινός が「実物の」あるいは「本物の」の意味で使われている用例として、無名氏の『両論』3.10を挙げられる。「というのも、悲劇の創作と絵画の創作では、誰であれ本物（τοῖς ἀληθινοῖς）と似たものを作って最高に騙した人が、最も優れた人であるから」。

も、それが似像である限り、モデルに忠実な均整が保たれているからであり、それを見てとれないのは鑑賞者、あるいは彼の視点に問題があるからである。このとき真正の均整とは、模倣家の知識や哲学的探究の所産というよりはむしろ、モデルに似ていないものを似ていると鑑賞者が判断する事態を成立させるための、前提として働いている。なぜなら、真正の均整のようなある種の基準がない限り、モデルに本当に似ている、似ていないということは問題にできないからである[23)]。

知を持っているか否かという観点に立脚して技術を分割しているのは、むしろ現れ製作術の中でも身体や声を用いる物真似としてのミーメーシス[24)]を分割するときである（267b-e)。そこでは、物真似をする人のうちには、真似る対象を知っている人と知らないで真似る人がおり、この知っていることと知らないこと（ἀγνωσίας τε καὶ γνώσεως, 267b9）よりも重要な分割はないとされる。そして知らないで、思わくを伴うもの（τὴν μὲν μετὰ δόξης）は、「思わく的模倣術（δοξομιμητική）」と、他方知識を伴うものは（τὴν μὲν μετὰ ἐπιστήμης）「ある種のヒストリケー・ミーメーシス（ἱστορικήν τινα μίμησιν）」と呼ばれ、ソフィストの技術は前者に属するとされるのである。この物真似術の分割においてはじめて模倣家の知が問題になっているとすれば、より上位の類である模倣術の分割は同じ基準によって行なわれてはいないと言える。そのとき、似像製作術と現れ製作術は、真正の均整についての知っている、知らないという点で分割されたわけではない、と

＊23　ところで、次の箇所を指摘して、似像製作者の認知能力の方が現像製作者よりも優れていると、反論がなされるかもしれない。「正しくない視点から見ているために、美しい現物に似ているように見えるけれども、実はしかし、人がそれだけ巨大な対象を充分に見てとる力を得たならば、似ていると称されるその当のものに似ても似つかぬものであるような、そのようなものをわれわれは何と呼んだらよいだろうか？」(236b4-7)。しかしこの記述は基本的に製作者ではなく鑑賞者の認識に言及したものである。

＊24　影像製作術と同義的に用いられる模倣術と、現像製作術の種である物真似的な模倣の関係については、Philip（pp.453-468)、納富（2002, pp.290-293）を参照。

いうことになる。したがって、似像製作術のみが種として知識にもとづいているということを主張することはできない。

物真似としてのミーメーシスを分割する際の、知る、知らない、あるいは「知識を伴う」、「思わくを伴う」という表現がどこまでの含意を持っているかを特定するのは難しい。「知識を伴う」ことが知者、あるいは「ヒストリケー・ミーメーシス」が哲学的活動を示唆しているのだろうか[25]。だがもしそうだとすると、欺きの技術である現れ製作術の下位区分の領域に、知者や哲学者が関わる活動が立ち現われてくるという非常に奇妙なことになってしまう。ここでの知は哲学的な探求の末の学知というのではなく、端的に情報や事実を認知しているという意味で取るべきではないだろうか。そしてこれは ἱστορικός という形容詞が持つ語義にも適合する。というのもその同族語である ἵστωρ, ἱστορεῖν, ἱστορία は、事実や情報を探査することを、その基本的な意味として持っているからである[26]。実際、こ

---

*25 藤沢（1979）はヒストリケーを探求的と訳し、真実を探求する芸術家の可能性を読み取る（pp.419–420補注 B）。そしてそうした哲学的芸術家の可能性が『国家』篇でも否定されていないと考える。「…芸術作品のもつ真実性は、ひとつにはその作家がどれだけ対象の本質を具現したイメージ（感覚像）をもちうるかに依存するから、その意味では、作家が知識と真実の探求者であること（『ソピステス』267B における「探究的ミーメーシス」参照）、つまり、ひとりの芸術家のうちに哲学者が共存することは可能である」。私見では藤沢の議論は、芸術の敵対者という古典的なプラトン像に対抗するものとして、我が国におけるプラトンの芸術思想解釈に一つの方向性を与えてきた。

既に論じたように、『国家』篇に描かれる詩人などの「芸術家」の詩作が、監督者の命令によってのみ許されるのであれば、詩人たち自身が知識と真実の探求者でなくとも、藤沢の言う「対象の本質を具現したイメージ（感覚像）」をもつことは可能であろう。だがそれは支配者としての哲学者たちと、彼らに監督されながら教育詩を作る詩人という役割分担においてはじめて成立する事態であり、『国家』篇内部の文脈に限れば、哲学的芸術家の存在は専業原則に反しているため認められるものではないと考える。

*26 Press（1982）, p.31. ἵστωρ やその同族語の展開についても同書を参照。「ある種のヒストリケー・ミーメーシス」については、'a sort of informed imitation (p.34)' と訳し、同様の訳は N. P. White（1993）にも見られる（'informed mimicry'）。

こで知の例として挙げられているのは、テアイテトスその人とその姿・格好（σχῆμα）という事実として認知されるような事柄である。テアイテトスの姿・格好を認知していれば（γιγνώσκων）、その情報に基づいた上で真似をすることができる。そうした情報を知らなければ、何らかの仕方で思わくした上で模倣するしかないのである[27]。

『ソピステス』篇において、模倣家が似像製作を行う中で「真正の均整」に関わったり、あるいは「探究的ミーメーシス」に携わることは、その模倣家が哲学探究の所産としての知識を持っていたり、あるいは哲学的探究をすることを意味しない。さらに、類としての模倣術の分割は似像製作者の知的な優越性に焦点を当てるようなものではない。以上の見解が正しければ、模倣術を批判的に検討するという議論の類似性に鑑みて、『国家』篇における模倣術が『ソピステス』篇における類としての模倣術と、大枠では違わないと言うべきであると私は考える。

この解釈のメリットは、『国家』篇と『ソピステス』篇における、プラトンの模倣術理解の一貫性を維持できるということだけではない。プラトンにおいて、あるべき模倣家の活動の仕方と彼らの製作物とは何かという点でも、従来よりも一貫した立場を見出すことができる。本章第Ⅰ節では『国家』篇において詩人は、立法に携わる支配者の監督のもとでのみ詩作が許され、自由な創作は許されないと論じた。こうした監督が必要なのは、詩人を始めとする模倣家たちが、ものごとの善し悪しについての知識を持たずに、観衆の快楽を満たすために模倣物を生み出しているからである。だが従来の『ソピステス』篇の模倣術解釈は、模倣家に哲学的探求の可能性を見出しているがゆえに、模倣家が哲学的内容を製作物に込める可能性

＊27　267cでは全般的に多くの人々が、正義や徳全体の姿・格好を知らずに、何らかの仕方で思わくをして模倣をすることが語られている。だがこのことは正義や徳全体を知った上での模倣があることを意味しない。なぜなら、ここでの分割は模倣対象の種類ではなく、むしろ端的に、自分が模倣する対象を知っているかどうかという認知状態にもとづいているからである（267b7–9）。

をも認めることになっている。このとき、『国家』篇の模倣家と模倣物のあり方は大きく修正されていることになる。だが『ソピステス』篇より後の、プラトンの最晩年に書かれた『法律』篇ではむしろ、『国家』篇と同じような、支配構造にもとづいた模倣物の製作について論じられている。私の『ソピステス』篇の模倣術解釈は、模倣家に知的な特権を与えないという点で、『国家』篇から『法律』篇につながるような、プラトンによる模倣家と模倣術、そしてその産物の位置づけに一貫性をもたらしうる。

たとえば、『法律』篇第2巻では模倣術に属する詩作や音楽や踊り、さらには絵画や彫刻について、エジプトのものは美醜が一万年変わらないとして非常に高く評価されている（656d–657c）[28]。これはプラトンの「芸術」観を反映するものとして幾度となく引かれる有名な箇所であるが、こうしたエジプトの造形芸術が一万年にもわたって変わらず維持されている理由は、そこではムーシケーに関する法が立派に制定されているからである（656c）。そうした法を定めるのは、模倣術的活動に携わる「作家（ποιητικός）」ではない。むしろ彼らは既に定まっている法を曲げてしまうため、危惧すべき存在なのであって（656c–e）、ムーシケーの立法に携わる存在として言及されるのは、「神か誰か神的な人」（657a8–9）である。よって、『国家』篇と同様『法律』篇においても、優れた法が定められて、それに模倣家が従って模倣活動に携わるという構造を見出すことができる。また、模倣家が独自に生み出すべき模倣物を決定することは、既存の規範を転倒させることにつながりかねないため、厳に戒めるという考え方も両対話篇で共通している（cf.『国家』篇424b–c）[29]。プラトンにとって模倣家

＊28　『国家』篇の第10巻の寝椅子職人はイデアに目を向けていた。プラトンにとって、あたかもこの寝椅子職人のように、エジプト美術はイデアを模倣するものだったと考えるGombrich（1962, p.107ff.）の解釈は有名である。

　また『法律』篇に語られている模倣術がそのまま、『ソピステス』篇のそれと対応すると私は言うつもりはない。実際、『法律』篇では模倣術一般が似像製作術と同義で使われているように見える（697c9–d1, 668a6–7）。

＊29　『法律』篇ではさらに、こうした法の変革の原因が「快楽と苦痛の探求」（657b4）であると明確に言及されている。

たちは自分たちが製作すべきものを規定する法について知識を持たない。模倣家がどのように模倣術に携わり、産物を生み出していくかは「立法に関わることであり、政治に関わること（νομοθετικὸν καὶ πολιτικὸν）」（『法律』篇657a5）である以上、それは立法者や政治家の範疇なのである。

Ⅳ．小括

本章では主に『国家』篇と『ソピステス』篇を考察の対象としながら、プラトンが模倣家をどのように扱っているのかを論じてきた。『国家』篇では、第10巻において、一見あらゆる詩作がミーメーシスという概念のもと非難にさらされているように見える。しかしそこでのミーメーシスは専門的な模倣術によって遂行される、像・現れの製作であるという点で、狭められた意味でのミーメーシスである。

我々は『国家』篇の文芸論を解釈する際に、ミーメーシスが複数の観点から語られうることに注意しなければならない。すなわち、あらゆる詩作や絵画制作、楽器演奏などはそれぞれ、人間の創作的営みの「ジャンル」として「ミーメーシス」と呼ばれうる。他方で、第10巻で批判される詩作は、詩作という意味でミーメーシスであることに加え、像・現れを製作し観衆を騙す行為というプラトン独自の哲学的負荷がかかった仕方で「ミーメーシス」と呼ばれている。つまり前者の意味ではミーメーシスだが、後者のミーメーシスには属さない営みもあるのである。そして理想国家に残されることになる「神々への賛歌」「優れた人々への頌歌」はまさにそのような営みによって生み出された詩であると私は論じた。これらの詩を創作することは、詩作という意味ではミーメーシスであると言えるが、従来の専門的な模倣術とは異なり、観衆の快楽を志向するものではないという意味で、第10巻において批判されているミーメーシスには属さない。そしてこうした詩は、優れた哲学的詩人の可能性を示すものではなく、知者である支配者たちの監督下のもとで作られる詩であると私は論じた。

続いて私は、『ソピステス』篇における模倣術は、『国家』篇において批判されている模倣術と一致する技術であることを主張した。従来、模倣術の種である似像製作術は、哲学的な活動に携わる模倣家の存在を示唆するものであると考えられてきたが、そうした解釈は困難であることを論証した。こうした理解が正しければ、『法律』篇も含め、プラトンの中期から後期に至るまでの、模倣家に対する態度が一貫しているという見通しを得られる。

以上われわれは、プラトンの詩人や模倣家に対する態度を、その背景となるミーメーシス概念とともに、複数の著作を通じてどのようなものであるかを論じてきた。最後に、本書の目的を超えた問題についてひとこと言及しておこう。それはプラトンの文芸論、あるいはミーメーシス論において、プラトンの対話篇自体はどう位置づけられるかという問題である。M. Nussbaum の主張によれば、プラトンの対話篇は、紀元前 5-4 世紀において倫理的な教師の役割を果たした詩人たちに対抗する形で作られた反悲劇的な劇としてのドラマであり、それは哲学的な仕方で読み手に真実を探求させるために設計されているという[30)]。たしかにプラトンの対話編は悲劇作品と同様に、複数の「声」によって成立している。そしてここに従来の詩劇とは異なった形での新たなドラマを見て取るのは魅力的な解釈ではある。私が述べられることがあるとすれば、この解釈は決して詩劇と哲学を折衷するようなものではないということである。Nussbaum は悲劇とプラトンの対話篇の違いを強調しながら、ドラマという用語を媒介にして両者を同じ文学的な土俵の上に立たせている。これは、広い意味での文学的営みとして悲劇と対話篇を同列に扱うものだが、哲学的詩人の存在を担保するわけではない。プラトンの文芸論の内部で語るとすれば、プラトンの対話篇は韻律を伴っていない点で、明らかに詩とは異なる創作物である[31)]。

私がむしろ着目したいのは、プラトンの著作には、既に触れた神真似びのように、哲学者の活動がミーメーシス系の語によって描写されているこ

＊30　Nussbaum (2001), 122-136.

とである。こうしたミーメーシスはどのような活動なのだろうか。はたして詩作や絵画制作などの芸術的活動と関係するものなのであろうか。この点について次章で論じていきたい。

＊31　アリストテレスは『詩学』の冒頭において、「ソクラテス的対話篇」(1447b11)をミーメーシスとして扱っている。ソクラテス的対話篇は、少なくとも登場人物たちの行為を模倣・再現しているという点においてミーメーシスであると言って問題はない。この箇所については、プラトンが書いたような対話篇が（プラトンの詩人批判にも関わらず）詩的であるという皮肉が含まれているという解釈も存在する（Else (1963), ad loc.)。

第６章

世界構造の装置としてのミーメーシス

――『ティマイオス』篇におけるミーメーシス概念とその哲学史的意義

３章から５章にかけて、プラトンにおける模倣術についての理解と模倣家の位置づけ、そしてミーメーシスという営みがどのようなものであるかを論じてきた。そこでのミーメーシスに携わる主体とは、詩人、画家、音楽家、彫刻家など、職業的な専門家であった。彼らが行うミーメーシスとは、ある描写したいモデルの像を、何らかの媒体を通じて実現し、観衆に見せるという活動である。だがミーメーシスという概念は、こうした模倣家による模倣活動・行為のみによって説明されるわけではない。第１章で論じたように、ミーメーシス関連語群が用いられるコンテクストは多様であり、プラトンにおいてもその多様性は見られる。ただし、『国家』篇と『ソピステス』篇が模倣術自体を議論のトピックとして扱っているため、プラトンのミーメーシス概念を論じる解釈者たちの関心はこれらの対話篇に集中しがちであり、それ以外の箇所での模倣関連語の用例とその思想的重要性が論じられることは驚くほど少ない。そこで本章ではとりわけ『ティマイオス』篇に着目し、そこでのミーメーシス系の語の用例を精査したい。というのも『ティマイオス』篇においてプラトンは、ミーメーシス概念をそれまでの歴史に比べて適用範囲を拡張して用いており、しかもその用い方が、以後の哲学史において極めて重要な影響を与えたと思われるからである。

プラトン『ティマイオス』篇において、ミーメーシス系の語は神的な職人・デーミウールゴス（δημιουργός）が生成する万有を創成する過程を描くために用いられている。すなわち、デーミウールゴスは可知的な「模範（パラデイグマ παράδειγμα）」を見て、それにもとづきコスモスを整える[1]。そしてデーミウールゴスによって創成され整えられるものは、パラデイグマの模倣物（ミーメーマ μίμημα）と呼ばれている[2]。またさらにその一方で、神々——すなわちデーミウールゴスの子どもたち——と哲学者たちは、デーミウールゴスあるいは神的なものを模倣すると言われている[3]。この永遠的で神的なものを模倣するという宇宙的・形而上学的・哲学的ミーメーシスは、プラトンの宇宙論を理解する上で重要であることは言うまでもないが、加えてプラトンの美学思想のスコープを理解するための鍵ともされる概念である。実際、解釈者たちの考えでは、このミーメーシスの用法は、形而上学的な真実を把握しそれを作品に植え込むことができるような、哲学に通じた芸術家の可能性を示唆しているとされる[4]。しかしながら、この神的な模倣家とその芸術という考え方は、『ティマイオス』篇より先に書かれた対話篇『国家』篇の10巻の記述とは明らかに齟齬をきたす。『国家』において模倣家は、全体として無知な者として弾劾されており、真実とは無縁の存在として描かれているからである。こうした議論は、『ティマイオス』篇における宇宙論的・形而上学的文脈におけるミーメーシスをプラトンの美学的思想に還元するという解釈傾向に由来している。形而上学的なミーメーシスについての近年の再評価は、ミーメーシス概念

＊1　『ティマイオス』において「万有（τὸ πάν）」は、「宇宙（οὐρανός）」や「コスモス（κόσμος）」と言い換えられており、これらの呼び方の違いにティマイオスはこだわりを持ってはいない（28b）。

＊2　48e6. Cf. 38a7, 39e2, 80b7

＊3　注16参照。

＊4　芸術に携わる神的な模倣家の可能性は Pollitt（1974, pp.47-48）によって提案されている。また Joly（1984, pp.227-228）がこうした見方を共有しているように見える。Zeyl がこうした立場を取っているかは明確ではないが、彼はデーミウールゴスについて、『国家』における模倣家と比較して次のように書いている。「アーティストとして、その作り手は「模倣家」（mimētēs, cf.『国家』第10巻597e ff.）であり、よって模倣するためのモデルが必要である」（xxix, n.54）。

史あるいは古代美学史における重要な成果である[5]。そしてこの成果はプラトンの模倣家に対する態度は『国家』篇第10巻において決定的に表明されている――そこでは模倣家は全般的に厳しく批判されていた――という単眼的な見方を突き崩すものであると考えられている。しかしながら私は、神的な模倣家の可能性をプラトンの『ティマイオス』篇に読み込むことは困難であることを論じる。

パラデイグマと感覚知覚可能なこの世界の関係は、プラトンの可感的世界についての理解だけでなく、『ティマイオス』篇における形而上学的な議論の位置付け方とも関わっている。『ティマイオス』篇の議論は基本的にフィジカルな世界を説明するものとなっている、というのがこの対話篇についての一般的な理解だと考えてよいだろう[6]。このように対話篇を読んだ場合、『ティマイオス』篇の形而上学的議論は、読者にとってコスモロジーを理解するための助けとして機能している。他方で、この世界を描写する際のミーメーシス系の用語、そして「似像（εἰκών）」という用語は、デーミウールゴスによって作られたコスモスが、オリジナルとして存在する可知的なパラデイグマに類似したレプリカであることを示唆している。その場合、『ティマイオス』篇におけるコスモロジーは、実は永遠的なパラデイグマの概要を把握するための一種の通過点、あるいは手段として機能しているという解釈もありうる[7]。しかしながら、私の理解では、『ティマイオス』篇の形而上学的な文脈におけるミーメーシスが含意するところのものは、宇宙がパラデイグマのレプリカであること以上の内容を持って

＊5　とりわけHalliwell（1998, pp.115-118; 2002, pp.15-16）を参照。彼はプラトンとプラトン以前の形而上学的・宇宙論的ミーメーシスの用例を調査している（本論第1章V節を参照）。ミーメーシスは新プラトン主義において、実在の階層的な関係を描くために極めて重要な用語として機能しているが、Halliwellは『ティマイオス』の用例に言及しながら「物質的・時間的世界と超越的領域・不変の実在との関係を言及するために、ミーメーシス系のタームを使用することは、プラトン自身に備わっているのである」（2002, p.333）と述べている。

＊6　Zeyl（2000）, xxxiii; Broadie（2012）, p.61.

＊7　注11参照。

いる。すなわち、この宇宙に内在する、パラデイグマに類同化するという物体の傾向性・振る舞いを示すためにミーメーシス系の用語が適用されていると私は考える。その意味において、ミーメーシスはまさしくこの世界を説明するためのターム、言い換えればプラトンのコスモロジーにおける重要な用語として位置づけられる。

I．パラデイグマとコスモス

ティマイオスが万有の成り立ちについて話を始める際、彼は「それは生成したのか、あるいはまた生成はしたことがないのか」（27c5）と尋ねる。彼自身の答えは前者が正しいというものである。そして「常に（ἀεί）」あるところの「あるもの（τὸ ὄν）」と、「決して（οὐδέποτε）」あらぬところの「生成するもの（τὸ γιγνόμενον）」という存在論的な区分を導入する。これらのうちの「一方は理性（λόγου）の助けをともなった思惟（νοήσει）によって把握され、常に同一状態にある。これに反して他方は非理知的な感覚知覚の助けをともなったドクサによって思わるものであり、これは生成と消滅をしながら、本当の意味で決してあらぬものである」（28a1–4）とされる。万有・コスモス・宇宙は生成したものであり、その起源を持つとされる。なぜなら「それは見られるもの、触れられるものであり、物体の形を取るのであって、全てこれらは感覚されるものである。そしてこの感覚されるものとは、感覚知覚の助けをともないドクサによって把握されるもので、生成し生み出されるものであることは明らかとなっている」（28b7c2）からである。そしてこのようなコスモスをデーミウールゴスは次のように作ったとティマイオスは論じる。

「さて、もしもこの宇宙が美しいものであり、デーミウールゴスがすぐれた善きものであるなら、この者が永遠のものに注目したのは明らかです。しかし、もしもその逆に、口にするのも許されないようなこととしたら、その場合には、製作者は生成したものに注目したことになります。すると、永遠のものに注目したということは誰にとってもはっきりしているわけです。というのは、宇宙は、およそ生成した事物のうちの最も美しいものであり、その製作者はおよそ原因となるもののうちの最善のものだからです。そこでこのように生成したのですから、宇宙は、理性と知恵（φρονήσει）によって把握され、同一状態のままであるものに応じて（πρὸς）製作されたのです。さてこれらがその通りであるとすれば、このコスモスとは何かの似像（εἰκόνα）であることは、絶対的必然（πᾶσα ἀνάγκη）です」(29a2-b2. 種山訳を改変)

コスモスは永遠不変のパラデイグマに即して、理知的活動によって把握された構造のうちに形作られる。そしてこのパラデイグマとコスモスの関係は「似像」という用語で示されている。しばしば解釈者達よって指摘されているように、コスモスについて使用される似像系のターム、すなわち「似像（εἰκών）」、「似像として作られる（ἀπεικάζεσθαι, 29c1）」「似ている（εἰκώς, 29c2）」によって、我々はプラトンのイデアとそれに対応する像の関係を想起させられる。仮にそのような意味で似像といった用語が用いられているのであれば、それは、コスモスが『国家』篇中心巻の線分の比喩における水面上の影や像、夢に出てくる事物のように[8]、永遠的なパラデイグマの像や表象に過ぎないということを強調しているようにも思われる。言い換えれば、この世界の万物は、オリジナルに相当するものよりも劣ったコピーに過ぎないということになる。

こうしたパラデイグマとコスモスの関係についての理解は、ミーメーシス系用語によっても支持されうるかもしれない。ティマイオスは、起源を持ちそして視覚対象であるものは、可知的で永遠的なパラデイグマの模倣物（μίμημα）であると述べている（48e6, 50c5）。さらに言えば、ミーメーシス系の用語は時間の創成の文脈で似像とともに用いられている。すなわち、

＊8　『国家』篇509d, 510b-d, 511a, 517a, d. Cf. 520c-d;『ソピステス』篇266b-c.

デーミウールゴスは宇宙を秩序付ける際に、「一のうちに静止する永遠について、数に即して運航する永遠的な似像（εἰκόνα）を作った」（37d6-7）とされる。デーミウールゴスが宇宙を永遠的に運航する似像に基づいて秩序づけたのは、その宇宙が「永遠なる生き物」と呼ばれるパラデイグマに、可能な限り似るようにしたがためである（37d1-2）。永遠そのものを宇宙に授けることは不可能であるが、代わりに彼は「時間」と呼ばれる永遠の似像を作ったのである。時間は「数」あるいは数的比例関係にもとづいて周期的に運動するものであり、「永遠を模倣する（αἰῶνα μιμουμένου, 38a7）」と言われる。そして星々と惑星の周期的な運航を伴いながら、コスモスは「完全たる理性対象の生き物と永遠の本性を模倣する（τὴν τῆς διαιωνίας μίμησιν φύσεως）という点で可能な限り似たものとなる」（39d8-e2）。

可知的なパラデイグマと可感的なコスモスとの関係を説明するために、解釈者たちからは二つの解釈が提示されている[9]。その一つは、コスモスはレシピあるいはデザインとしてのパラデイグマをもとに実現された存在だというものである。この解釈はパラデイグマが把握されるあり方に注目することで生じてくる。パラデイグマは可知的であり、理性と知恵によって把握されると言われるが、このことは人間の職人の場合における図表や設計図のように[10]、デーミウールゴスがパラテイグマを知的に参照して扱っていることを示している。その場合、コスモスである似像とは知性によって把握される本質を実体化したものである。他方、もう一つの解釈では、コスモスはデーミウールゴスによって創造される、パラデイグマのコピーないしレプリカであるとされる。この解釈はミーメーシス系の語の含意が、コスモスがパラデイグマの模倣物であることを示しているのであれば、強くサポートされる[11]。

本章の目的から言って、こうした『ティマイオス』篇のコスモロジーの全体的構想を取扱うわけにはいかないが、ミーメーシス系の語が『ティマ

＊9　Broadie (2012), pp.60-83; Perl (1998), pp.82-83.
＊10　Broadie, ibid. p.73.

イオス』篇の中でどのように用いられているかを確認することで、ミーメーマとしてのコスモスが持つ含意を明らかにすることができると考えられる。パラデイグマとミーメーシスの関係を描く際、どのような意味でミーメーシスが用いられているかは曖昧である。だが注意に値するいくつかの点を次に挙げることができる。

第一に、これはミーメーシス系の語の一般的な用法に即しているが、『ティマイオス』篇においてもミーメーシスはある二つのもののヒエラルキー的関係を背景に用いられている。すなわち、永遠的なパラデイグマに対して、生成するものが対置されており（29a）、これは時間が永遠的本性の模倣物であるという既に触れた時間の創出の場面についても当てはまる。言われている。両者が類似していることは、似像という用語によって明確に描写されているが、永遠的なパラデイグマが、生成するコスモスの模倣物であるというように、シンメトリカルにミーメーシス系の語が用いられることはない。

第二に、こうしたヒエラルキーを背景にして、ミーメーシス系の語はより下位のものが上位のものへと向かうような目的性・傾向性を含意しているように見える。第1章V節で確認した伝ヒッポクラテスやピュタゴラス派についてのテクストからわかるように、存在論的なヒエラルキーを背

＊11　Broadie（ibid, pp.73-74）によれば、この二つの解釈のオプションは、対話篇全体の読み方に影響する分岐点となる。もし、コスモスがコピーに過ぎないのであれば、われわれ読者の注意は――われわれが『国家』篇において感覚知覚物から不変のイデアへと目を転ずるよう促されているように――永遠不変のオリジナルとしての対象に本来的に向かうし、向かうべきでもある。この意味においてこの宇宙は哲学的探求者にとって形而上学的な真実への出発点となる。しかしながら、この読み方は『ティマイオス』の構造とは一致しない。というのも、この対話篇の大半は、形而上学的な実在ではなく、世界を説明するコスモロジーに焦点が当てられているからである。他方で、設計図・レシピとしてのパラデイグマはこの世界の構造を説明するものである。この場合、『ティマイオス』における形而上学はどのようにコスモスが作られるかを理解するための手段となる。言い換えれば、プラトンはコスモロジーのために形而上学を展開している。

景とした代替関係についてミーメーシス概念を用いて描くことは、プラトン以前にも見られた。しかしながら、それらはあくまでもオリジナルとそれと代替する事物の関係を人間の模倣行為にたとえた類比的な描写にとどまっており、模倣物が言わばオリジナルに文字通りに類同化していくような動的な関係を描くものではなかった。もし『ティマイオス』篇が存在論的に下位のものが上位のものに向かう傾向性をミーメーシスというタームで表現しているとすれば、これは注目すべき用例であると思われる[12]。

第三に、厳密に言って、ミーメーシス系の語はデーミウールゴスが作ったものや、それと永遠的なものとの関係を記述するために使用されており、デーミウールゴス自身には適用されていない。つまりプラトンは「模倣する（μιμεῖσθαι）」という動詞や、「模倣者・模倣家（μιμητής）」という名詞をデーミウールゴスの活動の説明には用いていないのである。対して興味深いことに、天体の神々や人間（とりわけ哲学者）が父であるデーミウールゴスや宇宙の神的な動きを「模倣する」と言うことには、プラトンは躊躇していない。

用例の数について確認しておこう。『ティマイオス』篇においてミーメーシス系のタームは全部で18例ある。そのうち、コスモロジーとは直接関係ない文脈での用例が、4例ある[13]。残りの14例のうち、既に言及した時間の例も含めてパラデイグマとコスモスの関係を描写するものが5例である[14]。さらにコスモスと生成界の事物について描写するものが2例ある[15]。そして今重要となる、実際の模倣行為としてのミーメーシスについては、神々と呼ばれる天体たちがデーミウールゴスを真似る、あるいは

＊12　もっとも無生物ではなく、意図を持った主体が模倣対象に類同化する事態を、ミーメーシス系のタームによって描くことは、特別珍しいことではない。この用法は『国家』篇の第3巻で頻出する。

＊13　19d3（μιμητικόν, μιμήσεται）, 19e2, 40d3。

＊14　48e6（万有とパラデイグマの関係について）；50c5, 51b6（生成物と常に「ある」ものの関係について）；38a7, 39e2（時間と永遠の関係について）。

＊15　80b7（感覚知覚される音声としてのハルモニアーと、知性対象のハルモニアーの関係について）；81b2（人間の血液の循環が宇宙の運動を模倣）。

彼らの模倣製作活動についての用例が4例、哲学者などの人間についての用例は3例ある[16)]。

以上のようにミーメーシス系のタームが人間や神々について用いられる一方でデーミウールゴスの活動には用いられていないことは、用例の数からして偶然ではないと思われる。とりわけ、コスモスとパラデイグマがミーメーシスの関係で描かれていながら、まさにそのコスモスを生み出したデーミウールゴス自身やその活動にミーメーシス系のタームが使われないのは、プラトンの明確な意図が反映されていると言ってよいだろう。

Ⅱ．デーミウールゴスについての模倣用語使用の回避

ではなぜプラトンはデーミウールゴスの活動にミーメーシス系のタームを使用しなかったのか。大きな理由の一つとして、これまで論じてきたように、プラトンは『国家』篇や『ソピステス』篇において、ある主体について「模倣家（ミーメーテース）」と呼び、また「模倣に長けている（ミーメーティコス）」という形容をするとき、軽蔑的なニュアンスを込めてきたという経緯が影響しているだろう。ミーメーシス系の語の中でも、プラトンはこの二つの語を詩人やソフィストに類するような「専門職業的な」像製作活動を描写する際に用いている[17)]。デーミウールゴスに対してそうした言葉を用いることはこうした専門家を読者に想起させるため、プラトンは意図的に避けたのだろう。

模倣家の人々に対する批判的な視点は『ティマイオス』篇でも見られる。

＊16　神々：41c5, 42e8, 69c5（神々がデーミウールゴスを模倣）；44d（万有の形をしながら、人間の頭を模倣製作）。人間：47c2（哲学者が天体の運動を思考において模倣）、88d1（身体の世話において万有の姿形を模倣）、d7（人間が受容体を模倣することについて）。

＊17　『国家』篇373b, 395a2, 595b5, 602a11, 605a2, b7；『ソピステス』篇235a1, a8.

実際、この対話篇の冒頭でソクラテスは、ソフィストや詩人たち専門家について批判的に言及し、反対にティマイオスとクリティアスとヘルモクラテスが、国家について考えを述べるに相応しい人々であると位置づけている。詩人たちを含めた「模倣に長けた種族（τὸ μιμητικὸν ἔθονος, 19d6）」は自分たちが育った場におけるものごとはよく模倣するが、これを超えたことを模倣できないと皮肉を込めて言われている。加えて直後ではソフィストもまた（ここでは彼らを「模倣に長けた種族」とは呼んではいないが[18]）、様々な議論に長けてはいても、哲人政治家などのより重要な話題については的はずれなことを論じていると言われている。さらに対話篇の中盤でも詩人に対する皮肉的な言及が見て取れる。すなわち、登場人物たちはオリンポスの神々などの子孫であることを自称し、その系譜を語る人々（ムーサイオスやオルペウス、ヘシオドス[19]）の言うことをとりあえず受け入れて、あえて詳細に検討することなく議論を次に進めている（40d–41a）。これらの記述は、ミーメーテースとミーメーティコスという語、そしてそうした語が指示するような人々に、プラトンは『ティマイオス』篇においても軽蔑的ニュアンスを込めて語っていることを示している。

また模倣家と呼ばれる人々の活動と、デーミウールゴスの活動との本質的な相違として、そこに観察者が巻き込まれているか否かという点があげられる。本書第1章ではミーメーシス概念の分析において、そして第4章ではプラトンの模倣術理解についての解釈において、私が繰り返し強調してきたのは、像製作としてのミーメーシスにおいて鑑賞者・観衆が重要な役割を果たしていることである。模倣家と呼ばれる人々の活動において、鑑賞者・観衆への配慮は最も重要な要素となっている。『国家』篇10巻に

＊18　プラトンは『ソピステス』篇においてソフィストの技術を模倣術の一種として規定していたが、これはもちろんプラトン独自の哲学的分析にもとづいている。一般的理解では模倣術は詩作術や音楽、ダンスの技術などを意味するが、『ティマイオス』篇のこの箇所ではソフィストたちをそうした専門技術を持つ人々と同列に扱っている。

＊19　Cf. Taylor (1962), Cornford (1966), ad. loc.

おいて、ソクラテスは模倣術を批判する理由の一つとして倫理的問題、すなわち鑑賞者への倫理的な悪影響を述べていた（602c–606d）。模倣術は模倣物を鑑賞する者の魂の非理知的部分に働きかけ、欲求を喚起し養い育て、その魂の劣った部分が魂全体を支配するようにする（605b–c）。そしてこの魂の劣った部分こそが、模倣術の錯覚を引き起こす効果を受け取るのであった（602c–603b）。言い換えれば、もし鑑賞者の魂の非理知的部分がなければ、模倣術はその効力を発揮することができないのである。この意味において、鑑賞者は模倣術にとって不可欠な役割を果たし、模倣家は多かれ少なかれ彼らに注意を傾け、どのように自分の生産物が見られているかを考慮しなければならないのである。模倣術がその本性として鑑賞者巻き込んで成立していることは、『ソピステス』篇でも示唆されていることであった。そこでは模倣術の種として似像製作術と現れ製作術があり、鑑賞者の特定の観点に依存していることが述べられていた（236b）。こうした鑑賞者の視点というのは、模倣家の活動を成立させるための必須要素として機能しているのである。

もしプラトンがミーメーシス系の語をデーミウールゴスの活動に適用することを避けた背景に、以上のような模倣家に対する批判的な視点があるとすれば、パラデイグマに基づいたコスモスの製作を模倣術、そして一般的な模倣家の活動に類するものとして理解することはできない。言い換えれば、冒頭に触れたような、プラトンの芸術的思想の拡張を『ティマイオス』篇に読み込む解釈は説得的でないと私は考える。

一方で、デーミウールゴスが作ったコスモスについては、ミーメーシス系の語が用いられていた。そしてそうした用例は、一見、デーミウールゴスの活動が模倣家に類するものであるという理解を支持するかのように見えた。そこで次にそうした用例について詳しく見ていこう。私が見る限り、『ティマイオス』におけるミーメーシスの用例は像製作活動としての模倣術とは全く異なる文脈で用いられているので、それらを精査することは、そこに芸術的活動を読み込むことの不適切さも際だたせることになるだろう。また他方でこのことは、像製作活動とは別の観点から、プラトンがミーメーシス系の語に込めた思想的含意を明らかにすることにもつながる。

Ⅲ．非人格的な事物のミーメーシス

既に論じてきたように、ミーメーシスは必ずしも模倣主体やその活動を必要とするわけではない[20]。ある観察者は二つの事物が類似関係やオリジナルと写しのような関係を形成していることを見出すことができれば、その観察者の観点からミーメーシス系の語の使用は可能である。そしてパラデイグマとコスモスについては、登場人物のティマイオスという観察者の認識に基づくかたちで、両者の関係がミーメーシスによって描かれているように思われる。

ミーメーシスの基本的な構造は、ある模倣者とモデル、そして模倣行為の産物・結果物という三項関係によって成り立っている。模倣者がまさにこれから模倣するという状況では、まだ模倣産物が生じていないので模倣者とモデルの二項関係によって状況を描くことも可能である。また、模倣によってモデルと模倣産物という関係が成立した後には、模倣主体を捨象した形で、モデルと模倣産物の二項関係で描くことも可能である。そして後者の用法の延長線上として、観察者から見て代替関係にあるような二つの事物を、モデル・オリジナルとその模倣物と見なしミーメーシス系のタームで描く、これが観察者の認識に由来する比喩としてのミーメーシスであった。

この比喩としてのミーメーシスを念頭に置けば、デーミウールゴスやその活動にミーメーシス系のタームが適用されていないことも、説明できるように思われる。コスモスの生成に際し、プラトンがミーメーシス系のタームによって第一に説明したいのは、デーミウールゴスが模倣者であることではなく、常に「ある」パラデイグマと生成消滅し続けるコスモスが

＊20　第1章III節、V節を参照。

ミーメーシスの関係において捉えられるということである。そしてこうした関係にある二つのものが、互いに似ていることを示すために、似像系の語やその他類似を示す用語もまた活用されている[21]。

こうした比喩としてのミーメーシスは、プラトン以前から見られる用法であることは既に触れた。またこの用法を哲学的な思想を背景とした存在論的な文脈において使用することも、伝ヒポクラテスに（加えて解釈によってはピュタゴラス派にも）見られた[22]。他方で『ティマイマス』篇においてプラトンは、従来は比喩としてミーメーシス系の語が適用されていた非人格的な事物に、文字通りの仕方で模倣的振る舞いを帰しているように見える。それによって、事物があるモデルへの類同化、あるいは目的的な傾向性を持っていることを、彼のコスモロジーに即する形で表現しているのである。

たとえば、生物における血液及びその成分の循環について、ティマイオスは次のように語っている。

> 「他方、血液の中に含まれているもののほうは、これはこれでわれわれの内部で細かく砕かれるとともに、また、それが、構成された個々の生きものによって取り囲まれていることは、あたかも宇宙（天球）によって取り囲まれているようなものなので、万有の運動を模倣することが強制されている（τὴν τοῦ παντὸς ἀναγκάζεται μιμεῖσθαι φοράν）のである」（81a6–b2, 種山訳を改変）

既に頭については、神的な循環的円運動が生じるように球体状のコスモスに模して作られていることが述べられていた（44d）。ここでは同様に身体全体についても、その形体がコスモスと同じようなものであるがゆえに、そこを流れる血液がコスモスの循環的円運動と類した動きを取ることが言われている。ここでのミーメーシスはマクロコスモスとミクロコスモスの

＊21　29b2, c1, c2, 37d5, d7.
＊22　本書 pp. 41–44.

類似的な対応関係を示すにとどまらない。むしろ、「血液の中に含まれるもの（ἔναιμα）」があたかも擬人的な模倣主体となって、より上位の存在への動的な類同化が、コスモスの神的かつ永遠的運動を実現するという仕方で行われていることを示しているように思われる[23)]。循環的円運動は、身体の中でもとりわけ血液に見られるというわけではなく、ミーメーシス系の語は使用されていないものの、呼吸といった他の生理的活動においても、コスモスの循環運動に類する円環運動が実現されている（79a–e）。むろんコスモスの永遠的な運動は常に「ある」パラデイグマの模倣物であるから、血液や呼吸の運動に現れるコスモスの運動への類同化の先には、パラデイグマの完全なる永遠が位置していることを見通すことができる。

我々は、こうした意図を伴わない生理的活動に見られる模倣的振る舞いを、『ティマイオス』篇において描かれる哲学者の意識的な模倣行為と並行的に理解することができるだろう。たとえば人間が視覚を神から賜った理由とは、それによってわれわれ人間は魂の運動を宇宙の循環運動に同調させることができるからであると言われる（47a–c）。すなわち、天体の運動や日の長さを視覚的に観察することによって、「数の発明と時間の観念、そして万有の本性の探求」（47a6–7）が可能になり、そこから哲学が生じた。われわれ人間は「宇宙にあるヌースの循環運動を観察することによって、そうした秩序あるものと同族であるが、乱れているわれわれの思考の回転運動に役立てることができるのである」（47b7–c1）。こうした宇宙の循環運動に魂の運動を類同化させる行為を「模倣する」（47c2）という言葉でプラトンは表現しているのである。同様に、聴覚に働きかけるハルモニアーとは、我々の魂の秩序だった循環運動に資するものであり、哲学者は

＊23　文法上、模倣を行う主語が、「血液の中に含まれているもの」であることは注目に値する。ここでのミーメイスタイという動詞が単純に類似関係を示すものであるならば、類似関係で結ばれるもの、すなわちここでの主語は、「万有の運動」のその「運動」という観点で同じである「血液の中に含まれているものの運動（φορά ἐναίμων）」であるべきだろう。ここでは「血液の中に含まれているもの」が、万有の運動を、体内を循環する仕方で動的に実現することを、「模倣する」と言われているのである。

それを喜ぶと言われる（47c–e, cf. 80b）。また身体の諸部分の場合においても、哲学者は「万有の姿を模しながら（τὸ τοῦ παντὸς ἀπομιμούμενον εἶδος, 88c7–d1）」世話をするべきであると言われる。すなわち、万有が受容体のふるいにかけられて適切な位置を占め、秩序付けられていったように（cf. 53a）、身体も運動によって揺さぶられ、秩序付けられることによって健康となる。そしてこうした身体を秩序付ける活動をすることが受容体を「模倣する」（88d7）ことであると言われる。

このように血液の流れや呼吸の模倣活動にしても、哲学者の意図的な模倣活動にしても、コスモスの循環運動に類同化し、それを通じて生じる秩序だった状態の実現を志向しているという点で、同列に理解できよう。さらに言えば、コスモスについても、それがパラデイグマの模倣物であると言われているときには、本性的にパラデイグマ的な永遠を志向し、類同化する存在であるということを含意していると思われる。というのも、コスモスを構成する天体の神々は循環的な天体運動を植え付けられているが、これは、コスモスが完全な永遠を実現すべく可能な限りパラデイグマに類似するようにという、デーミウールゴスの望みと意向に沿ったものだからである[24)]。われわれ生けるものやその身体などの構成要素は、循環運動によってコスモスに類同化しようとする。コスモス全体もまたその運動を通じて永遠的なパラデイグマに類同化しようとする。こうした永遠に向けて秩序づけられた動きは、デーミウールゴスの目的と思考に駆動させられているのだ。そして『ティマイオス』篇のコスモロジーは、意識を持った存在の意図的な行為であろうとなかろうと、このように存在論的に下位のものが上位のものに本性的に類同化していく動的振る舞いを「ミーメーシス」として描いているのである。

以上のように、ミーメーシス系の語は、存在論的に上位のものと下位のものが単に類似関係を構成しているだけでなく、あたかも人間のように、後者が前者を志向し類同化していく動的な振る舞いを描くために用いられ

＊24　29e3, 30a2-6, 30c4-31a1, 38c3-4, 39e1.

ている。そしてこうした状況にミーメーシスを適用することはこの概念の歴史において特異なことであったと思われる。というのも、あるものが何らかのモデルに類同化していくというミーメーシスは、演技や物真似あるいは学び（真似び）などの行為に顕著なように、プラトン以前においてはある人格的な主体の行為・活動であったからである[25)]。プラトンにおいても、役者がある役柄を演じようとする場合のように、あるものが別の何かへ類同化する場合、プラトンはそうした行為を自分が「自分自身を」モデルに「似せる（ὁμοιοῦν）」という活動として分析していた（『国家』篇393c）。また『国家』篇の存在論的な文脈において、哲学者がイデアを「模倣しそれに出来る限り似ていく（μιμεῖσθαί καὶ ὅτι μάλιστα ἀφομοιοῦσθαι, 500c6）」ことが述べられているが、この事態も同様に、哲学者の行為として、「自分自身を」イデアに「似せる」という状況に分析できる[26)]。しかし『ティマイオス』篇では異なる。血液の循環がコスモスの運動に類似していく、あるいはコスモスがパラデイグマに類似していくという場合のように、人間ではないものが何らかのモデルに類同化する状況をミーメーシスとして描いている。

再びミーメーシスの三項関係で考えてみよう。観察者の認識に由来するミーメーシスとは、もともと模倣者とモデル、モデルを表象する模倣物という三項関係から模倣者が捨象された形で成立していったと考えられた。そこである模倣物がモデルを模倣するという言葉が使われていても——仮

＊25　真似びについては本書 p.18注14を参照。

＊26　『国家』篇のこの箇所では、哲学者が「何か整然としながら常に同じ状態にあるもの（τεταγμένα ἄττα καὶ κατὰ ταὐτὰ ἀεὶ ἔχοντα）」に目を向けることが述べられている。注解者の Adam（1963, 2, p.40）は、『ティマイオス』篇ではコスモスを見ることが語られている一方、『国家』篇のこの箇所では、哲学者はイデアがある知性界の事柄を見ているので、同一視できないことを注意している。両者を同一の事態として理解しようとする解釈としては Runia（2013, pp.289-290）。

　またこのフレーズはいわゆる神真似びの文脈で論じられる。Annas（1999, p.62）を参照。『国家』篇の正義論との関係での解釈は Kraut（1999, p.245）。神真似びについては Sedley（1999）と Runia（2013）を参照。

にそこに擬人的な意味合いが込められたとしても——人間の演技や物真似の活動のように、実際に類同化するための動的な振る舞いが行われているわけではない。たとえば鏡や水面に映る像が実物のミーメーシスであると言っても、事実上それは姿形の点における類似・代替関係を示しているのみで、像が動的な振る舞いを通じてモデルに類同化していっているわけではない。

『ティマイオス』篇においては、血液はより上位の存在の永遠的循環運動に類同化するような運動を達成しており、コスモスも同様にパラデイグマの永遠を志向しながら運動をしているのである。端的に言えば、こうした類同化においては、事物同士が「似ている」ではなく一方が他方あり方を真似て「似ようとしている」のである。

こうした事物がモデルに類同化していくミーメーシスはどうしてプラトンにおいて可能になったのだろうか。一つの理由としては、コスモスが魂と身体からなる「生き物（ζῷον）」として描かれていることがあるかもしれない[27)]。すなわち、理性あるものは理性がないものよりも優れているため、デーミウールゴスは理性の宿り主たる魂を身体に結びつけることでコスモスを作り上げたと言われる（30a–c）。こうした生ける世界としてのコスモスのイメージは、天体が神々として父たるデーミウールゴスを真似ると語られていたように、事物があたかも人格的主体としてミーナーシスに関わるという着想をプラトンに与えたのかもしれない。この場合、コスモスは擬人的にではなく、文字通り理性を備えた「生き物」として意図的に永遠を模倣し類同化しているという解釈もありうる。これは模倣を非人格的事物の類同化の運動というよりは、文字通りの意味で行為として理解している点で、より強い解釈であるといえよう。『ティマイオス』篇のコスモロジーにおけるミーメーシスが全てこうした「生きもの」の意図的活動であるならば、そうした人格性は、総体としてのコスモスだけでなく、血

＊27　30b8, 31a6, 32d1, 37d1. パラデイグマもまた生き物として描かれる（37d3, 39e8）。

液などの事物においてもあまねく行き渡っているということになる。

ところでプラトンにおいて、事物が存在論的に上位のものに対して類同化しようと振る舞うという考え方は、『ティマイオス』篇によって初めて見られるものであろうか。プラトンの読者の多くはきっと、『パイドン』篇の想起説に同様の議論を見いだせるのではないかと考えるだろう。

> 「それでは我々は以下のことに同意するのではないか。すなわち、誰かが何かを見て、『いままさに私が見ているものは、「あるもの」に属する何か別のもののようでありたいと望む（βούλεται）が、欠けているのであって、かのもののようなものであることができず、むしろそれよりも劣っている』と思ったとき、そう思った人は、このものはそれに似ているが、欠けた状態にあると主張するところのかのものを、あらかじめ知っていなければならないだろうと」（74d9–e4）

この有名なパッセージでは、ある対象の知覚を通じて別の何かが思い浮かんだ際、その過程で思い浮かんだ対象を事前に知らなければならないことが述べられている。そこでは知覚対象と思い浮かんだ対象の関係について、前者は後者のようでようでありたいと「望む（βούλεσθαι）」という心的事象を表現する言葉が用いられているのが特徴である。またその直後でも、我々が等しい事物を知覚し、その知覚対象から「等しさそのもの」を想起するとき、その前者は、後者でありたいと「憧れる（ὀρέγεσθαι, 75a2, b1）」、「熱望する（προθυμεῖσθαι, 75b7）」などと言われる。そして、想起の具体例として木石の知覚が挙げられているので、これらの心的な表現は意志をもたない物体についても適用されるものだと理解できる。想起において、等しい物体の知覚者は、それらが等しさそのものであろうと「望み、憧れ、熱望している」ことを認識しているのだ。

等しい物体が等しさそのものになることを望むように、物体一般が文字通りにイデアになりたいと望んでいるとすれば、こうした議論は、『ティマイオス』篇のコスモロジーにおけるミーメーシスを先取りしていると言える。あるいはむしろ、物体に心的はたらきが明確に帰されているという点では『ティマイオス』篇以上に踏み込んだ記述であるとも言える。もっとも想起論において、木石に適用された表現をどう理解するかは解釈が分かれる問題である[28)]。だが少なくとも『パイドン』篇の議論は、あるものを見て別のものを想起したときに、そうした想起の主体が観察できる事象について述べたものであり、全ての事物に一般的に適用されうるものではない。また、『ティマイオス』篇の解釈で今問題としている物体の「運動」について、それを示唆するような記述は当該箇所には見当たらない。したがって、パラデイグマとコスモス、コスモスと血液などの物体などの関係において、類同化の振る舞いを描いた『ティマイオス』篇の記述と『パイドン』篇の記述を即座に同一視することは難しいだろう。

Ⅳ．世界構造の装置としてのミーメーシス

いずれにしても、プラトンは『ティマイオス』のコスモロジーに沿う形で、彼以前には人格的な主体にのみ帰せられたミーメーシスについて事物がモデルに類同化していくために模倣的に振る舞うという形で、その適用範囲を拡張している。そしてこのミーメーシスの用い方は、おそらくはプラトンが予想しない形で定着し、哲学史において重要な役割を果たすようになったと考えられる。

新プラトン主義の祖として位置づけられるプロティノスは、極めてシステマティックに構築されたヒエラルキー的・序列的世界観を持ったことで

＊28　有力な解釈者は、木石などが文字通り心的はたらきを持つとは理解していない。Burnet（1911, ad. loc.）やRowe（1993, ad. loc.）はこうしたここでの心的な表現を、傾向性を意味するフレーズであると理解している（cf. アリストテレス『ニコマコス倫理学』1119b34,『ティマイオス』篇58a6）。Sedley（2006, pp.325-326）と朴（2007, p.215 n.5）は、たとえば大工が木材や石材を見て別のなにかになりたがっていると感じるように、知覚者が事物に心的働きを投影している事態が、ここでは描かれているという解釈を提示している。これらの解釈の検討については、太田（2013, pp.93-96）。

知られる[29]。すなわち、一者を超越的かつ究極的な原理とし、そこから派生する形で、知性、魂、感覚的な事物という存在論的な序列、あるいはヒエラルキーが形成され、その序列の中で、より先のものが後の存在を産出するとされている。このとき、より後の存在がより先の存在から単純に拡散した結果というわけではなく、より先の存在を志向して類同化をするものであると、プロティノスは考えている。次のテクストを見てみよう。

もし第一のものに続いて何か別のものがあるとしたら、それはもはや単純なものではないだろう。するとそれは一なる多になるだろう。その場合、それはどこからやってくるのか。第一のものからである。というのも実際それは偶然からは生じず、［もし生じたとしたら］かのものは万物の原理ではもはやなくなってもしまうだろう。だとすると、どのようにして第一のものから生じたのか。第一のものが完全なもの、万物で最も完全なものであり第一の力であるならば、それはあるもの全てのうちで最も力を持ったものであり、他の力は可能な限りでかのものを模倣する（μιμεῖσθαι）、ということでなければならない。さて、何か他の物が完全性に向かうとき、我々はそれが産出をし、それ自身のところにとどまり続けず、むしろ別のものを作るところを目にする。これは何であれ選択を行うものだけではない。選択をしない植物、そして魂を持たないものですら、可能な限りで自らを分け与えるのである。それはたとえば、火が熱をもたらし、雪が冷気を発し、薬が他のものに作用するかのごとく、それ自身の自然本性に即すようなものである。全てのものが、永遠性と善性の方へと、可能な限りで第一の原理を模倣するのである（τὴν ἀρχὴν

＊29　プロティノス自身は「ヒエラルキー（ἱεραρχία）」という言葉を用いておらず、これはプロクロスの影響を多分に受けたキリスト教神学者である擬ディオニシオスからの用語であると考えられている（『天の位階について』）。本論ではヒエラルキーという用語を、ミーメーシスのオリジナル・モデルと模倣物の関係を指示するためだけに用いており、その背景に固定的な組織的序列構造が存在することを前提しているわけではない。Cf. O'Meara（1999, pp.66–67 with notes ad loc.）.

κατὰ δύναμιν ἀπομιμούμενα εἰς ἀιδιότητά τε καὶ ἀγαθότητα)。(『エンネアデス』5.4[7].1.21-34)

ここでは、全てのものが一者に由来する世界観が念頭に置かれ、それが数的な順番によって説明されており、様々なものが第一の究極原理を、制限のある仕方であれ、模倣することが述べられている。ここでプロティノスは植物や無生物のように意思によって行為しないものを取り上げ、それらが意思を持って行為する存在と同様に、ミーメーシスを行っていることを強調している。すなわち無生物と生物に区別された上で、魂を持たない無生物が、魂を持つ生物と同じ仕方でミーメーシスを行っていると言われているのである。そしてそうした振る舞いの中で、下位の存在は永遠性と善性を志向しているというプロティノスは世界観を提示している。言うまでもなく、ここでの記述は『ティマイオス』篇を明確に念頭に置いている。

存在論的序列構造を背景に、より下位の事物が上位の存在へと向かい、類同化するというミーメーシスは、プロティノスの『エンネアデス』に通底しており[30]、後の新プラトン主義者にも受け継がれていく。プラトンは『ティマイオス』篇において事物に人間が行う模倣活動の動的な振る舞いを帰した。このプラトンによるミーメーシス概念の適用法は、それまでのミーメーシス概念史から見て例外的なものであった。しかし今やそれは哲学史において、存在論的世界観・宇宙論を展開するための中心的なモチーフの一つとなったのである。

V. 小括

以上、本章では『ティマイオス』篇におけるミーメーシス系の語を調査

＊30 『エンネアデス』4.8[39].6.23-28;6.2[43].11.9-11;6.6[34].7.4-7;cf.6.8 [39].6. 32-45.

し、それらがプラトン哲学においてどう位置づけられるのかを考察してきた。近年の解釈者たちは、プラトンにおける多様なミーメーシスの用法を取り上げて、ミーメーシスに批判的なプラトンという一義的な解釈を覆そうとしてきた。そして、とりわけ『ティマイオス』篇における哲学的・存在論的文脈で使用されているミーメーシス系のタームに着目し、哲学と「芸術」の折衷・調和の可能性を見出してきたのである。だが、仮にプラトン哲学と密接な文脈でミーメーシス系のタームが用いられていたとしても、それが文芸論の新たな可能性を示唆しているとは限らない。

詩や絵画などのミーメーシスを批判する際、プラトンはそのミーメーシスについて、模倣者・モデル・産物という三項関係を基本としながら、産物を観察者に現れるようにする活動として描いている。しかし解釈者たちが哲学と詩の折衷例として挙げる、『ティマイオス』篇におけるデーミウールゴスの宇宙製作はこうした構造をとっていない。あくまでもパラデイグマとしてのイデアとコスモスの関係を描写するためにミーメーシス系の語は使われているのであって、デーミウールゴスの活動はミーメーシスとして描かれていないのである。他方、デーミウールゴスを真似て、星々の運行を整える神々の活動はミーメーシスとして描きうるが、ここでも何らかの観察者に対して、ミーメーシスの産物としての星々の運行を見せているわけではない。したがってプラトンの考えるデーミーウールゴスの活動と職業的模倣家の活動は厳密に分けて考える必要がある。

他方、『ティマイオス』篇におけるミーメーシス系の語は、哲学史において重要な仕方で用いられていることを私は指摘した。すなわちそれは、世界の事物がコスモスやイデアに類同化する動的振る舞いをしている様子が、ミーメーシス系の語によって描写されているということである。「真似び」と理解すべきこの活動を、プラトンは人間ではない、物体が担っていると考えたのである。これは従来のミーメーシス概念の応用に過ぎないが、世界が存在論的に上位のものに収斂していく世界観を説明するために非常に画期的な表現の仕方であったと言える。そしてそれは、新プラトン主義者によって、彼らの世界観を説明するために不可欠な装置として引き継がれていったのである。

結　語

われわれはプラトンにおけるミーメーシス概念がどのようなものであるかを、プラトン以前のミーメーシス概念に遡るかたちで再考し、この概念のコアとなるような意味と用法を探求した。そして、こうしたミーメーシス概念に基づいたプラトンの文芸論、またミーメーシスという営みに内包される、様々な芸術的諸活動についてのプラトンの立場はどのようなものであるかを論じ、さらにそうした文芸論には還元されえないミーメーシスの存在と、その哲学的・哲学史的意義を明らかにした。

本書の議論の出発点となったのは、ミーメーシス概念を明らかにする上で、そもそもこの概念をどのように分析すべきかという問題である。プラトンのミーメーシスがそうであるように、プラトン以前のミーメーシスもまた単一的に理解できない複雑な概念であると理解されてきたが、そうした理解は、ミーメーシスが様々に異なった文脈で用いられていることに由来する。とりわけ、演技や物真似と、絵画や塑像制作などの像製作は、古代ギリシアにおいてともにミーメーシスと見なされる活動であるが、現代のわれわれからすると、同一概念で括って理解するのは難しい。したがって、両者はしばしば、ミーメーシス概念の異なった意味・用法としてこれまで理解されてきたのである。そこで、本書で私が提案したのは、ミーメーシスの構造を分析するという解釈アプローチである。ミーメーシスの基本構造は、模倣主体、模倣対象のモデル、模倣産物という三項関係に分析することができる。演技や物真似のように模倣主体とモデルの二項によって構成されるような用例も、あるいはモデルと模倣の産物・結果の二項によって構成されるような用例も、こうした三項関係を背景としており、いずれも「何らかの事物を媒体としてモデルとの代替関係を実現する活動（あるいは実現されている状態）」という共通した概念理解を含んでいると論じた。ミーメーシスの「多様な意味」は、こうした概念理解を様々な文脈に適用することで生まれる。また、ミーメーシスの構造の三項関係による分析は、その外側にいる観察者の重要性にも焦点をあてる。なぜならミーメーシスが成立するには、モデルと模倣産物・結果の関係を見てとる認識主体が必要だからである。そうした観察者はある二つの事物に代替的な関係を「解釈」し、それにミーメーシスという語を適用できる存在であると言ってもよい。この観察者は、ある二つの事物について、そこに「ミーメーシス的」な状況を見出すことができれば、模倣者による実際の模倣行為がなくとも、ミーメーシス系の語を比喩として用いることができる。そしてこうしたミーメーシス概念の特徴は、プラトンも継承していることをわれわれは確認した。

ミーメーシスにおける観察者の役割に注目することで、われわれはプラトンのミーメーシス概念の重要な特徴を、二つの観点から振り返ることができるだろう。

一つは、彼の文芸論における特徴である。プラトンは、詩作や絵画制作などのミーメーシスを像製作の活動として論じたが、その活動は鑑賞者と独立して行われるのではなく、むしろ鑑賞者の認識を巻き込むものであると考えた。その際に彼が利用したのが、「像」と「現れ」という概念である。プラトンは像製作の活動とは、模倣主体がモデルとしての像・現れを認識し、模倣産物としての像・現れを鑑賞者に向けて生み出す活動であると考えた。像は必ず、それの像であるところのモデルを指示する。したがって、鑑賞者が像を眼前にしたとき、その像が指示するモデルを想定した上で、像を認識しているということになる。このようにして、画家や詩人などの模倣家は、像を見せることで、鑑賞者のモデルに対する認識を促しているとプラトンは考えたのである。他方でプラトンは、模倣家はモデルである模倣対象についての知識を持っていないと論じていた。むしろ模倣家は、事物そのものに触れるわけではなく、彼に現れるもの、あるいは思われるもの（心的像）を模倣対象としており、その際、本当のモデルについての理解や認識は彼の活動には不要なのである。彼はそのような模倣対象を認識し、今度は鑑賞者に現れ、思われる像を製作する。模倣家は、知識にもとづいて模倣産物としての像を製作したわけではないが、鑑賞者に像を認識させることで、その像が指示するモデルについての理解の深まりを錯覚的に経験させることができる。このようにして、模倣家は自分にとってのモノの見え方、あるいは模倣対象についての理解を、知者を装いながら鑑賞者に伝えることができるのである。鑑賞者は、自分に現れる像を通じて、モデルへの理解を深めたと錯覚すれば錯覚するほど、それを製作した模倣家を賞賛するだろう。このようにしてプラトンはミーメーシスを、「像」と「現れ」によって結ばれた模倣家と鑑賞者のリンク構造によって描く。

プラトンは、模倣家や鑑賞者が、こうしたリンク構造から抜けだして知を愛求する活動には向かうことはないと考えた。なぜなら、模倣産物の鑑賞者たちは、自分たちの魂の非理知的部分にはたらきかけ、快楽を喚起する模倣家こそを評価するのであり、模倣家はそのような観客の要求に応えるべくミーメーシスに携わるからだ。このようにして、彼らは互いに哲学的活動に向かうことを妨げており、模倣産物としての像によって指示されるモデルについて知識を持つことは無い。こうした関係をわれわれは「共犯関係」と呼んだ。

『国家』篇第10巻においては、模倣家が哲学的探求に向かったり、あるいは自分の知識にもとづいて模倣物を生み出すことは無いとされている。他方で、第２−３巻では詩が教育の基本的な手段として扱われており、とりわけ詩の音楽的要素は、若者たちの魂がどのように育成されていくのか、その方向付けに関わる点で極めて重要であることも確認した。そしてこうした理想国家の教育において詩が占める位置は、第10巻の「詩人追放論」と齟齬をきたすわけではないと論じた。なぜならプラトンは、知者による監督と命令が行われているという条件においては、詩人が理想国家で詩作することを認めているからである。そのとき模倣家たちは、彼ら自身が知識を持たず、また知的探求に関わらなくとも、知者あるいは哲学者によって伝えられたことがらをそのまま信じ、頼ることによって、若者たちに有用な創作物を生み出していくことが可能なのである。こうした模倣家に対するプラトンの立場は、『ソピステス』篇や『法律』篇など他の対話篇においても一貫しているという見通しをわれわれは得た。すなわち模倣術の類である似像製作術や、エジプト美術の礼賛は、それを作った人たちが知的認識において優れていることや、哲学的探求に従事していることを示すものではない。むしろ、模倣家は哲学者や神的な存在に支配されるべきであるというプラトンの立場が、それらの対話篇においても維持されているという解釈は十分に可能であり、『国家』篇との連続性を保つ意味でもこれは合理的な解釈であると、われわれは論じてきた。

本書の冒頭で、私はミーメーシスに批判的なプラトンという、極端かつ通俗的な見方を紹介した。しかしこれはプラトンのミーメーシスについて、二重の意味で適切ではない認識だと言える。一つは、ミーメーシスという言葉が適用される範囲に関わる。詩人や画家の活動は、ミーメーシスであることが前提とされ、厳しい批判にさらされている。だがそれはプラトンのミーメーシス概念の一面に過ぎない。当時のギリシア人々にとってもそうであったように、プラトンにおいてもミーメーシスという言葉はごくありふれた日常語である。プラトンはミーメーシスという概念そのもの、あるいはミーメーシスという営み全般に対して、特別な悪意を持っていたわけではない。プラトンの対話篇におけるミーメーシス系のタームの多くは、批判や肯定などプラトンによる価値判断が下されることなしに、通常の言葉として用いられているのだ。彼が批判的に論じたのは、詩人や画家、あるいはソフィストなど、ミーメーシスに専門的に従事し、模倣家と呼ばれる人々である。第二の点は、こうした専門的な模倣家の活動に関わる。たしかにプラトンは『国家』篇第10巻において模倣家のミーメーシスを徹底的に批判している。しかし、以上に述べたように、こうした模倣家たちの中には、哲学者たちの支配下にあるある人々という、重要な例外が存在しているのである。したがって、プラトンを「芸術の敵対者」と呼ぶとき、詩人や画家などの「芸術家」を哲学者に隷属させたという意味では適切ではあるが、「芸術」に全面的に批判的であるという意味であるならば、それは誤りであると言えるだろう。

プラトンのミーメーシスにおける第二の特徴に移ろう。それは『ティオマイオス』篇に見られるように、彼の動的な宇宙観を説明するためにミーメーシス概念の適用範囲を拡張したということである。しばしば解釈者たちは、『ティマイオス』篇におけるデーミウールゴスの宇宙製作に、プラトンの文芸論との関連で、言わば哲学と詩の折衷としてのミーメーシスを見出そうとする。しかしこうした読み方は誤りであることを我々は確認した。詩や絵画などのミーメーシスを批判する際、プラトンはそのミーメーシスについて、模倣主体、モデル、模倣産物という三項関係を基本としながら、模倣産物を観察者に現れるようにする活動として描いていた。だが、『ティマイオス』におけるミーメーシス系の語は、パラデイグマとしてのイデアとコスモスの関係を描写するためのみに使われているのであって、デーミウールゴスの活動それ自体へのミーメーシスの適用は、慎重に避けられているのである。他方、デーミウールゴスを真似て、星々の運行を整える神々の活動はミーメーシスとして描きうるが、ここでは何らかの観察者に対して、ミーメーシスの産物としての神々の運行を見せているわけではない。プラトンの考える職業的模倣家の活動と、デーミウールゴスや神々の活動は厳密に分けて考える必要があるのだ。

こうした文芸論的な解釈を斥け、『ティマイオス』篇におけるミーメーシスを再考した際、われわれが重要な点として見出したのが、ミーメーシスの比喩的用法の拡張である。すなわち『ティマイオス』篇では、ミーメーシス系の語によって世界の事物がコスモスやイデアに類同化する動的振る舞いをしている様子が描写されている。無生物に対して、ミーメーシス系の語が適用されることはプラトン以前にも見られた。だがプラトンは従来とは異なり、無生物が人間のように、文字通りに模倣的な活動を行っていることを描写するために、ミーメーシス系の語を用いている。これはミーメーシスの単なる擬人的な用法ではない。世界が存在論的に上位のものに収斂していく状況を見て取ったプラトンが、そこでは無生物が実質的に模倣活動に携わっていると解釈したのである。無生物に模倣活動を帰することは、コスモロジーの歴史、あるいは世界観の説明する議論の歴史において非常に画期的であったと言える。というのも、以後の新プラトン主義者によって、こうしたミーメーシスの用法は、彼らの世界観を説明するために不可欠な装置として引き継がれていったからである。プラトンの『ティマイオス』篇におけるミーメーシスは、この概念の歴史においても、哲学史においても重要であると言えよう。

以上、本書ではプラトンにおけるミーメーシス概念とそれに立脚したプラトンの思想を論じてきた。そして今や、プラトンのミーメーシス概念についての、哲学史的な継承関係までを展望するに至った。だが一方で、われわれはむしろより大きな課題に差し掛かった状態であるとも言える。プラトンは、ソクラテスや対話者たちを模倣再現（ミーメーシス）している自分の対話篇を、詩と比べてどのように位置づけていたのだろうか。それはNussbaumの言うように、プラトンの文芸論を反映しながら展開された、哲学的なドラマなのだろうか。またミーメーシス概念に関わるピュタゴラス派とプラトンの影響関係、そしてその関係についてのアリストテレスやペリパトス派の理解について、近年続々と新しい研究が発表されているが、これらについては本書で触れることはできなかった[1)]。さらに、プラトンのミーメーシス概念は、どのように継承されていったのだろうか。新プラトン主義者によるプラトンのミーメーシス概念の受容はどうだったのか、あるいはさらにそれをどう変容させていったのかという問題は、より具体的かつ慎重な検討を要する。これらは全て今の私の手には余る課題である。いずれまた別の機会に論じていくことにして、本書の議論を閉じることとしたい。

＊1　最近ではとりわけ、Horky（2013a, 2013b）はこのテーマについて精力的に取り組んでいる。

引用文献

Abrams, M. H., 1953, *The Mirror and the Lamp*: Romantic Theory and the Critical Tradition, New York: Oxford University Press.

Adam, J., 1963 [1902], *The Republic of Plato*, 2 vols, 2nd ed. , Cambridge, Cambridge University Press.

Ademollo, F., 2011, *The Cratylus of Plato: A Commentary*, Cambridge: Cambridge University Press.

Anderson, W. D., 1955, "The Importance of Damonian Theory in Plato's Thought," *Transactions and Proceedings of the American Philological Association*, Vol. 86 : 88-102.

Anderson, W. D., 1966, *Ethos and Education in Greek Music*, Harvard.

Annas, J., 1981, *An Introduction to Plato's Republic*, Oxford: Clarendon Press.

———, 1999, *Platonic Ethics, Old and New*, New York, Cornell University Press.

Barker, A. and Warner, N. (eds.), 1992, *Language of the Cave* (*Apeiron* XXV, 4.), Alberta: Academic Printing and Publishing.

Barker, A., 1984 (v.I), 1989 (v.II), *Greek Musical Writings*, Cambridge University Press.

Belfiore, E., 1983, "Plato's Greatest Accusation against Poetry," in Palletier, F. J. and King-Farlow, J. (eds.): 39-62.

———, 2006, "A Theory of Imitation in Plato's *Republic*", in A. Laird (ed.), *Oxford Readings in Ancient Literary Criticism*, Oxford, Oxford University Press: 87-114.

Brancacci, A., 2005, "Musique et philosophie en *République* II-IV," in Dixsaut.

Broadie, S., 2007, "Why no Platonistic Ideas of Artefacts? ," in Scott (2007): 232-253.

———, 2012, *Nature and Divinity in Plato's Timaeus*, Cambridge: Cambridge University Press.

Brink, C. O., 1971, *Horace on Poetry* II *The Ars Poetica*, Cambridge: Cambridge University Press.

———, 1982, *Horace on Poetry* III *Epistles Book II: the letters to Augustus and Florus*,

Cambridge: Cambridge University Press.
Bundrick, S. D., 2005, *Music and Image in Classical Athens*, Cambridge: Cambridge University Press.
Burkert, W., 1972, *Lore and Science in Ancient Pythagoreanism*. English translation by Minar, E. L. Massachusetts: Harvard University Press.
Burnyeat, M. F., 1997, "Culture and Society in Plato's *Republic*," the Tanner Lectures on Human Values.
Carroll, N., 2000, "Art and Ethical Criticism: An Overview of Recent Directions of Research," *Ethics* 110: 350-387.
Chantraine, P., 1984-93, *Dictionaire étimologique de la langue grecque*. 2vols. Paris: Klincksieck.
Cornford, F. M., 1971 [1941], *The Republic of Plato*, London: Oxford University Press.
———, 1966 [1935], *Plato's Cosmology: The Timaeus of Plato*, London: Routledge.
Csapo, E., 2004, "The Politics of the New Music," in Murray, P. and Willson, P. (eds.), 207-48.
Demand, N. 1975, "Plato and Painters," *Phoenix* 29. 1-20.
Destrée, P. and Herrmann, F.-G. (eds.), 2011, *Plato and the Poets*, Leiden: Brill.
Diels, H. und Kranz, W. (Hg.), 2004 [1903-1922], *Die Fragmente der Vorsoktatiker*. 3 Bde., 6 Aufl., Zürich.
Dixsaut, A., 2005, *Études sur la République de Platon*, v.I de la Juscite, Paris: J. Vrin.
Dover, K. J., 1989 [1978], *Greek Homosexuality*, Cambridge, Mass: Harvard University Press.
Else, G. F., 1958, "Imitation in the Fifth Century," *Classical Philology* 54: 73-90.
———, 1972, *The Structure and the Date of Book 10 of Plato's Republic*, Heidelberg: C. Winter.
———, 1986, *Plato and Aristotle on Poetry*, Chapel Hill and London: the University of North Carolina Press.
Ferrari, G. R. F. (ed.), 2007, *The Cambridge Companion to Plato's Republic*, Cambridge University Press.
Figueira, Th. J. and Nagy, G. (eds.), 1985, *Theognis of Megara : Poetry and the Polis*. Baltimore: Johns Hopkins University Press.
Fine, G. (ed.), 1999, *Plato 2. Ethics, Politics, Religion, and the Soul*, New York, Oxford University Press.
Ganson, T., 2009, "The Rational/Non-Rational Distinction in Plato's *Republic*," *Oxford Studies in Ancient Philosophy* 36: 179-197.
Gentili, B., 1988, *Poetry and Its Public in Ancient Greece*. Trans. A. T. Cole. Baltimore:

Johns Hopkins University Press.

Gerson, P. L. (ed.), 1999 [1996], *The Cambridge Companion to Plotinus*, New York: Cambridge University Press.

Griswold, C., 1981, "The Ideas and the Criticticism of Poetry in Plato's *Republic*, Book 10," *Journal of History of Philosophy*, 19: 135–50.

Gombrich, E. H., 2002 [1962], *Art and Illusion*, London: Phaidon.

Goodman, N., 1968, *Languages of Art. An Approach to a Theory of Symbols*, Indianapolis: the Bobbs-Merrill Company.

Gould, J., 1992, "Plato and Performance," in Barker, A. and Warner, N. (eds.): 13–25.

Griffith, T., 2000, *Plato: The Republic*; Cambridge: Cambridge University Press.

Griswold, C., 1981, "The Ideas and the Criticism of Poetry in Plato's Republic, Book 10," *Journal of the History of Philosophy* 19: 135-50.

Grube, G. M. A., 1992 (revised by Reeve, C.D.C.) [1974], *Plato. Republic*, Indianapolis: Hacket.

H. W. Smyth. 1957 (revised by H. Lloyd-Jones) [1926]. *Aeschylus II*. Cambridge, Mass.: Harvard University Press.

Halliwell, S. 2005 [1988], *Plato Republic 10*, Oxford: Aris & Phillips.

———, 1998 [1986], *Aristotle's Poetics*, Chicago: the University of Chicago Press.

———, 2002, *The Aesthetics of Mimesis. Ancient Texts and Modern Problems*, Princeton: Princeton University Press.

———, 2011, "Antidotes and Incantations: is there a Cure for Poetry in Plato's *Republic*?," in Destrée, P. and Herrmann, F.-G. (eds.): 241–266.

Harte, V., 2010, "*Republic* 10 and the Role of the Audience in Art," *Oxford Studies in Ancient Philosophy* 38, 69–96.

Havelock, E. A., 1963, *Prefacet to Plato*, Harvard: Harvard University Press.

Horky, P. S., 2013a, *Plato and Pythagoreanism*, New York: Oxford University Press.

———, 2013b, "Theophrastus on Platonic and 'Pythagorean' Imitation," *Classical Quarterly* 63.2: 686–712.

Janaway, Ch., 1991, "Plato's Analogy between Painter and Poet," *British Journal of Aesthetics* 31: 1 –12.

———, 1995, *Images of Excellence. Plato's Critique of the Arts*, New York: Oxford University Press.

Joly, H., 1974, *Le Renversement platonicien. Logos, Episteme, Polis*, Paris: J. Vrin.

Jones, W. H. S., 1931, *Hippocrates vol.4. Heracleitus on the Universe*, London: Harvard

University Press.
Jowette, B. and Campbell, L., 1894, *Plato's Republic*, Oxford: Clarendon Press.
Keuls, E. C., 1978, *Plato and Greek Painting*, Leiden: Brill.
Koller, H., 1954, *Die Mimesis in der Antike. Nachahmung, Darstellung, Ausdruck*, Bernae Aedibus A. Francke.
Kraut, R., 1999, "Return to the Cave: *Republic* 519-521," in Fine, G. (ed.): 235-254.
Kristeller, P., *Renaissance Thought and the Fine Arts*, Princeton: Princeton University Press.
Kroll, W (ed.), 1965 [1899-1901], *Procli Diadochi in Platonis Rem publicam commentarii*, Amsterdam: Hakkert.
Kühn, C. G. (Hg.), 1821-1833, *Claudii Galeni opera omnia*, 20 vols, Leipzig.
Laird, A. (ed.), 2006, *Oxford Readings in Ancient Literary Criticism*, Oxford: Oxford University Press
Lear, G., 2011, "Mimesis and Psychological Change in *Republic* III," in Destrée, P. and Herrmann, F. G. (eds.): 195-216.
Lee, R.W., 1967, *Ut Pictura Poesis: The Humanistic Theory of Painting*. New York: W. W. Norton.（邦訳　森田義之・篠塚二三男訳，1984，レンサレアー・W・リー「詩は絵のごとく—人文主義絵画論」，中森義宗編『絵画と文学—絵は詩のごとく』中央大学出版部 所収.）
Leroux, G., 2002, *Platon. La République*, Paris: Flammarion.
Littré, É (éd.), 1973-1989 [1839-1861], *Œuvres complètes d'Hippocrate*, 10 tomes, Amsterdam [Paris].
Lorenz, H., 2006, *The Brute Within: Appetitive Desire in Plato and Aristotle*, Oxford.
McPherran, M., 2010, *Plato's Republic: A Critical Guide*, Cambridge: Cambridge University Press.
Michaelides, S., 1978, *The Music of Ancient Greece: An Encyclopedia*, London: Faber and Faber.
Moravcsik, J. M. E. and Temko, P. (eds.), 1982, *Plato on Beauty, Wisdom and the Arts*, New Jersey: Rowman and Allanheld.
Moss, J., 2007, "What Is Imitative Poetry and Why Is It Bad?," in Ferrari, G. R. F. (ed.): 415-444.
Morgan, T. J., 1999, "Literate Education in Classical Athens," *Classical Quarterly* 49: 46-61.
Moraux, P. 1955. "La 'mimesis' dans les théories anciennes de la danse, de la musique et de la poésie." *Les Études Classiques* 23: 3-13.

Murray, P. and Willson, P. (eds.), 2004, *Music and Muses: The Culture of Mousike in the Classical Athenian City*, Oxford: Oxford University Press.

Murray, P., 1981, "Poetic Inspiration in Early Greece," *the Journal of Hellenic Studies* 101: 87-100.

———, 1992, "Inspiration and Mimesis in Plato," in Barker, A. and Warner, N. (eds.): 27-46.

———, 1997, *Plato on Poetry*, Cambridge: Cambridge University Press.

Nehamas, A., 1982, "Plato on Imitation and Poetry in *Republic* 10," in Moravcsik, J. M. E. and Temko, P. (eds.): 47-78.

Nettelship, R. L., 1922, *Lectures on the Republic of Plato*, London: Macmillan.

———, 1935, *The Theory of Education in Plato's Republic*, Oxford: Clarendon Press.

Nightingale, A. S., 1999, *Genres in Dialogue. Plato and the Construct of Philosophy*, Cambridge: Cambridge University Press.

Notomi, N. and Brisson, L. (eds.), 2013, *Dialogues on Plato's Politeia (Republic). Selected Papers from the Ninth Symposium Platonicum*, Sankt Augustin: Academia Verlag.

Notomi, N., 2011, "Image-making in *Republic* X and the *Sophist*," in Destrée, P. and Herrmann, F.-G. (eds.): 299-326

Nussbaum, M. C., 1982, "'This Story isn't True": Poetry, Goodness, and Understanding in Plato's Phaedrus," in Moravcsik, J. M. E. and Temko, P. (eds.): 79-124

Nussbaum, M. C., 2001 [1986], *The Fragility of Goodness. Luck and Ethics in Greek Tragedy and Philosophy*, Cambridge: Cambridge University Press.

Okin, L. A., 1985, "Theognis and the Sources for the History of Archaic Megara," in Figueira, Th. J. and Nagy, G. (eds.): 9-21.

O'Meara, D. J., 1999, "The Hierarchical Ordering of Reality in Plotinus," in Gerson, P. L. (ed.).

Palletier, F. J. and King-Farlow, J. (eds.), 1983, *New Essays on Plato*, Ontario: Canadian Association for Publishing in Philosophy.

Pelosi, F., 2010, *Plato on Music, Soul and Body*, Cambridge: Cambridge University Press.

Perl, E. D., 1998, "The Demiurge and the Forms: A Return to the Ancient Interpretation of Plato's *Timaeus*," *Ancient Philosophy* 18: 81-92.

Philip, J. A., 1961, "*Mimesis* in the *Sophistes* of Plato," *Transactions and Proceedings of the American Philological Association* 92: 453-468

Pollitt,J. J., 1974, *The Ancient View of Greek Art. Criticism, History, and, Terminology*, New Haven and London: Yale University Press.

Press, G. A, 1982, *The Development of the Idea of History in Antiquity*, Kingston and

Montreal: McGill-Queen's University Press.
Robb, K., 1994, *Literacy and Paideia in Ancient Greece*, Oxford and New York: Oxford University Press.
Ross. D., 1997 [1924], *Aristotle Metaphysics* I-II, Midsomer Norton: Oxford University Press.
Rowe, Ch., 1993, *Plato: Phaedo*, Cambridge, Cambridge University Press.
———, 2012, *Plato. Republic, (new translation, with introduction and notes)*, Penguin.
Runia, D., 2013, "The Theme of 'Becoming like God' in Plato's *Republic*," in Notomi, N. and Brisson, L. (eds.): 288-293.
Schofield, M., 2010, "Music All Pow'rful," in McPherran, M. (ed.), 229-248.
Schweitzer, B., 1953, *Platon und die Blidende Kunst der Griechen*, Tübingen: Max Niemeyer Verlag
Scott, D. (ed.), 2007, *Maieusis. Essays on Ancient Philosophy in Honour of Myles Burnyeat*, New York: Oxford University Press.
Sedley, D., 1999, "The Ideal of Godlikeness," in Fine (ed.): 309-328.
———, 2006, "Form-Particular Resemblance in Plato's *Phaedo*," Proceedings of the Aristotelian Society 106: 311-327.
Shorey, P., 1930-1935, *Plato Republic*, 2vols., Cambridge, Mass.: Harvard University Press.
Slings, S. R. (ed.), *Platonis Rempublicam*, Oxford, Oxford University Press.
Smyth, H. W. and Lloyd-Jones, 1957, *Aeschylus* II, H., London and Cambridge, Massachusetts: Harvard University Press (LOEB).
Sörbom, G., 1966, *Mimesis and Art. Studies in the Origine and Early Development of an Aesthetic Vocabulary*, Uppsala: Svenska Bokförkaget.
Steel, C. (ed.), 2007, *Procli in Platonis Parmenidem Commentaria*, Tomus 1, Libros I-III continens., Oxford: Oxford University Press.
Stein, H., 1869-1871, *Herodoti Historiae*, 2 vol., Berlin.
Steven, R. G., 1933, "Plato and the Art of His Time," *Classical Quarterly* 27: 149-55.
Summers, D., 2007, *Vison, Reflection, and Desire in Western Paintings*, Chapel Hill: the University of North Carolina Press.
Tarrant, H., 1994, "Chronology and Narrative Apparatus in Plato's Dialogues," *Electoric Antiquity* 1.8 http://scholar.lib.vt.edu/ejournals/ElAnt/V1N8/tarrant.html (2015.2.20).
Taylor, A. E., 1962, *A Commentary on Plato's Timaeus*, Oxford: Clarendon Press.
Tigerstedt, E. N., 1970, "Furor Poeticus: Poetic Inspiration in Greek Literature before Democritus and Plato," *Journal of History of Ideas*, 31-2: 163-178.
Trivigno, F., 2011, "Is Good Tragedy Possible? The Argument of Plato's Gorgias 502B-503B,"

Oxford Studies in Ancient Philosophy 41: 115-138.

Urmson, J. O., 1957, "What Makes a Situation Aesthetic," *Proceedings of the Aristotelian Society*, Supplementary Volumes, 31: 75-106.

Vernant, J.-P., 1991, "The Birth of Images", in Vernant, *Mortals and Immortals*, ed. by F. I. Zeitlin, Princeton, Princeton University Press: 164-185.

Walton, K., 1990, *Mimesis as Make Believe: On the Foundations of the Representational Arts*, Cambridge, Mass.: Harvard University Press.

Wollheim, 1980, "Seeing-As, Seeing-In, and Pictorial Representation." in Wollheim, *Art and its Objects: With Six Supplementary Essays*, Cambridge: Cambridge University Press: 205-226.

———, 1998, "On Pictorial Representation," *Journal of Aesthetics and Art Criticism* 56: 3: 217-226.

Webster, T. B. L.,1939, "Greek Theory of Art and Literature down to 400 B. C.," *Classical Quarterly* 33: 167-169.

West, M. L. 1971., "The Cosmology of 'Hippocrates'. *De Hebdomadibus*," *The Classical Quarterly* 21: 365-388.

———, 1992, *Ancient Greek Music*, Oxford, Oxford University Press.

White, N. P., 1993, *Plato. Sophist*, Cambridge: Hackett.

Zeyl, D. J., 2000, *Plato. Timaeus*, Indianapolis: Hackett.

内山勝利（編），1996-1998，『ソクラテス以前哲学者断片集』全五冊，別冊一冊，岩波書店．

内山勝利，中畑正志（編），2005，『イリソスのほとり［藤澤令夫先生献呈論文集］』，世界思想社．

太田和則，2013，「憧れと欠如――『パイドン』の想起説」，『アルケー』21：86-97.

木原志乃，2010，『流転のロゴス――ヘラクレイトスとギリシア医学』，昭和堂．

小池澄夫，2005，「文字と声――『国家』のミーメーシス論」，内山勝利・中畑正志（編）所収：137-168.

関村誠，1997，『像とミーメーシス――プラトンからの美学』，勁草書房．

高橋雅人，2010，『プラトン『国家』における正義と自由』，知泉書館．

神埼繁，1999，『プラトンと反遠近法』，新書館．

田中一孝，2009，「演技・物真似のミーメーシス VS 像製作のミーメーシス？」，『古代哲学研究』41：15-32.

———，2012，「プラトン『国家』篇における模倣術と『ソピステス』篇における模倣術」『西洋古典学研究』60：63-75.

田中美知太郎　藤沢令夫（編），1974-1978，『プラトン全集』，岩波書店．

トルストイ，
中畑正志，1992，「プラトンの『国家』における〈認識〉の位置――魂の三区分説への序章――」，『西洋古典学研究』40：44-56.
―――，2005，「ロゴス――理性からの解放――」，内山勝利・中畑正志（編）所収：407-428.
夏目漱石，2007，『文学論』（上下），岩波書店.
納富信留，2002，『ソフィストと哲学者の間』，名古屋大学出版会.
朴一功，2007，『プラトン　饗宴／パイドン』，京都大学学術出版会.
廣川洋一，1984，『イソクラテスの修辞学校――西欧的教養の源泉』，岩波書店.
―――，1990，『ギリシア人の教育――教養とはなにか――』，岩波書店.
藤沢令夫（訳），1979，『プラトン　国家』（上下），岩波書店.
―――，2014，『プラトンの認識論とコスモロジー』，岩波書店
松平千秋（訳），1971，ヘロドトス『歴史』，岩波書店.
松平千秋他（訳），1986，『ギリシア悲劇：エウリピデス』（上・下），ちくま学芸文庫，筑摩書房.
山田道夫，1998，「ミーメーシスの位相――詩人追放論の照準と射程」，『古代哲学研究』30：1-15.
ロバート・ステッカー（森巧次訳），2013，『分析美学』，勁草書房.

あとがき

本書は2014年12月に京都大学に提出し、翌年３月に学位を取得した博士課程論文、『プラトンとミーメーシス』に加筆と修正をほどこしたものである。このうち、以下の章は既刊の論文にもとづいているが、大幅に変更が加えられている。

第Ｉ章　ミーメーシス概念序説
2009年「演技・物真似のミーメーシスVS像製作のミーメーシス？」、『古代哲学研究』41：15–32.

第Ｖ章　詩人批判の射程――『国家』篇と『ソピステス』篇における模倣術の検討
2012年「プラトン『国家』篇における模倣術と『ソピステス』篇における模倣術」『西洋古典学研究』60：63–75.

他の章は全て書き下ろしであるが、いずれも学会での発表を経ており、多くのコメントや批判、質問の内容を反映したものとなっている。

「詩人追放論」という言葉には、英語圏で同じ議論を指すときに用いる表現、the Argument Against Poetryやthe Banning of the Poetsなどとは異なった独特の響きがあって、この響きだけで興味をそそられるものがあると思う。文学青年であった私はまさにこの言葉に惹かれながら、この議論が現代のわれわれにとってどのような意味があるのかと『国家』篇を読んでいった。そしてすぐに気づいたのが、プラトンが現代に生きていたら、詩人や文学者を世界から放逐すべきなどとは言わないであろうことだ。現代において、文芸作品の鑑賞はもはや教養人の義務というよりは、個人の趣味になってしまっている。これに比べ、詩劇が人々の知識の源泉であり、常識や道徳観念を流通させるための装置として機能していた古代ギリシアはあまりにも状況が違い過ぎる。では現代において古代の詩劇と同様の機能を持つものは何だろうか。それは、新聞、雑誌、テレビや映画、広告、ゲーム、小説、マンガ、あるいはインターネット上の様々なコンテンツなどのメディアであると言えるだろう。言い換えれば、詩人の追放措置にはどのような現代的意義があるかと考えたとき——これは決して新しい切り口ではないが——プラトンの議論はメディア論として読めるだろうということだ。これらのメディアのうち、あるものは様々な知見の情報源として、またあるものは娯楽としての体裁を取りながら、人々によって受け入れられている。我々はテレビドラマや映画の登場人物に感動して涙をながすこともあれば、雑誌や広告で紹介されるライフスタイルに共感することもあるだろう。メディアからもたらされるこうした影響は、決してその場限りで取捨選択できることではなく、長い時間をかけて魂に徐々に堆積していきながら、我々の性格や生き方を決定づけていく。だからこそ、少なくとも悪しき影響を人々に対して与えないように、こうしたメディアはコントロールされなければならないと、プラトンならば考えるだろう。

何らかの権力が、メディアにおける言論などの表現をコントロールすること、つまり検閲とは、自由で多様な表現を尊重した民主主義社会とは相容れない考え方である。したがって、プラトンが『国家』篇で展開した文芸論も、前時代的で野蛮な言論統制に聞こえるかもしれない。だが事物において表現された性質が、徐々に魂に浸透し形成する作用——それは内化作用として既に触れた——を考慮に入れたとき、プラトンの議論はとても巧妙に成り立っていることがわかる。というのも、一方で、もし様々なメディアには内化作用があることを認めながらも、メディア以上の権力による検閲を否定するのであれば、メディアが人々に与える悪影響を防ぐ手段は、メディアによる自己検閲か、メディアが弱者の意見に従うのを期待するしかない。他方、メディアの内化作用を認めなければ、たしかにそのとき検閲の必要はなくなるかもしれないが、それはメディアには人々の生き方を変える力はないと主張することにほかならないからだ。詩人追放論はメディアの持つ影響力を最大限に評価したものであるとも言えるし、現代の世界は、おそらくプラトンの予期した以上に、人々の価値観や生き方が細部に至るまでメディアによって支配されていると言えるであろう。詩人の追放とは単に文芸論としてだけでなく、そうした政治的議論や教育論としても深く論じられるべきテーマである。

私はこうしたプラトンの議論の現代的意義をほとんど全くと言っていいほど扱わなかった。そうせざるをえなかったのは、全体的な議論のまとまりに配慮した結果でもあるし、もちろん自分の力量の問題もある。本書は私のこれまでの拙い考察をまとめた小論に過ぎないけれども、それでも読んでくださる方がいて、批判や反論をいただくことができたら、筆者としてはとても幸せに思う。

ミーメーシスという概念に興味を持ったのは、修士1回生のときに中畑正志先生の特殊講義を受講したときである。これは西洋古代においてファンタシアーの概念がどのような歴史的な変容を遂げたのかを論じたものであったが、たしか『ソピステス』篇での像製作術との関連で、ミーメーシス概念の発展について Vernant や Else の解釈が紹介されていて、これがたまたま私の記憶に強く刻まれた。当時は内山勝利先生（現・京都大学名誉教授）がご退職されたばかりで、京大の西洋古代哲学史研究室は中畑先生が一人で切り盛りしなければならないという状況だった（今でもそうなのだが)。中畑先生は気合十分で、その年新たに担当されたプラトン演習は『国家』篇を第1巻から何年もかけて——結局7年かかった——精読するというものであった。熱心かつ順調に読み進め、第3巻の単純叙述とミーメーシスという叙述の分類の箇所までくると、中畑先生の特殊講義が想起され、一気に研究のアイデアが湧いてきたのを覚えている。それまで私は『リュシス』篇の友愛論や『饗宴』篇のエロース論を研究していて、それで修士論文も書くつもりでいたが、結局修士２回生の夏にテーマの変更と留年を決めてしまった。

私はもともとギリシア哲学どころか、哲学にもそれほど興味の無い学生だった。そのような私が西洋古代哲学史を専攻しようとしたのは、松平千秋訳のクセノポン『アナバシス』の影響である。進路に迷い精神的にも不安定だった時期の私にとって、『アナバシス』に出てくるギリシア人たちはとても眩しく映った。ギリシア人傭兵団のペルシアからの撤退行を描いたこの作品は、冒険活劇さながら数々の苦難を知勇によって乗り切る話であるが、私の興味をとりわけ引いたのは、ギリシア人の議論を重んじる姿勢とシンプルで合理的な態度であった。彼らは作戦について徹底的に話し合い、途中不信や欺瞞がうずまきながらも、結局論理と理性を尊重しているように私には思われた。脅迫や裏切りや略奪を行うときでさえもある種の理性を感じさせる彼らの思考様式を、私はもっと知りたいと思うと同時に、自分はなんてちっぽけなことに悩んでいたのだろうと感じた。文芸評論家の秋山駿は『国家』篇を読んで、ソクラテスの言葉にあらわれる生き生きとした「人間の光」に撃たれて死ぬのなら、それでもよい、と思ったそうだ。クセノポンに描かれるギリシア人の態度は、まさにそのような光に感じられたのである。

哲学への興味が薄かった私がこれまで研究を続けてこられた最大の理由は、西洋古代哲学史研究室で素晴らしい仲間たちに恵まれたからである。教員や先輩後輩などに関係なく、自分よりも優秀だと思う人たちと付き合って議論を重ねるのは本当に楽しかった。中畑先生の演習はどこかいつも勝負事の雰囲気があり、学生たちは必ず何かネタを仕込んで、先生をうならせるような意見を言おうと結託していた。精緻で明快なコメントによって返り討ちにあうのが常で、情けない思いも多々経験したが、授業後の反省会も含め、いつも知的な喜びにあふれていた。國方栄二先生のギリシア語講読と仲川章先生のギリシア文法は、私の研究の出発点というものだ。授業に食らい付くので精一杯の私に対して先生方は、誠実かつ淡々と手ほどきをしてくださった。國方先生は京都大学学術出版に勤めておられ、本書の出版に関しても大変なお世話になっている。学恩をお返しするどころか、むしろ多大なご迷惑をおかけしている状況で、申し開きのしようがない。内山先生の『ティマイオス』篇の演習では、はじめて本格的に多くの注釈と翻訳を参照し、自らの訳注の発表もした。この授業にのめり込むことで、私は就職活動をするタイミングを失ったのだが、それもそういう巡り合わせなのだろうと、特に気にならなかった。研究室の思い出に耽るときはいつも幸福で満たされた気持ちになるし、どれだけ自分が友情に恵まれてきたかと強く感じる。

本書が世に出るきっかけとなったのは、幸運にも「京都大学平成26年度総長裁量経費・優秀な課程博士論文の出版助成事業」による支援を受けることができたからである。私がこうした助成を利用することができたのは、博士号取得後も非常に困難な状況におかれがちな人文系の若手研究者のために、京都大学の先生方、とりわけ文学研究科の先生方が奔走してくださった結果であることは言うまでもない。ここに深く感謝の意を示し、こうした事業が今後も継続されていくことを切に願う。

他にも、本書を執筆する過程では様々な組織や人々の支援を受けた。博士課程の在学中は、日本学術振興会特別研究員（DC1）として研究支援を受けた。また研究指導認定退学後は、「京都エラスムスプログロム」を通じて、スコットランドのセント・アンドリュース大学に留学し、S. Halliwell 教授に指導をいただく機会を得た。本書は Halliwell 教授を言わば「仮想敵」として、その胸を借りて議論を展開したと言っても過言ではない。客員研究員として受け入れてくださったご厚意に感謝したい。

現在所属する京都大学高等教育研究開発推進センターには、十分な研究環境を用意していただいた。まだオーバードクターであった私を同僚としてあたたかく迎え入れ、博士論文の執筆に際して叱咤激励してくださった先生方には感謝が尽きない。所属院生との会話では、自分の研究の意義を見つめなおすことも多かった。

福田宗太郎氏、磯部利樹氏、池内泰大氏には博士論文の校正を手伝っていただいた。福田氏と磯部氏には本書の校正でもお世話になっている。

博士論文の試問は、西洋古代哲学史（古代）専修の中畑正志先生、西洋哲学史（中世）専修の川添信介先生、美学美術史学専修の吉岡洋先生に審査を引き受けていただいた。数多くの有益なご批判に対し、本書では可能なかぎり応答したつもりであるが、あらためてご論評をいただくことができれば幸いである。

また、学会や研究会、あるいは日常的な議論の場を通じて、とても多くの方々から本書の益となるコメントをいただいた。今もひとりひとりのお顔が目に浮かぶが、ここで全ての方々の名に言及することはできない。助言をくださった方々に、感謝の意をあらわしたい。

最後に、家族に感謝の言葉を述べたい。自分の自由を通すように生きてきた私に対して、母・亜代と父・操は何も反対することはなかった。心配をしながらも言葉を飲み込むことが多かったと思う。博士論文執筆中に娘が生まれた。それからは、仕事と研究と子育て家事と、全てにおいて完璧にこなそうと息巻いていたが、もちろんそれは見通しの甘い無理な話である。大学教員の生活への適合や、研究活動そのものにも苦労し、この２年間は時間の感覚が無茶苦茶になってしまっていたが、妻・由紀子はいつも笑顔で支えてくれた。本書は彼女に捧げたい。

人名索引

事項索引

タ行

ナ行

ハ行

マ行

ヤ・ラ行

古典出典索引

著者略歴

田中　一孝（たなか　いっこう）

1980年　埼玉県に生まれる
2011年　京都大学大学院文学研究科博士後期課程研究指導認定退学
2014年　京都大学博士（文学）
現在　京都大学高等教育研究開発推進センター特定助教

専門
西洋古代哲学、古代文芸論、美学

論文
「プラトン『国家』篇と『ソピステス』篇における模倣術」（『西洋古典学研究』60，岩波書店，2012年），「演技・物真似のミーメーシスVS像製作のミーメーシス？」（『古代哲学研究』41，古代哲学会，2009年），「一方向的な愛と相互的な愛――プラトン『リュシス』における友愛論」（『古代哲学研究』38，古代哲学会，2006年）ほか。

（プリミエ・コレクション58）
プラトンとミーメーシス

2015年3月31日　初版第一刷発行

著　者　田　中　一　孝
発行人　檜　山　爲　次　郎
発行所　京都大学学術出版会
京都市左京区吉田近衛町69
京都大学吉田南構内（〒606-8315）
電話　075(761)6182
FAX　075(761)6190
URL　http://www.kyoto-up.or.jp
振替　01000-8-64677
印刷・製本　亜細亜印刷株式会社

ISBN978-4-87698-640-8 C3310　　定価はカバーに表示してあります